KB220255

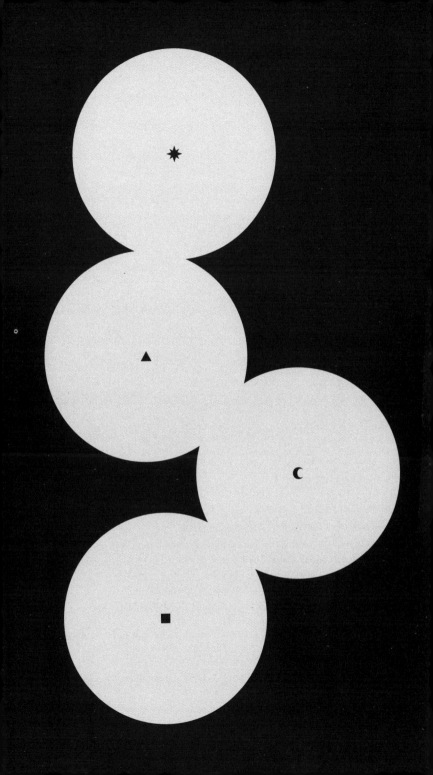

그리스도

이야기

외부의 시선으로 본 예수

스캇 맥나이트·필립 로 지음 이지혜 옮김 ───────

차례

1부

외부의 시선으로 본 예수

서기 30년경, 갈릴리 바다 근처에서
우연히 예수님을 만났다고 상상해 보자.
아마도 그는 하루 사역을 마치고 거기서
생각하거나 기도하거나 제자들과
쉬고 있을 것이다. 당신이 그의 행동을
지켜보거나 생김새를 살핀다고 상상해
보자. 그런 다음, 그날 밤 그 자리에서
가족이나 친구들에게 보낼 '현장의 소리'
를 일필휘지로 써 내려간다고 상상해
보는 것이다. 혹은 〈로마일보〉에 기사를
송고한다고 상상해 봐도 좋겠다. 마음이
열린 사람들이 오해를 바로잡도록 돕기
위해서 말이다. 가능한 한 기독교적이지
않은 용어, 심지어 종교적이지 않은
언어로 그를 묘사하되, (적절하다고
생각하는 경우를 제외하고는) 당신과
의견이 다른 사람들에게 불경하거나
경멸하는 태도를 배제하려 애쓰고
있다고도 상상해 보자.

이것이 내가 이 책 4장에서 시도하려는 것이다. 복음서를 기초로, 가상의 1세기 목격자가 인식한 예수님의 그림을 그려 내는 것 말이다. 하지만 그 전에, 이렇게 복음서를 출처로 삼으려면, 이 문헌 곧 지난 2천 년간 그리스도인들과 교회가 사용한 성경 기록이 신뢰할 만한 정보인지부터 따져 봐야 할 것이다.

1장

복음서는 어떤 책인가?

두 가지가 시작부터 문제를 복잡하게 만든다. 우선, 현대 역사학자들은 무엇이 '증명되었다'라고 볼 수 있는지를 두고 굉장히 높은 기준을 고수한다. 다른 한편으로, 초기 그리스도인들은 그런 '증거'라는 기준 없이 살거나, 그런 데 신경 쓰지 않았다. 어떤 사람들은 복음서의 신뢰성 여부에 전혀 신경 쓰지 않지만, 다른 사람들은 '증거'를 무엇을 믿어야 할지 믿지 말아야 할지에 대한 시험대로 삼는 경향이 있다.

그렇다면 어떻게 해서 복음서가 우리 손에 들어왔고, 그 과정은 우리에게 예수님에 대한 믿을 만한 정보를 제공할 정도로 충분히 안전했을까? 이 질문에 대한 최선의 답변은, 우선 우리가 복음서에서 얻을 수 있는 정보의 좋은 예를 제공하는 것이다. 하지만 그런 예를 제시하기 전에, 기독교 성경에 두 종류의 '복음서'가 있다는 점을 먼저 확인해 둘 필요가 있다.

처음 세 복음서는 매우 비슷한데, 얼마나 비슷했던지 '공관'복음서라고 불린다. 여기서 '공관共觀'이란 각 기록에 겹치는 부분이 많아서 세 복음서를 나란히 놓고 쉽게 비교할 수 있다는 뜻이다. 마태복음, 마가복음, 누가복음은 '공관'복음이고, 각 책(예를 들어 마가복음)에는 다른 복음서(마태복음과 마가복음)의 내용이 다수 포함되어 있다. 네 번째 복음서인 요한복음은 형식과 내용 면에서 독특하다. '공관복음'이 '하나님 나라'와 '비유'에 대해 이야기하고 '기적'을 베푸시는 예수님을 보여 준다면, 요한복음은 '영생'에 대해 이야기하고 특별한 용어를 중심으로 긴 담화를 말씀하시는 예수님을 보여 준다. 이 예수님은 '표적'을 행하신다.

복음서에 나오는 일종의 '역사'를 예로 들어 보자. 예수님이 베드로에게 "너희는 나를 누구라고 하느냐?"라고 물으셨을 때 베드로의 반응이 각 복음서에 다음과 같이 나타난다.

마태복음: "선생님은 그리스도이고, 살아 계신 하나님의 아들입니다."

마가복음: "선생님은 그리스도입니다."

누가복음: "하나님께서 보내신 그리스도십니다."

요한복음: "선생님[은] 하나님의 거룩한 분이십니다."

여기서 내가 모호하게 넘어간 점이 있는데, 소위 베드로의 '고백'이라는 이 대답 중에 요한복음은 그 배경이 전혀 다르기 때문이다. 하지만 요한복음을 어떻게 처리하느냐와 상관없이, 공관복음도 각기 다르다. 어떤 사람들은 이 기사들을 어떻게든 '맞춰 보려고' 베드로가 실제로는 "선생님은 그리스도이고, 살아 계신 하나님의 아들, 하나님의 거룩한 분이십니다"라고 말했다고 제안했다. 또 다른 사람들은 그런 설명은 불필요하며, 모든 역사 기록에 '해석의 여지'를 허용하면 된다고 생각한다. 표현을 조금 달리한 이런 비슷한 말은 베드로(나 예수님)가 한 말에 대한 충분한 증거로 얼마든지 수용 가능하다는 것이다. 이 단락은 우리가 복음서를 읽을 때마다 발견하는 내용을 잘 보여 준다.

우리가 어떻게 예수님에게서 복음서까지 도달했는지 이해하려면, 갈릴리 유대교가 요즘 같은 **기록** 문화가 아니라 주로 **구전** 문화였다는 점을 이해해야 한다. 랍비 메이어Rabbi Meir에 대한 이야기가 전해 내려오는데, 그는 바빌로니아 수사에 갔다가 에스더서의 복사본이 없다는 것을 알고는 그들을 위해한 권 적어 주었다고 한다. 당시에는 그런 능력을 그리 특별하게 보지 않았다.

구전 문화에서는 어떤 사건을 목격하고 강연과 이야기를 들은 뒤에, 보통 사람이 그 내용을 외우거나 반복하면서 이해하기 시작한다. 그런 사람들이 여럿 모여서 그 사건이나 강연, 이야기의 특정한 '해석'을 만들어 간다. 우리는 구전 문화가 어떤 구체적인 '퍼포먼스'를 효과적으로 만들기 위해 잘 기억하고 효과적으로 즉석에서 표현한 점에 주목해야 한다. 이들은 '굵직한 사실'과 '주안점', '큰 그림'에 집중하면서 보고 듣고 기억한다. 하지만 자신들이 선택한 내용을 낭독할 때는 '그 상황을 꾸미거나' '배경을 설정할' 텐데, 그 채색이나 미묘한 차이는 전형적이거나 구체적이겠지만 그런 배경 차이가 그 구체적인 사건을 정확히 묘사하는지 염려할 필요는 없다.

누가복음 15장(pp. 208-209)에 '전형적인' 배경의 좋은 예라고 할 만한 것이 나온다. 잃어버린 양과 잃어버린 동전, 잃어버린 아들(탕자) 비유에는 다음과 같은 배경이 있다.

> 세금 징수원과 '버림받은 자'들이 다 예수가 하는 말을 들으려고 주변에 몰려들었다. 바리새인들과 율법학자들이 불평하며 말했다. "이 사람이 죄인들을 맞아들이고, 그들과 함께 식사도 하는구나."

아마 이것이 예수님의 배경이었을 텐데, 그분은 그 자리에 앉으셔서 세 비유를 이 순서대로 말씀하셨다. 혹은 구전 문화라는 배경에서 좀 더 개연성 있는 설명은 예수님이 이 세 이야기를 대략 이런 형태로 다양한 청중에게 말씀하셨는데, 한 번은 '바리새인과 서기관들'을 주요 대상으로 삼으셨다는 것이다. 식사 자리에서 나라를 반으로 갈라 문제를 일으키는 이들이 바로 그들이었(다고 여겨졌)기 때문이다.

그렇다면 지금 형태의 복음서에서 '붉은 글씨'는 예수님이 말씀하신 내용과 장소와 대상을 말 그대로 정확히 인용했다기보다는, 예수님이 말씀하신 내용과 장소와 대상에 대한 믿을 만한 구전이라고 할 수 있다. 그렇다면 우리는 '붉은 글씨' 복음서가 다음과 같은 현대적 인식을 형성한 점을 기억할 필요가 있다. 그런 성경 덕택에 실제로는 그렇지 않은데도 우리가 '확실하고 정확한 축어적 인용'을 가지고 있다고 생각하게 된 것이다(물론 확실히 그런 경우도 있긴 하다).

이제 문제는 점입가경이다. 복음서는 구전의 결과일 뿐 아니라, 예수님이 일반적으로 사용하신 언어가 아닌 언어로 쓰였다. 오늘날 원어를 추적하는 학자들 사이에서 예수님이 어떤 언어를 가장 자주 사용하셨는지를 두고 의견이 갈린다. 하지만 예수님이 아람어나 (가능성은 덜하지만) 히브리어, 혹은 (매우 드문 경우이겠지만) 그리스어나 라틴어로 말씀하셨다는 데 대부분은 동의할 것이다. 예수님이 대부분 아람어(히브리어의 방언)로 말씀하셨고 우리가 가진 복음서가 그리스어라면(성경 초기 형태), 구전 과정만 이야기와 사건에 영향을 미친 것이 아니라 번역 과정도 이야기에 영향을 미쳤을 것이다. 외국어를 배워 본 사람은 다들 인정하겠지만, 한 언어를 다른 언어로 번역하는 과정에서 최선의 의미를 얻으려면 변화나 수정이 불가피하기 때문이다.

따라서 우리가 가진 복음서는 구전과 번역 과정의 결과물이다. 예수님 말씀이 복음서로 정착되는 과정의 어느 시점에선가 구전이 '문서'로 '굳어졌다.' 그랬을 때 구체적인 말씀이나 사건은 더는 특정한 맥락에 맞추어 조정된 '퍼포먼스'가 아니라, '고정된' 전통이 되었다. 예수님을 따르는 이들이 새로운 청중을 위해 그 구체적인 사건이나 말씀을 계속해서 '재연하지' 않았다는 뜻이 아니다. 그들은 확실히 그랬을 것이다. 주후 2세기 한 그리스도인은 자신이 '문서'보다 '살아 있는 전통'(구전)을 여전히 선호한다고 말했다. 하지만 우리가 지금 복음서에서 볼 수 있는 전통은 복음서로 기록되었을 때 '고정된' 구전의 결과이다.

하지만 이 과정조차 그리 단순하지 않다. 개별 복음서 저자들이 자신이 접한 구전을 문맥에 맞게 배치하고 자신이 선택한 기록 방식에 따라 새롭게 구성한 모습을 진술하는 것은 (소위) '공적 기록'의 문제이기 때문이다. 복음서 저자들의 기록에 드러난 차이점들을 비교하면, 어떻게 이들이 자신이나 청중, 혹은 복음서를 읽는 대상 공동체를 위해서 기록을 바로잡았는지 볼 수 있다. 예를 들어, 마태복음(5장)에는 "**심령이 가난한 자는 복이 있나니**"라고 나오지만, 누가복음(6장)에는 "**가난한 자는 복이 있나니**"라고 되어 있다. 마태복음(5장)에는 "**의에 주리고 목마른 자는 복이 있나니**", 누가복음(6장)에는 "**지금 주린 자는 복이 있나니**"라고 기록한다(이상 개역개정). 공관복음 간의 차이를 보여 주는 또 다른 예는 기독교 전통에서 '주기도'로 잘 알려진 기도이다. 두 본문을 나란히 놓으면 확연한 차이를 볼 수 있다.

마태복음	누가복음
하늘에 계신 우리 아버지,	아버지,
아버지의 이름이	아버지의 이름이
영광을 받으소서.	영광을 받게 해 주십시오.
아버지의 나라가	아버지의 나라가
이 땅에 오기를,	오게 해 주십시오.
아버지의 뜻이 하늘에서처럼	
이 땅에서도 이루어지기를	
바랍니다.	

우리에게 그날그날 필요한	우리에게 매일 필요한
양식을 주십시오.	양식을 주시고
우리가 우리에게 빚진 이들을	우리가 우리에게 잘못한
탕감해 주듯이,	사람들을 다 용서하니
우리가 아버지께 진 빚을	우리의 잘못도
탕감해 주십시오.	용서해 주십시오.
우리를 유혹에 빠지지 않게	우리로 유혹을 피하게
해 주시고,	해 주십시오.

악에서 구해 주십시오.

이런 예는 수없이 들 수 있지만, 앞의 강조체 부분만 보더라도 어떤 차이가 있는지 확실히 알 수 있다. 설명을 추가한 부분과 표현을 약간 수정한 부분이 있으며, 줄이 추가되거나 단어가 빠졌다. 구전 문화에 익숙하다면, 우리는 이런 변화를 '이야기꾼'이 '새 공연'을 하면서 발생한 일로 설명할 수 있다. 혹은 지금 우리가 복음서 각 저자의 '퍼포먼스'의 특징을 살펴보고 있기에 이런 차이가 특정한 복음서 저자의 기록 방식에서 핵심 부분인지 질문할 수도 있다. 예를 들면, 다음과 같은 질문들이다. 마태가 '영적인' 가난에 더 관심이 있는가, 아니면 누가가 '물질적인' 가난에 더 관심이 많은가? 마태는 ("의에 주리고 목마른 자"에서 확연히 드러나듯이) '정의'에 관심이 있는가, 아니면 누가는 '지금' 주린 이들에게 관심이 있는가? 마태나 다른 누군가, 어쩌면 예수님이 다른 경우에 "우리 아버지"라는 표현을 덧붙였을까, 아니면 누가가 똑같은 기도에서 '빠뜨린' 부분이 있을까? 이런 차이가 복음서 저자들의 구체적인 관심사와 주제를 반영하는가?

이 책에 실린 '복음서'는 구전과 편집 과정을 모두 거친 사복음서를 한데 합친 것이다. 사복음서는 이야기꾼들이 예수님의 말씀과 사건들을 '공연한' 것과 복음서 저자들이 그 공연을 영구적으로 '고정한' 것의 결과물이다. 구전 문화는 암기에 능숙하고, 이들이 중요한 일들을 기억해야 할 이유가 충분하므로—이들은 예수님에 대한 사실을 '믿었다'—지금 복음서의 내용이 예수님의 말씀과 행동에 대한 믿을 만한 기록이라고 확신할 수 있다. 하지만 이것이 예수님의 모든 말씀을 그 대상과 장소까지 똑같이 기록한 것이라고 기대해서는 안 된다.

앞에서 언급한 대로, 네 복음서가 있다. 그중 셋을 '공관복음서'라 부르는데, 이 마태복음, 마가복음, 누가복음은 굉장히 밀접하게 연관되어 있어서 소위 '공관복음서 문제'라는 것이 발생한다. 이 문제를 간단히 설명하면 이렇다. 마태복음과 마가복음, 마태복음과 누가복음, 마가복음과 누가복음은 어떤 관계인가? 이에 대해서는 몇 가지 다른 이론이 있다.

첫 번째가 '옥스퍼드 가설Oxford Hypothesis'인데, 1900년대 옥스퍼드에서 주로 정립된 이론이라서 이렇게 불린다. 우선, 이 이론은 구전이 산발적으로 다양한 기록 전통으로 '굳어졌다'라고 주장한다. 우리가 가진 공관복음 배후에는 여러 기록 전통이 있다는 것이다. 이 이론은 이렇게 전개된다. 첫째, 여러 구전 전통이 있었다. 둘째, 누군가가 예수님 말씀을 수집하여 우리가 지금 'Q'('출처'를 뜻하는 독일어 '크벨레Quelle'에서 기원)라고 부르는 문서를 만들었다. 셋째, 마가가 복음서를 썼지만, Q를 알지도, 사용하지도 않았다. 넷째, 다른 많은 사람이 예수님에 대한 전통을 한데 모아 정리했고, 마태와 누가는 각각 그 자료의 일부를 접할 수 있었다. 다섯째, 마태가 Q와 마가복음, 지금은 편의상 'M'이라고 이름 붙인 독자적 전통을 '활용하여' 복음서를 기록했다. 여섯째, 누가가 Q와 마가복음, 'L'이라는 그만의 독자적 전통을 활용하여 누가복음을 썼다. 이 '옥스퍼드 가설'에 동의하는 이들은 이 전통의 기록 과정이 주후 40-50년대에 시작되어 예루살렘 멸망에서 90년대 사이 어딘가에서 끝난다고 본다.

두 번째 이론인 '그리스바흐 가설Griesbach Hypothesis'은 전혀 관점이 다르다. 이 이론을 믿는 학자들은 이렇게 생각한다. 마태가 맨 처음 복음서를 썼고, 그다음에 누가가 마태복음의 내용을 대부분 재배치하고 자기 분량을 조금 추가하여 누가복음을 기록했다. 그러고 나서 마지막으로 마가가 마태와 마가의 기록을 압축하거나 요약해서 마가복음을 완성했다.

거의 백 년 가까이 대다수 학자가 옥스퍼드 가설을 믿었지만, 최근에 와서 더 오래된 그리스바흐 가설에 대한 관심이 조금 되살아났다. 이론마다 장단점이 있지만, 한 가지는 분명하다. 누구든 복음서의 말씀과 사건을 한 단락만 따로 떼어 보면, 믿기 힘들 정도의 유사성(말 그대로 똑같은)을 발견할 때도 있고 확연한 차이점을 발견할 때도 있을 것이다. 이 문제가 얼마나 혼란스러웠던지 '공관복음서 문제'라는 이름이 생겼을 정도이다.

각 가설의 장점에 대해 언급해 둘 부분이 있다. 그리스바흐 가설의 장점은 '가상' 출처에 기대지 않는다는 점이다. 반면, 두 가지 문제점이 있다. 첫째는 마가복음이 마태복음이나 누가복음의 (훌륭한) 기존 내용을 압축한 것에 불과하다면, 굳이 '마가복음'이 필요한 이유를 설명하기 어렵다. 그리스바흐 가설 지지자들의 두 번째 문제이자 옥스퍼드 가설의 강점이기도 한 문제는 이것이다. 누군가 공관복음서를 한 줄씩 연구하고 한 가지 질문을 던진다면, 그 결과는 거의 일관되게 한 방향, 곧 옥스퍼드 가설에 근접한다. 그 질문은 이렇다. 그런 것들을 결정하는 본문 비평의 일반적인 규칙을 고려한다면, 어떤 해석이 나머지 해석을 낳을 가능성이 큰가? 다시 말해, 앞의 예에 나오는 이 질문을 던지고 "마태가 '심령이'를 추가했을 가능성이 더 큰지, 누가가 '심령이'를 생략했을 가능성이 더 큰지를 묻는다면, 더 짧거나 단순한 해석이 더 길거나 복잡한 해석을 낳는다는 일반적인 증거 법칙은 마태복음이 누가복음 다음이라는 결론을 선호한다. 공관복음 전체를 대상으로 이 작업을 할 때 대다수 학자는 마가복음이 가장 최초의 복음서이고, 마태와 누가가 복음서를 쓰면서 마가복음을 사용했다는 결론에 도달했다.

구체적인 예가 너무 복잡하고 이 문제를 연구하는 학자들 사이에 합의가 이루어지지 못하기에, 오늘날 일부 학자들은 이 논의에서 손을 떼고 세 번째 이론을 내세웠다. 사실상 공관복음서가 기록 차원에서는 서로 독립적이지만, 각각이 비슷한 '구전' 전통에 의존하고 있다는 것이다. 마태, 마가, 누가가 개별적으로 이 구전 전통을 활용했고, 각 저자는 나머지 저자들과 연관성이 없다. 문제는 이렇게 단순하지가 않아서 이 제삼의 접근법에도 문제가 많지만, 장점도 있다. 그중에서도 중요한 것은 초기 그리스도인들이 구전 문화를 충실히 살아 냈다는 점이다. 언젠가 학자들이 '공관복음서 문제'의 해결책을 찾아낸다면, 초창기 기독교의 발전 과정을 확실히 알아내는 데 큰 도움이 될 것이다.

이 문제의 요점은 확실하다. 지금 우리 앞에 있는 사복음서는 구전과 기록 모두의 결과이지만, 구전 과정이 먼저였고 지금 우리가 읽는 복음서의 형성과 신뢰성에 결정적인 영향을 미쳤다는 것이 오늘날 학계에서 커지고 있는 인식이다. 복음서는 대체로 믿을 만하지만, 이 복음서가 예수님의 말씀과 행동을 그대로 전달하고 있다는 인상은 피해야 한다는 보편적 합의가—양방향에 반대하는 목소리와 함께—형성되어 있다. 이야기꾼과 복음서 저자 모두 복음서의 형성에 관여했고, 이 관여가 당대 관심사와 문제들의 방향으로 복음서를 형성해 갔다.

《그리스도 이야기》는 전통적인 기독교 정경(초기 교회가 그 권위를 인정한 책들)에서 사복음서만 모아 놓은 책이기에 초기 교회에서 정경에 포함하지 않은 복음서들에 대한 논의는 불필요할 것이다. '도마복음'을 비롯하여 정경에 포함되지 않은 복음서 중 일부는 주목을 많이 받았지만, 이런 복음서들이 모든 면에서 더 원전에 가깝다고 주장하는 사람은 없다. 오히려 오늘날 대부분이 동의하는 바는 이렇다. 대안적 복음서의 목소리들을 '잠재운' 초기 그리스도인들은 스스로 잠잠해지고, 기독교 정경에 어떤 복음서는 포함하고 어떤 복음서는 포함하지 말아야 할지에 대한 초기 그리스도인들의 판단을 더는 받아들이지 않는 일부 새로운 세대는 교회의 첫 4백 년간의 대안적 목소리들에 충분히 귀 기울일 필요가 있다는 것이다. 하지만 기독교 정경의 사복음서가 전체 교회사와 '그리스도 이야기'를 결정적으로 형성했다는 것은 틀림없는 사실이다. 따라서 역사나 그리스도 '이야기'를 다시 써야 한다는 주장은 말이 되지 않을뿐더러, 그럴 가능성을 바라는 사람들에게조차 상당한 골칫거리일 것이다.

2장

예수님 시대의 종교는 어떤 모습이었는가?

오랜 오해와 오용의 역사 때문에 우리는 예수님의 동시대인들을 새롭게 바라볼 필요가 있다. 예수님 시대 유대인들이 다 똑같지는 않았다. 모두 다 '토라'에 경도되지도 않았고, 미국의 청교도 조나단 에드워즈Jonathan Edwards의 아버지 티모시 에드워즈Timothy Edwards처럼, 상소리와 음담패설을 입에 달고 밤길을 배회하는 동네 청년들을 혼내면서 돌아다니지도 않았다. 서양 그리스도인들의 고정관념 때문에, 복음서를 읽는 이들이 가장 먼저 알아야 할 것은 예수님께 반대한 이들도 하나님 앞에서 책임 있게 살려고 애쓴 평범한 사람들이었다는 점이다. 배우자와 자녀를 사랑하는 부부요, 훌륭한 이웃이요 성실한 시민이었다. 이들에게 특별한 역사가 있었고 '토라'를 따라 살았다는 점 때문에 (전체가 아니라) 일부 유대인을 평범한 이방인과 구별했지만, 이것은 이들이 '토라'가 그런 선 긋기를 지시한다고 생각했기 때문에 벌어진 일이었다.

이스라엘 이야기와 그 표지

기본적으로, 다음 네 표지로 모든 유대인을 확인할 수 있었다. 이들에게는 민족 정체성이 있었고, 하나님이 자신들에게 주셨다고 믿는 땅에서 살았으며, '토라'를 (어느 정도는) 따랐고, 신앙과 사회 중심에는 예루살렘 성전이 있었다. 유대교의 이 네 '표지'는 후대에 '이야기' 형태로 알려졌다. 복음서는 우리에게 이 이야기에 대한 예수님의 해석을 전해 준다.

예수님 시대와 이후의 유대인들에게, 유대교 이야기는 다음 요소를 포함한다.

1. 유대인들에게 '야훼'라는 이름으로 알려진 하나님은 창조주

하나님이시다.

2. 하나님은 아담과 하와를 그분의 '형상'대로, 혹은 (히브리 성경의 그리스어 번역으로 바꾸어 쓰면) '에이콘*Eikon*'으로 특별하게 창조하신다. 아담과 하와는 하나님의 영광을 드러내도록 설계된 하나님의 '에이콘'이지만, 그 영광을 드러내는 대신에 자기 나름의 방식과 죄를 선택한다(창 1-3장).

3. 죄 때문에 인류가 자신들이 하나님의 모습이라고 생각하는 나름의 '에이콘'(곧 새긴 우상)을 만들 때 사람들은 이기심으로 가득 차고 세상은 살인과 소외, 하나님이 만드신 '에이콘'을 반역하는 파괴 행위로 망가지기 시작한다.

4. 하나님은 아담과 하와의 후손을 본래 '에이콘'의 영광으로 회복하시려고 아브라함과 '언약'을 맺으시고, 이어서 모세와 다윗과 차례로 언약을 맺으신다. 또한 이스라엘에게 땅을 허락하시고 성전을 주시고 그들을 나라로 만드신다.

5. 이스라엘 이야기의 이 다양한 장면에 내재한 약속은, 야웨가 이스라엘의 하나님이 되실 것이지만, 그러려면 이스라엘이 야웨를 유일하신 하나님으로 섬겨야 한다는 것이다. 이스라엘이 신실하게 그분을 섬기면, 하나님이 이스라엘과 그 땅과 성전을 '복 주실' 것이다.

6. 그러나 (이야기가 전개되면서) 이스라엘은 신실하지 못하고, 어느 날 잠에서 깨 보니 외국 땅에 있게 된다. 혹은 성경 '이야기꾼들'의 표현을 따르자면, '포로'로 사로잡혀서 (하나님의 은혜로) 다시 한 번 약속을 받는다.

7. 그 약속이란, 이스라엘이 '회개하면', 하나님이 이스라엘을 그 땅으로 회복하신다는 것이다.

이렇게 해서, 이어지는 성경의 '장들'이 모든 이스라엘을 위한 토대가 되는 '이야기'를 형성한다. 창조주 하나님, 망가진 '에이콘' 인류, 이스라엘을 복의 근원으로 선택하신 하나님, 하나님의 복을 받거나 거부하면서 방황하는 이스라엘, 하나님의 끝없는 은혜. 이 이야기가 앞서 언급한 이스라엘의 네 '표지', 곧 민족 정체성, 땅, '토라', 성전에 구체적인 형태를 부여한다.

한 사람의 **민족 정체성**은 논란의 여지가 있을 수 있지만, 한 사람의 신분은 대개 적절한 조사를 통해 결정할 수 있다. 어머니가 유대인이면 당신은 유대인이고, 아버지가 유대인이면 당신도 유대인일 수 있다. 논란이 있는 경우에는 지침을 세웠다. 그 좋은 예가 신약성경을 읽은 사람이라면 잘 알 만한, 사도 바울의 동역자(행 16:1-5) 디모데의 경우이다. 그의 어머니는 유대인이(고 예수님을 메시아로 믿)었지만, 아버지는 그리스인이었(고 아마도 신자는 아니었을 것이)다. 디모데의 신분을 '확실히 하기 위해' 바울은 그에게 할례를 주었다. [오늘날 대부분의 서양 국가에서 의료 처치와 마찬가지인 할례는 아브라함 때부터 시작되었다(창 17장). 당시 할례는 그 남자가 이스라엘에 소속되었다는 눈에 보이는 표지였다. 할례를 거부하는 것은 배교의 한 종류였다.] 디모데는 어머니가 유대인이므로 유대인이었지만, 아버지가 그리스인(이방인)이라서 할례를 받았다. 할례 덕분에 (연무장에서 사람들을 유심히 살피는 이들에게) 그의 신분이 확실해졌다. 당신이 질문한다면 들었음 직한 내용이 아마도 정확할 것이다. 여성의 '신분'은 결혼이나 혈통으로 연결된 남성에 의해 정해졌다. 할례는 매우 고통스러웠으므로 남성보다는 여성이 유대교로 개종하기 쉬웠고, 기독교는 할례를 이방인 개종의 필수 요건으로 정하지 않았으므로 남자들이 기독교로 개종하기가 더 쉬웠다. 따라서 유대교의 표지 중 하나는 대개 할례 행위로 구체적으로 표현된 민족 정체성이었다.

오래전에 아브라함에게 약속하신 이스라엘의 **땅**은 이스라엘 신앙의 핵심적인 특징이 되었다. 그 땅에 거하면 하나님의 복을 누리고 인정을 받으며, 그 땅 밖에 거하면(디아스포라) 하나님의 노여움을 경험했다. 땅에 대한 약속이 아브라함을 통해 이스라엘에게 전해진다면, **토라**는 모세의 손에서 이스라엘에게 전해진다. '토라'는 히브리어로 '교훈'이라는 뜻이기에, 성경에서 이 용어는 특정한 율법('미츠바*mitzvah*'라고도 불린다, 따라서 '바르미츠바*bar mitzvah*'는 "율법의 아들"이다)이나 (신명기처럼) 구체적인 '율법' 책, 혹은 책 모음(예를 들어 구약성경 첫다섯 권인 모세오경, 때로는 지금 그리스도인들이 '구약'이라고 부르거나 유대인들이 '히브리 성경'이라고 부르는 책 전체)을 다 가리킬 수 있다. 종교개혁 전통의 기독교 신앙에서 자란 이들이 배운 것과 달리, 유대인들에게 '토라'란 하나님이 그 백성에게 주신 선물이었고 따라서 최선을 다해 그에 따라 사는 법을 알아야 했다는 점에 주목할 필요가 있다. 유대인으로 사는 것, 그 땅에 사는 것, '토라'에 순종하는 것은 철저히 유대인으로 살아가는 것, 하나님의 축복 아래 살아가는 것을 뜻했다.

창세기 12장에 나오는 '땅'에 대한 약속은 궁극적으로는 **성전**이라는 구체적인 한 장소로 집약된다. 성전은 고대 이스라엘 백성이 이집트에서 약속의 땅에 이르기까지 광야를 방황하던 시절의 '이동 장막'에서 원형을 찾을 수 있다. 하지만 마침내 솔로몬 통치 기간에 성전을 건축했고, 이후로 성전은 (대체로는) '성전-민족 국가'의 중심이 되었다. 하나님은 그분의 임재로 성전을 채우시고, 이스라엘이 신실하게 살아가는 곳 어디에서나 그 임재를 약속하셨다. (주전 6세기에) 이스라엘이 바벨론으로 '추방되었을' 때 성전이 무너졌지만, 이스라엘이 귀환하면서 지도자들(에스라, 느헤미야)이 백성과 함께 성벽을 재건했고, 성전과 땅을 (부분적으로) 회복했다.

하지만 유대 신앙과 실천의 이 네 표지 각각에 대해서는 논란이 많아서 이스라엘에 대한 다양한 '이야기'가 등장하게 되었기에 유대교도 다양했다. 오늘날 일부에서는 '유대교'가 하나가 아니라 여럿이라고 말할 정도이다. 예수님 시대 유대교 내부의 다양성에 대한 증거로, 사두개인, 바리새인, 열심당원, 에세네파로 알려진 네 주요 '당파' 혹은 '교파'가 있었다. 각각을 구별하는 것은 '신조'가 아니라 '토라'를 실천하는 '생활방식'이었다. 그 당시 다양한 유대교의 핵심에는 '바른 믿음orthodoxy'이 아니라 '바른 실천orthopraxy'이 자리하고 있었기에 (신학 교리에 따라 경계를 설정하는) 현재 기독교 교파들과는 주의해서 구분해야 한다.

바리새인들이 복음서에서 차지하는 역할이 매우 크기에, 그들에 대해 설명하기 전에 먼저 나머지 세 부류를 간단히 설명하려 한다.

사두개인, 열심당원, 에세네파

사두개인은 이스라엘의 지주 귀족 계층이었다. 성직자인 이들은 성전을 관리했다. 이들은 로마 티투스 황제가 성전을 무너뜨린 당시(주후 70년경)에 '권력'을 쥔 귀족이었고, 이후로 '권력'을 쥔 사람들은 이들과의 연관성을 경계했기에, 사두개인들은 성전 멸망 이후로 사실상 역사에서 자취를 감추었다. 세례 요한의 아버지 사가랴는 제사장이었으므로 사두개인이거나 최소한 그들의 관심사, 곧 성전과 그 제도를 유지 보수하는 일을 지지했을 것이다. 사두개인은 전형적인 바리새인보다는 덜 '진보적'이어서 정치적으로나 종교적으로 '보수적'이었

다. ('바리새인'을 사회정치적 맥락에서 볼 수 있도록 돕기 위해서
'진보'와 '보수'라는 단어를 사용하기는 했지만, 현대 사회의 의제를
고대 집단에 부여하는 데는 주의가 필요하다.)

　　1세기 유대인 역사가 요세푸스Josephus는 사두개인들이 무
례하고 모세오경(창세기, 출애굽기, 레위기, 민수기, 신명기)만 믿
었으며 죽은 자들의 '부활'을 믿지 않았다고 주장한다. 그는 다
음과 같은 말로, 대부분 로마인인 자신의 청중에게 사두개인
들의 생각을 비유로 전달하려 시도한다. 사두개인들은 "운명
*heimarmene*을 없애 버리고, 하나님을…악의 광경 너머로 제거해
버리며…인간에게 선악을 선택할 자유가 있다고 생각한다."[1]

　　사두개인들의 영향력은 막대했지만, 절기에 예루살렘에
서 발생한 일에 대체로 국한되었다. 우리는 유대인의 몇 퍼센
트가 나팔절과 속죄일 같은 주요 절기[구체적인 순례 절기로
는 유월절('페사흐*Pesah*'), 오순절('샤부옷*Shavuot*'), 초막절('숙곳
Sukkot')이 있다]에 참여했는지 모른다. 짐작하기로는, 각 가정
이 해마다 이런 절기 중 한 행사에는 참석했을 것이다. 절기는
(현대의 유대교, 기독교, 이슬람 종교 행사처럼) 음식(붉은 고기도)
과 재미와 교제가 풍성한 가족 행사였고, 많은 유대인, 어림잡
아 수십만 명이 참석했으리라 추측할 수 있다. 대개는 사두개
인들이 절기력과 행사, 전례를 정하고 운영했다. 집단 간, 심지
어 지도자 간의 다툼이 때로 대중을 부추겼다.

　　사두개인의 배후에는 로마인들이 있었고, 사두개인들은
스스로 예루살렘의 지도자, 곧 로마와의 긴밀한 협조가 필요
한 국가의 지도자로 여겼다. 예수님 시대 로마 황제는 아구스
도(옥타비아누스)와 디베료였고, 로마는 헤롯 대왕(주전 4년 사
망)과 헤롯 안티파스, 총독 본디오 빌라도(주후 26-36년)를 포
함한 지도자들을 임명했다.

사두개인들이 로마에 협조했다면, 로마를 못 견뎌 하는 다른 파도 있었다. 로마에 대한 태도와 폭력으로 유명한 **열심당원**들은 (일부에 따르면) 예수님 당시에도 존재했다는 설이 있지만, 오늘날 많은 사람이 이 당파는 주후 1세기 중반의 사건과 인물들에서 그 구체적인 기원을 찾을 수 있다고 결론을 내린다. 어쨌든, 우리는 대부분 요세푸스를 통해 이들에 대해 알 수 있는데, 그는 이들을 예루살렘이 굴복한 로마와의 전쟁의 '희생양'으로 삼는다. 우리가 열심당원에 대해 아는 사실은, 이들이 유대교에서 군국주의적 성향의 분파였다는 것이다. 이들이 예수님 당시에 존재했는지 존재하지 않았는지보다는, 이런 '열성적인' 태도(폭력이 하나님의 역사와 양립할 수 있고, 하나님의 뜻을 이루는 데 사용될 수 있다)가 1세기 유대교의 핵심이었는지 여부가 더 관심사이다. 제자 중에 '열심당원'이라고 불린 이가 있었다는 사실은 아마도 그런 뜻이었을 것이다. 물론 그는 예수님을 따르기 위해 그런 '작업 방식 *modus operandi*'을 포기했겠지만 말이다.

에세네파에는 이야깃거리가 많다. 1947년에 한 베두인이 키르벳 쿰란Khirbet Qumran 마을 근처 동굴 입구에 돌을 던졌다가 뭔가 깨지는 소리를 듣고 동굴에 들어갔다. 이렇게 해서 사해사본 두루마리 발굴이 시작되었다. 하지만 엄청난 음모와 정치가 개입되었다. 일부에서는 '에세네파'가 쿰란에 있는 공동체와는 다르다고 주장하지만, 오늘날 전반적인 합의는 그들이 동일한 공동체이거나 매우 흡사하다는 것이다. 에세네파는 예루살렘에 있는 통치 계층(아마도 사두개인이나 바리새인)을 거부한 유대교의 한 분파로, 거룩한 성읍을 벗어나 키르벳 쿰란 근처 사해를 따라 본거지를 세웠다. 이들은 자신을 다른 유대인(과 필요한 경우에는 같은 분파의 다른 사람들)과 구별하는 과도한 규칙들, 너무 엄격한 계층적 권위, 비슷하지만 똑같지는 않은 신앙과 실천을 가진 타인에 대한 지나친 복수심 등 급진적인 종교 분파 집단의 전형적인 표지를 보여 준다. 오늘날 두드러지는 것은 이들이 '토라'를 해석한 독특한 방식인데, 이것이 그들과 그들이 살던 시대, 하나님이 자기들 편이시고 임박한 '성전聖戰'이 자신들의 무죄를 입증해 주리라는 그들의 확신, 그들의 전례와 공동 실천에 대해 늘 말해 주었다.

우리는 바리새인들에 대해 살펴보기 전에, 대부분의 유대인이 자신을 이런 당파와 동일시하지 않았고, 각 집단의 다양한 특징을 때에 따라 지지했다는 사실을 염두에 두어야 한다. 이스라엘 땅에 사는 유대인들은 디아스포라 유대인들과 구별할 수 있다. 후자는 예루살렘 땅 밖에 사는 유대인들로, 주변 문화에 다소 동화되었다. 하지만 한 분 하나님에 대한 믿음(유일신교)과 자신들 율법의 신성함, 민족 정체성과 성전 등 유대교와 관련된 문제들에는 확실히 선을 그었다. 이스라엘 땅에 사는 모든 유대인이 바리새인은 아니었고, 모두가 열심히 '토라'를 따르지도 않았다. 모든 유대인이 로마 세력을 크게 염려하지도 않았다. 나중에 '암 하아레츠Am ha-aretz'('그 땅의 사람들')라는 별명이 붙은 일부 유대인은 '토라' 규정에 거의 관심이 없거나 그에 대해 걱정할 시간이 없었지만, 아마 대부분이 그랬을 것이다. 나사렛 북쪽으로 몇 킬로미터 되지 않는 셉포리스라는 곳에 군대를 주둔시키고 이스라엘 땅에 자리한 로마인들은 일부 유대인들에게 큰 우려였다. 예수님은 로마인들에 대해서는 거의 말씀하시지 않는데, 이런 사실은 로마에 대한 경멸보다는 아량을 암시할 것이다.

바리새인

단테Dante가 갈루라의 고미타 수사를 묘사한 것처럼, 그리스도인들도 바리새인을 "모든 사기에 적합한 도구"[2]로 묘사할 때가 많다. 그런 묘사는 뇌물을 받은 고미타 수사에게는 해당할지 모르지만, 바리새인들에게는 해당하지 않는다. 대부분 하나님을 경외하고 '토라'를 준수하며 나라를 사랑하는 유대인이었다. 어떤 사람들은 바리새인을 호손Hawthorne의 《주홍글씨 The Scarlet Letter》에 등장하는 정형화된 목사 딤스데일처럼 역겹게 여긴다. 그는 헤스터 프린을 꾀어 자기 뜻대로 하고는, 남들은 그를 마음대로 하지 못하기를 바랐다. 우리는 바리새인 같은 이런 정형화된 인물들을 알지만, 그들을 바리새인과 동일시해서는 안 된다. 실제로, '바리새인'이라는 말이 지금과 같은 뜻을 갖게 된 것은 (바리새인들과 그들에 대한 인식 측면에서) 안타까운 일이다.

하지만 예수님과 가장 자주 대립한 이들이 바리새인이었고, 그 이야기를 주로 듣는 사람은 그리스도인들이므로 바리새인들의 명성은 정반대가 되어 버렸다. 바리새인들과 예수님 모두 하나님이 그 백성에게 기대하시는 바를 두고 끊임없이 서로 다른 주장을 펼친 결과로 상대에 대한 신뢰를 잃어버렸다. 바리새인들은 '토라'와 그에 대한 순종에 철저하게 헌신한 이들로 보면 가장 적절할 것이다. 이런 헌신 때문에, 그들은 그 명령을 따르려는 사람이라면 누구나 무리 없이 실천할 수 있도록 '토라'의 '해석'에도 헌신했다. 특히, 바리새인들은 음식 관련 율법에 가장 신경 썼고('코셔' 음식만 먹었다), 안식일 준수 같은 문제들에도 적지 않은 관심을 두었다. 바리새인들은 제사장들이 성전에서 먹는 방식대로 평소 식사를 했을 테고(모

든 사람이 이에 동의하지는 않는다), 이것이 바리새인들을 규정하는 실천인 듯하다.[3]

앞서 언급했듯이, 이들의 신념과 실천의 근거는 '토라', 그 중에서도 특히 레위기와 신명기 같은 본문이었다. 하지만 바리새인들은 '타나크Tanakh'('토라', '네비임', '케투빔', 율법서, 선지서, 성문서) 전체의 권위를 믿는다는 이유로 자신을 사두개인과 구별했다. 권위 있는 교사들이 전통적인 해석을 구두로 전달함으로써 이 '타나크'를 살아 있는 방식으로 해석하고 보충했다. 이 중에서 구체적으로 어떤 **내용**이 예수님 시대에 전해지고 있었는지는 말할 것도 없고, 얼마나 많은 부분이 전해졌는지도 알 길이 없다. 하지만 마가복음 7장이나 마태복음 23장에서 예수님이 구체적인 해석과 구전 전통을 두고 바리새인과 서기관들과 벌이신 논쟁을 보건대, 예수님과 바리새인들 사이에 그런 일이 자주 있었다고 확신할 수 있다.

외부인이 예수님에 대해 꽤 긴 분량으로 언급한 문헌은 하나밖에 없다. 그의 이름은 요세푸스인데, 아마도 요세푸스의 많은 저작을 보존한 그리스도인들이 이 문헌에 손을 댔을 것이다. 다음은 그 문헌의 현재 형태이다.

이 무렵에 예수라는 현자[그를 사람이라고 하는 게 적절하다면]가 나타난다. 그는 놀라운 일들을 행하셨고, 그 진리를 흔쾌히 받아들인 이들에게 교사였으며, 많은 유대인뿐 아니라 그리스인도 끌어들였다. [그는 메시아였다.] 우리 중에 있는 지도자들의 맹렬한 비난에 따르면, 빌라도가 그에게 십자가형을 선고했을 때 처음부터 그를 사랑한 사람들은 멈추지 않았다. [그는 셋째 날에 다시 살아나 그들에게 나타났다. 하나님의 선지자들이 이런 일들과 그가 행한 수많은 다른 놀라운 일을 선포했기 때문이다.] 지금도 그의 이름을 딴 '그리스도인'이라는 족속은 사라지지 않았다.

대부분이 괄호 친 내용을 '그리스도인들이 첨가한' 부분으로 보지만, 오늘날 대부분은 요세푸스가 정말로 예수님에 대해 무언가를 말했고 그 내용이 대개는 객관적이고 긍정적이었다고 생각한다.

이는 우리를 바리새인들(과 기타 유대 집단)에 대한 복음서의 묘사와 외부인에게 예수님이 어떤 모습이었는지에 대한 묘사로 다시 돌아가게 한다. 복음서가 예수님과 갈등 관계였던 다양한 유대 집단에 대해 말하는 내용을 읽을 때 우리는 이런 논쟁의 언어가 그리스도인의 관점에서 기록되었다는 점을 인지해야 한다. 따라서 일상적인 정상 상태를 격론으로 묘사하지 않도록 주의해야 한다. 일부 바리새인들이 까다롭게 율법을 준수하여 때로는 타인에게 짜증을 유발했다는 사실을 부인하지는 않지만, 그렇다고 해서 현대 독자들이 모든 바리새인이 늘 그랬다거나 (더 심각하게는) 현대의 모든 유대인도 바리새인들처럼 까다롭다고 생각해서는 안 된다. 최소한, '토라'를 엄격하게 준수한 것은 그것을 지키는 대부분의 사람이 하나님의 뜻을 행하는 기회로 여겼기 때문임을 이해해야 한다. 예수님은 철저한 준수의 중요성에 반대하신 것이 아니라, 진정한 하나님의 뜻이 무엇인지를 두고 의견을 달리하신 것이다.

3장

예수님의 가르침에서 핵심 주제는 무엇이었는가?

당시 유대인들이나 예수님은 성경을 철학적으로 연구하거나 학구적인 토론 맥락에서 증명하거나 '신학교에 진학하는' 식으로 '신학'을 배우지는 않았다. 오히려 요즘 아이들이 자유와 인권의 가치를 배우듯이 예수님도 부모와 확대 가족과 공동체로부터 유대교를 '흡수하셨다'. 그리고 예수님이 처음 배우신 것은 신조의 형태로 왔는데, 그것은 그 내용을 생각하는 것만큼이나 살아 내는 것으로 배울 수 있다. '신학'을 배운다기보다는 거기에 붙잡히는데, 곧 오래된 네 가지 특징적인 주제(민족 정체성, 땅, '토라', 성전)의 변형에 사로잡히는 것이다. 그 이야기가 하나의 신학이고, 신조를 날마다 암송하는 가운데 그 신학에 붙잡힌다.

셰마

예수님은 어린 시절에 날마다 거룩한 '셰마Shema'를 (큰 소리로) 암송하면서 하루를 시작하고 마무리하도록 부모에게서 배웠다.

이스라엘아, 들으라. 우리 하나님 여호와는 오직 유일한 여호와이시니 너는 마음을 다하고 뜻을 다하고 힘을 다하여 네 하나님 여호와를 사랑하라.

오늘 내가 네게 명하는 이 말씀을 너는 마음에 새기고 네 자녀에게 부지런히 가르치며 집에 앉았을 때에든지 길을 갈 때에든지 누워 있을 때에든지 일어날 때에든지 이 말씀을 강론할 것이며 너는 또 그것을 네 손목에 매어 기호를 삼으며 네 미간에 붙여 표로 삼고 또 네 집 문설주와 바깥 문에 기록할지니라.

이것이 이스라엘 '신학'의 형태이다. 유일한 하나님이 계시는데, 그분의 이름은 여호와이시다. 이스라엘은 자신의 전 존재로, 곧 마음을 다하고 뜻을 다하고 힘을 다하여 그분을 사랑해야 한다. 또한 이스라엘은 한 분 하나님과의 이 근본적인 관계를 온전히 유지하기 위해 그 관계의 중심성을 끊임없이 되새겨야 한다.[4]

어떻게 그렇게 할 수 있을까? 이들은 스스로 '셰마'를 외우고 '셰마'로 자녀를 교육해야 한다. 집을 나설 때도 집에 들어올 때도 '셰마'를 말해야 한다. 저녁에 잘 때도 아침에 일어날 때도 '셰마'를 암송해야 한다. 양피지에 '셰마'를 써서 작은 함에 넣고 그것을 머리와 팔에 매어(성구함) 소지해야 한다. 프란치스코 수도회에서 갈색 수도복을 덮어쓰고 다니듯이 말이다. 또한 작은 함에 담은 '셰마'를 문설주와 바깥 문, 곧 오늘날 번지수를 표시하는 곳에도 붙여야 한다(메주자mezuzah). 어떤 사람들은 이 명령을 남들보다 더 문자적으로 이해했지만, 핵심은 똑같다. '토라'를 지켜서 하나님을 사랑하는 것이 평범한 이스라엘인들의 삶의 질서를 잡고 그 삶에 이야기와 '신학'을 부여하는 것이었다는 점이다.

아버지 하나님

예수님은 '셰마'를 통해 하나님과 이스라엘에 대해, 자신과 하나님과 이스라엘과의 관계에 대해 배우시는데, 그 핵심 단어가 하나님 '사랑'이다. 당시의 다른 교사들처럼 예수님도 하나님에 대한 이 전통을 그분만의 독특한 방식으로 발전시키신다. 예수님은 유대인들에게 '야웨'라는 이름으로 알려진 '하나님'을 '아바Abba'라는 이름으로 가장 자주 부르신다. '아바'

는 '아버지'를 가리키는 아람어이다. 일부 학자들은 '아바'의 의미를 너무 과도하게 해석한다. 예수님이 어린아이들처럼 하나님께 '아빠'라는 뜻으로 말씀했다거나, 하나님을 '아바'로 이해하셨던 것이 유대교에서 유래를 볼 수 없는 친밀감을 나타낸다고 제안한다. 다시 말해, 예수님이 유대교에서 볼 수 있는 그 어떤 관점보다 더 인격적이고 내밀한 관점으로 하나님을 보신다는 것이다. 둘 다 모두 지나친 과장이다. '아바'를 그분의 독특한 강조로 이해하는 편이 역사적으로 정확하다. 예수님께 하나님은 '아바'라고 불리시고 '아바'로 관계를 맺으신다. 이것은 가정과 가족의 언어요, 사랑과 신뢰의 언어이다. 이스라엘은 하나님을 '아바'라고 부른 오랜 역사가 있었는데, 그중에서도 중요한 구절이 호세아 11장 1-4절이다.

> 이스라엘이 어렸을 때에 내가 사랑하여
> 내 아들을 애굽에서 불러냈거늘
> 선지자들이 그들을 부를수록 그들은 점점 멀리하고
> 바알들에게 제사하며 아로새긴 우상 앞에서 분향하였느니라.
> 그러나 내가 에브라임에게 걸음을 가르치고
> 내 팔로 안았음에도
> 내가 그들을 고치는 줄을 그들은 알지 못하였도다.
> 내가 사람의 줄 곧 사랑의 줄로 그들을 이끌었고
> 그들에게 대하여 그 목에서 멍에를 벗기는 자같이 되었으며
> 그들 앞에 먹을 것을 두었노라.

예수님이 어떤 의미로 하나님을 '아바'로 부르셨든지 간에, 하나님의 다정하고 가족 같은 사랑을 성경에서 이보다 더 잘 표현한 본문은 없다. 실제로 호세아 11장 1-4절은 예수님

이 말씀하신 자기 백성을 향한 '아바'의 사랑에 대한 해설로 볼 수 있다. 이곳은 예수님이 하나님의 사랑에 대해 배운 본문 중 하나일 것이다. 따라서 예수님이 '아바'라는 말을 고대 이스라엘의 어떤 교사보다 더 강조한다 하더라도, 이 용어는 철저하게 유대적이다. 더군다나, '아바'라는 용어는 가족적이기는 하지만 '아이처럼' 순진하지는 않다. '아바' 또는 그에 해당하는 히브리어 '아브Av'는 둘 다 아이가 아버지를 가리키는 말로 처음 배우는 단어이자, 아이가 살아 있는 동안 자기 아버지에 대해 유일하게 사용하는 단어이기도 하다.

예수님이 하나님이 인류를 사랑하신다고 강조하신 것은 의심의 여지가 없지만, 인류를 향한 이 하나님의 사랑과 그에 대응하는 하나님을 향한 인류의 사랑은 동시에 '거룩하다.' (히브리어 '코데쉬qodesh'에서 나온) '거룩하다'라는 단어에는 두 가지 중요한 요소가 있다. '거룩함'은 하나님과 인간/창조세계의 확연한 차이를 가리키고, 하나님의 윤리적 완전무결하심을 가리킨다. 구약성경에서 가장 근본이 되는 개념은 하나님이 이 두 의미에서 '거룩하시다'는 것이다. 하나님은 위대하시고 편재하시고 전지하시며, 이 땅에 알려진 그 어떤 존재와도 같지 않으시다. 그분은 늘 선하고 옳고 최선인 행동을 하신다. 하나님이 이런 분이시기에 하나님과 창조세계의 관계와 창조세계와 하나님의 관계는 이 '거룩함'을 반영한다.

'거룩함'이라는 단어에서(특히 그 단어가 오늘날 종교적 배경에서 쓰일 때) 진정한 사랑의 관계보다 청교도의 지나친 결백이나 명상가들의 고립, 파벌주의자들의 까다로움, 급진주의자들의 열정을 떠올리는 것은 안타까운 일이다. 배우자나 자녀에 대한 사랑이 우리가 그런 사랑을 다른 누구에게도 주지 않는다는 의미에서 '거룩한' 것처럼, 하나님을 향한 사랑도 이스라엘이 그런 사랑을 다른 어떤 신에게도 허락하지 않는다는 의미에서 '거룩해야' 한다.

하나님은 사랑이시고 그분의 사랑은 거룩하기에 이스라엘과 하나님의 관계도 '거룩해야' 한다. 따라서 레위기 19장 2절에서처럼, "너희는 거룩하라. 이는 나 여호와 너희 하나님이 거룩함이니라." 이 말씀은 우리를 이전의 사고 흐름으로 이끈다. 이스라엘의 이야기는 언약으로 형성되는데, 그 언약은 이스라엘이 하나님을 그들의 하나님으로 삼으면 하나님이 이스라엘의 하나님이 되시겠다고 약속한다. 또한 이스라엘을 향한 하나님의 사랑이 '거룩하다'면, 이스라엘은 충성심과 신의와 신성함으로 하나님에 대한 사랑을 유지해야 한다. 이스라엘을 향한 하나님의 사랑이 '거룩하다'면, 그에 반응하는 이스라엘의 사랑도 '거룩해야' 한다. 이 말은 하나님을 사랑한다고 하면서 동시에 다른 신들을 사랑할 수 없다는 뜻이다. 성경은 '우상 숭배'를 정죄하는데, 그것이 하나님을 향한 이스라엘의 거룩한 사랑에 위배되기 때문이다. 호세아 선지자는 특히 호세아 1-2장에서, 이스라엘과 야웨의 관계를 다음과 같이 묘사한다. 언약에 불순종한 행위는 배우자를 배신한 것과 같다!

하나님을 향한 이 거룩한 사랑은 그분을 '공경하는' 태도를 낳는다. 이스라엘은 거룩해야 할 뿐 아니라, 하나님에 대해 거룩하게 말해야 한다. 성경을 읽다 보면 대부분의 영어 성경에서 '주Lord'라는 단어를 때로 대문자LORD로 번역한 것을 발견할 것이다. 그리스도인들이 구약성경이라고 부르는 히브리 성경에는 하나님을 가리킬 때 사용하는 세 가지 주요 단어가 있다. 우선, '엘El'이나 그 복수형 '엘로힘Elohim'은 '하나님'으로 번역한다. 다음으로 '아도나이Adonai'는 '주Lord'로 번역한다. 하지만 성경에서 하나님의 개인적인 이름은 '야웨'이고, 대개 '여호와LORD'로 번역한다. 따라서 영어권 독자들이 이 표기를 볼 때는 하나님의 거룩하신 이름을 알라고 초대받는 것이다. 게다가, 십계명은 이스라엘 백성에게 하나님의 '이름'을 '망령되게' 부르지 말라고 명령하기 때문에 주후 1세기 이전에는 '회피'로 그 명령에 순종하는 것이 관습으로 자리 잡았다. '야웨'라는 거룩한 이름을 입에 올려 '망령되게' 할 수 있는 위험을 감수하는 대신, 그 자리를 '아도나이'라는 이름으로 대체했던 것이다. 현대 독자들에게는 조금 '지나쳐' 보일 수 있는 관습이 유대인들에게는 '거룩한' 헌신의 표현이었다. 예수님도 그런 면에서 동시대인들과 비슷하셨는데, 이 점은 예수님이 하신 말씀 중에 가장 유명한 '주기도'에 잘 표현되어 있다. 예수님은 이 기도에서 하나님의 거룩하신 이름에 대한 유대인들의 전형적인 경외감을 드러내신다. "아버지의 이름[야웨]이 영광을 받으소서"(p.153). 하나님을 '하셈Ha-Shem'('그 이름')으로 부르는 것도 예수님 시대 유대인들의 관습이었다.

하나님의 거룩하심이 그분을 초월적으로 만들어서 유대인들이 하나님을 두려워한 것이 아니다. 하나님의 언약적 사랑은 유대인들의 하나님 이해에서 고정된 것이었다. 하나님이 그렇게 우리를 사랑하시는 분이기에 예수님은 제자들에게 하나님을 신뢰하고 사랑하라고 가르치신다. 하나님이 거룩하시기에 예수님은 제자들에게도 거룩하고 의로우며 하나님께 온전히 헌신하라고 가르치신다. 하나님을 사랑하고 그분 앞에서 신실하게 살아가는 것이 곧 언약적 삶이다. 예수님은 이스라엘의 현 상황, 곧 로마의 속국, 온전한 기준에 미치지 못하는 도덕성, 서로 나뉘어 반목하는 파당들, 로마와 결탁하여 권력을 남용하는 이스라엘 지도층, 가난으로 소외된 수많은 이스라엘 백성 등이 이스라엘의 '포로기'가 아직도 끝나지 않았다는 확연한 증거라고 믿으신다. 이스라엘이 하나님의 복을 누리고 하나님 나라가 그 땅에 실현되려면, 이스라엘은 그 길에서 돌이켜 야웨께 자기 죄악을 진실하게 고백하고 야웨께서 말씀하신 대로 하나님을 사랑하고 서로 사랑하는 일을 회복해야 한다.

그럴 때, 아니, 그럴 때만 비로소 하나님 나라가 임할 수 있다.

하나님 나라

마가복음에서 예수님이 처음 말씀하신 단어가 '하나님 나라'이다. 예수님은 그분의 소명을 다음과 같이 요약하신다. "드디어 때가 왔습니다. 하나님 나라가 왔습니다. 여러분은 마음과 생각을 돌이켜 이 기쁜 소식을 믿으십시오"(막 1:15). 예수님은 하나님 나라가 밝아 오고 있다는 관점에서 온 나라에 회개를 촉구하신다. 하지만 이 책을 읽는 독자라면 누구나 이 '하나님 나라'가 무엇인지 질문해야 한다.

첫째, 용어 문제부터 확실히 해야 한다. 대부분의 사복음서 번역은 그 '나라'를 두 가지 주요 표현으로 묘사하는데, 하나는 '하나님 나라'이고, 나머지 하나는 특히 마태복음에 등장하는 '하늘나라'이다. [사실, 우리가 '하늘'로 번역하는 그리스어는 복수형으로, '하늘나라들kingdom of heavens'로 쉽게 번역할 수 있다. 이 표현에 해당하는 히브리어나 아람어도 복수형(예. '말쿠트 샤마임malkuta shamayim')이기 때문이다.] 하지만 예수님 시대에 '하나님 나라'와 '하늘나라'는 똑같은 의미이다. 경건한 유대인들이 거룩한 이름 대신 '아도나이'/주라는 단어를 사용했듯이, '하나님'에 대한 언급을 회피한 것도 일반적이었다. 따라서 '하나님' 나라를 '하늘'나라로 좀 더 겸허하게 표현한 경우가 많았다. 여기서 주목할 것은 복음서에서 '하늘나라'를 사용할 때 '하늘'의 의미는 저 높은 공중이 아니며, 진정한 의미에서 '영원'을 가리키지도 않는다는 점이다. 오히려 복음서의 '하늘나라'는 '하나님의 나라'를 뜻하고, 대부분 하나님의 완전하신 뜻이 표현되는 '시간과 공간'을 가리킨다. 존 버니언John Bunyan의 고전 《천로역정 The Pilgrim's Progress》에 등장하는 크리스천이 집착했던 것 같은 영원한 하늘나라에 대한 관심은 다른 성경 본문에서도 찾아볼 수 있지만, 예수님이 말씀하신 '하늘나라'를 그런 높은 자리에서 끌고 내려와 지금 여기서 눈에 띄게 해야 할 필요가 있다.

둘째, '나라'는 늘 어떤 의미에서 '사회'를 가리킨다. 따라서 예수님이 "하나님 나라가 왔습니다"라고 선포하실 때는 하나님의 나라, 곧 그분의 뜻과 그 백성이 완전한 '샬롬' 가운데 살게 될 사회가 코앞에 있다는 뜻이다. 《그리스도 이야기》를 읽을 때는 '나라'의 이 '사회적' 차원을 염두에 두어야 한다. 이 '나라'라는 용어가 예수님이 하나님이 자신을 통해 무슨 일을 하고 계시는지를 어떻게 생각하시는지를 잘 보여 준다. 많은 예를 들 수 있겠지만, 예수님이 고향 회당에서 처음 하신 설교가 하나님 나라의 이 '사회적' 차원을 효과적으로 잘 보여 준다. 회당에서 성경을 읽으실 기회가 주어지자, 그분은 책을 펴고 이사야서를 찾아 읽으신다.

"주의 성령이 내게 임하셨다.
내게 기름을 부어['메시아'와 연관된 단어]…."

선지자가 성령이 임한 메시아가 행하실 일을 어떻게 상상하는지 살펴보라.

> "가난한 이들에게 좋은 소식을 전하게 하시려는 것이다.
> 주께서는 나를 보내어 사로잡힌 자들에게 해방을 선포하고,
> 눈먼 자들을 다시 보게 하며,
> 마음이 상한 이들을 자유롭게 하고,
> 주께서 만족하시는 해를 선포하게 하셨다." (p. 126)

당시 옥에 있던 세례 요한이 제자들을 보내 예수님이 사람들이 말하는 바로 그분이신지 묻자, 예수님이 다음과 같이 말씀하셨는데, 이번에도 선지자 이사야를 인용하신다.

> "가서 너희가 가서 보고 들은 것을 요한에게 말해라.
> 눈먼 자가 다시 보고,
> 저는 자가 다시 걸으며,
> 나병 환자가 고침을 받고,
> 듣지 못하는 자가 들으며,
> 죽은 자가 다시 살아나고,
> 어려움에 처한 이들에게 기쁜 소식이 전해지고 있다.
> 나를 믿는 믿음을 잃어버리지 않는 사람은 행복하다." (p. 165)

예수님은 '나라'라는 말로 하나님의 치유가 모든 사람을 제자리로 회복하는 사회(성경에 나타난 '정의')를 그리신다. 그들의 마음과 영혼, 생각과 몸이 회복될 것이다. 예수님이 말씀하시는 나라, 그분이 고대하시는 나라는 '샬롬'과 정의와 사랑의 나라이다.

예수님이 모든 사람이 자기 마음대로 행동할 수 있는, 소

47

위 '자연 상태'로 돌아가야 한다고 생각하는 무정부주의자라는 뜻은 아니다. 오히려 나는 예수님이 폴란드 철학자 레셰크 코와코프스키Leszek Kolakowski의 강의를 듣고 한 단계 더 발전시킨 것이 아닌지 의심스럽다. 코와코프스키는 권력에 대해 이렇게 말한 적이 있다.[5]

> 따라서 정치권력이라는 제도가 기적처럼 사라져 버린다면, 우주적인 형제애가 아니라 우주적인 도살이 벌어질 것이 거의 확실하다.

예수님이 그분의 '나라'를 말씀하실 때는 토머스 홉스Thomas Hobbs의 '자연법' 같은 사상을 염두에 두신 것이 아니라, 선한 사람과 권력을 가진 사람이 동일한 사회를 상상하신 것이다. 그런 사회에서는 모든 사람이 옳은 일을 하고, 모든 사람이 자기 유익을 추구하듯이 이웃을 돌보고, 법은 더는 이상이 아니라 현실을 묘사할 것이다.

그렇다면 '하나님 나라'는 사람들의 마음과 영혼과 생각과 몸이 온전해지는 사회이다. 그 나라에는 예수님을 따르는 이들, 그분에게서 오랜 소망을 발견한 이들, 그분의 치유를 받아 이제는 온전히 하나님을 사랑하고 이웃을 사랑함으로써 하나님의 영광을 드러내는 '회복된 에이콘'들이 산다. 이상적인 유토피아 왕국이라는 죄 외에는 아무도 예수님을 고발할 수 없다. 하나님의 나라가 오면 만물이 완전해질 것이다. 그 나라는 모든 사람이 꿈꾸는 '샬롬'이다.

예수님의 이 '하나님 나라 사회'에서는 모든 사람을 '식탁교제'로 환영한다. 예수님의 사역에서 가장 눈에 띄는 점은 식탁을 활용하여 그 나라를 구체적으로 보여 주신다는 것이다.

그래서 《그리스도 이야기》 앞부분에 등장하는 사건 중에 '가나 혼인 잔치'가 있다. 거기서 예수님은 '넉넉한 포도주'와 '혼인 잔치' 이미지로 하나님 나라가 왔다고 선언하신다(p. 120). 예수님이 레위에게 세리 일을 그만두고 그분을 따르라고 말씀하실 때도 곧바로 레위와 세리 친구들과 식탁을 함께하신다. 예수님의 이런 행동은 집중포화를 맞는데(p. 132), 다음 말씀으로 이런 행동을 정당화하신다. "건강하고 원기 왕성한 이들은 의사가 필요 없다. 아픈 이들이 의사를 찾는다. 나는 의인이 아니라 죄인을 초청하러 왔다." 예수님은 '아무도 배척하지 않는' 교제라는 그분의 관점이 실현되는 장소로 반복해서 식탁을 사용하신다. 그분의 나라가 유토피아라면, 그곳은 아르카디아 Arcadia 같은 이상향은 아니다. 예수님은 그분의 관점이 그분이 함께하시는 식탁에서 '실물'로 실현되기를 기대하시기 때문이다. 누군가 말했듯이, 온갖 종류의 나라를 믿기는 쉽지만 제대로 실현하기는 어려운 법이다.

　하지만 예수님은 하나님 나라를 "영광과 능력과 힘과 섬광과 큰 소리"로 이해하시지도 않고, "하룻밤 사이에 짠" 하고 나타나는 것으로 생각하시지도 않는다. 그분은 반복해서 일상 이미지를 사용하시는데, 그중에서도 아주 수수한 이미지를 사용하여 하나님 나라의 비전을 표현하신다. 하나님 나라는 한 남자가 씨를 뿌리고 나서 자고 일어나 보니 식물이 자라고 있는 것과 같다. 또한 하나님 나라는 아주 작은 '겨자씨' 한 알과 같은데, 자라서 나무가 되어 새들이 그 그늘에 깃들 정도로 커진다. 예수님은 번쩍이고 강력한 군대 이미지 대신에 일상 이미지를 사용하여 그분의 나라를 묘사하신다. 그 나라는 눈에 보이지 않고 작게 시작하지만, 예수님이 말씀하시듯이 언젠가는 자라서 많은 사람에게 휴식을 주는 장소가 된다.

《그리스도 이야기》를 읽는 독자라면 누구든 이런 질문을 던지게 된다. "예수님은 언제 그 나라가 나타나리라고 생각하셨을까?" 다시 말해, 예수님은 하나님 나라 사회가 '즉시' 나타난다고 생각하셨을까, 아니면 '편재한다'고 생각하셨을까? 후자의 공간적 용어는 '하나님 나라'가 대체로 하나님의 임재와 구원 행위라고 암시하는 반면, 전자의 시간적 용어는 하나님 나라가 그분의 직접적인 행위로 기적처럼 곧 나타날 사회라고 암시한다. 이에 대한 증거는 갈리는데, 하나님 나라의 도착 '시점'에 대해 이렇게도 저렇게도 생각하는 것은 얼마든지 용서된다. 하지만 두 건초 더미 사이에 선 뷔리당Buridan의 당나귀처럼, 어느 쪽을 선택할지 망설이고만 있을 이유는 없다. 증거를 보면, "두 건초에서 다 먹을" 수 있기 때문이다.

앞서 인용한 마가복음 1장 15절에서 예수님은 "하나님의 나라가 가까이 왔으니"(개역개정)라고 말씀하시는데, 이는 확실히 그 나라가 '곧 도착한다'는 소리로 들린다. 다른 본문들도 하나님 나라가 '임박했다'라고 암시한다. 예수님은 마태복음 10장 23절(p. 161)에서 제자들을 이스라엘 도시들로 전도하러 보내면서 이렇게 말씀하신다. "너희가 이스라엘의 마을들을 다 돌기 전에 인자가 올 것이다." 복음서에 기록된 소위 '변화산' 사건, 곧 예수님의 몸이 영광스럽게 변하는 사건 직전에 그분은 말씀하신다. "장담하건대, 오늘 이 자리에는 죽기 전에 인자가 왕으로 오는 모습을 볼 사람들도 있다"(pp. 187-188). 그런가 하면, 예수님이 예루살렘에서 당국과 최후로 대면하시면서 예루살렘의 멸망을 예언하실 때는 (하늘의 표지를 예측하시고 나서) 이렇게 말씀하신다. "그러므로 너희도 이런 일들이 일어나는 것을 보면 인자가 가까이에, 바로 문 앞에 있는 줄 알아야 한다! 내가 너희에게 말한다. 이 세대가 끝나기 전에 이 모든 일이 이루어질 것이다"(pp. 258-259).

다른 한편으로, 하나님 나라가 많이 늦어지겠지만 그 나라가 '이미 왔다'라거나 '편재한다'라고 암시하는 예수님 말씀도 많다. 예수님이 동시대 사람들과 나누신 중요한 대화를 소개한다(pp. 217-219).

그 후에 바리새인들이 예수에게 하나님 나라가 언제 오느냐고 묻자, 예수는 그들에게 이렇게 대답했다. "하나님 나라는 그 나라의 표징을 찾는다고 해서 얻을 수 있는 것이 아니다. 사람들이 '보아라, 여기 있다'라거나 '저기 있다'고 말할 수 없다. 하나님 나라는 너희 안에 있기 때문이다."

이 말씀은 '하나님 나라'가 '이미 임했다'라는 의미에서 '편재하는' 무언가를 가리킨다고 암시한다. 따라서 이는 '사회 혁명'보다는 믿음과 영적 임재의 차원이라고 할 수 있다. 다른 예를 생각해 보자. 사람들이 예수님께 귀신을 내쫓는 것에 대해 의문을 제기하자 그분은 맞춤한 반응을 내놓으신다. "그러나 만약 내가 하나님의 성령으로 귀신을 쫓아낸다면, 하나님의 나라가 이미 너희에게 강력하게 임한 것이다!"(p. 169)

우리가 복음서의 증거에서 끌어낼 수 있는 논리적인 결론은 단 하나뿐이다. 예수님은 하나님 나라가 어떤 의미에서는 이미 편재한다고 가르치셨고, 그 나라(또는 더욱 영광스러운 궁극적인 나타남)가 곧 임한다고도 가르치셨다. 하나님 나라는 미완성인 채 이미 임했다. 예수님은 그 나라가 이미 시작되었다고 말씀하시는 듯하다. 하지만 또 다른 날이 다가오고 있다.

이 모든 내용을 요약하는 동시에 폭넓게 정의하자면 이렇다. 예수님의 '나라'는 하나님의 뜻이 이루어지고 인류가 하나님이 원하시는 모습으로 회복되어 '샬롬'의 사회를 이루기 위해 상호 작용하는 사회이다. 이스라엘의 오래된 언약 이야기가 예수님께는 '하나님 나라 이야기'이다. 그 이야기에서 각 네가지 특징은 적절한 역할을 한다. 이스라엘의 민족 정체성은 이제 모든 사람을 포함하는 것으로 이해되고, 이스라엘 땅은 예수님을 따르는 '온유한' 이들이 물려받을 것이며[여기서 나는 번역 성경이 '땅'이라는 단어로 번역한 것은 예수님이 "온유한 자는 복이 있나니 그들이 **땅**을 기업으로 받을 것임이요"(개역개정)라고 말씀하실 때 **땅**이라는 단어로 뜻하셨던 것보다 더 확장된 의미를 나타낸다고 생각한다], '토라'는 하나님을 사랑하고 이웃을 사랑하라는 명령을 통해 새로운 형태를 입으며(앞의 내용을 보라), 성전에 대한 개념이 근본적으로 뒤집혀서 성전이 아니라 마음이 정결한 장소가 된다(pp. 147-148).

그렇다면 자연스럽게 이런 질문이 이어진다. 우리는 어떻게 '하나님의 나라에 들어갈' 수 있는가? 두 가지 답이 있는데, 이 두 답은 동전의 양면과 같다.

윤리

가장 간단한 방법은 두 가지 답을 언급하는 것이다. 우리는 '회개'와 '믿음'으로 하나님 나라에 들어간다. 하지만 예수님은 그분의 명령이 하나님 나라에 들어가는 좁은 공식으로 축소되는 것을 허락하시지 않는다. 오히려 우리는《그리스도 이야기》를 읽어 가면서 예수님이 이 질문을 받으실 때마다 '입회 자격'에 대해 다양한 답을 주시는 것을 발견할 것이다.

어떻게 하나님 나라에 들어가는지 물어보는 사람들에게 예수님이 얼마나 다양하게 반응하시는지에 놀란 독자들은 그 반응들이 얼마나 혼란스러운지를 보고 다시 한 번 놀란다. 그분의 반응은 급진적이고 도전적이며, (솔직히 말하자면) 청중 대부분에게 충격적이다.

아래 말씀을 살펴보고 다음과 같은 간단한 질문을 스스로 던져 보라. "예수님은 하나님 나라에 들어가려는 그분의 제자들에게 무엇을 기대하셨는가?"

"여러분에게 말합니다. 율법학자와 바리새인보다 월등히 더 선해야 하늘나라에 발을 들여놓을 수 있습니다!" (p.149)[6]

"내게 계속 '주여, 주여' 하고 말하는 이들이 다 하늘나라에 들어가는 것이 아니라, 하늘에 계신 내 아버지의 뜻을 실제로 행하는 사람이 들어갑니다." (p.157)

"장담하건대, 너희 관점을 송두리째 바꾸어 어린아이처럼 되지 않으면, 절대 하늘나라에 들어가지 못한다." (p.191)

"얘들아, 하나님 나라에 들어가기가 얼마나 어려운지 모른다. 부자가 하나님 나라에 들어가는 것보다는 낙타가 바늘귀를 통과하는 것이 더 쉬울 것이다." (p.222)

이런 말들을 들으면, 우리도 그때 그분의 가까운 제자들이 마음속으로 생각했듯이 이렇게 묻고 싶은 유혹을 받을지도 모른다. "그렇다면 누가 구원을 받을 수 있단 말인가?" "우리는 어떻게 해야 하는가?" 앞에 인용한 말씀들에서, 우리는 예수님이 그분을 따르는 이들이 의롭고, 하나님의 뜻을 행하며, 겸손하고, 부를 포기하기를 기대하신다고 말할 수 있다. 하지만 항상 이렇게 해야 하는가? 이런 일들을 모두 해야만 하는가? 도대체 하나님 나라에 들어간다는 것은 무슨 의미인가?

회개하고 믿으라

우리는 예수님이 사용하신 다른 두 단어 곧 '회개'와 '믿음'을 생각해 보면서 이 질문들을 살필 수 있다. 예수님은 마가복음 1장 15절에서 그분을 따르는 이들에게 '돌이켜' '믿으십시오'라고 말씀하신다. '회개'는 '죄와 자신에게서 돌아서서 언약과 하나님께 향한다'라는 뜻이다. 먼 타지에서 이스라엘과 하나님이 맺은 언약에 어긋나는 일들을 하다가 '자신을 발견한' 탕자의 자기반성에서 그 좋은 예를 찾아볼 수 있다. 누가복음 15장 17-20절(pp. 210-212)을 읽어 보자.

> 그제야 그는 제정신이 들어 큰 소리로 외쳤다. '아버지의 일꾼 수십 명은 먹고도 남을 양식이 있는데 나는 여기서 굶어 죽는구나! 일어나 아버지에게 돌아가, "아버지, 나는 하늘과 아버지 앞에서 몹쓸 짓을 했습니다. 나는 더 이상 아들 자격이 없으니 나를 아버지의 일꾼으로 삼아 주세요"라고 말해야겠다.' 그래서 그는 일어나 아버지에게 갔다.

이것이 바로 행동으로 나타난 회개이다. 이 젊은이는 아버지와 하나님을 사랑하지 못한 잘못을 깨닫는다. 자신이 그둘에 얼마나 철저하게 실패했는지 알고는, 아버지에게 죄를 고백하고 아버지의 자비를 구하고 신뢰한다. 또한 (가장 눈에 띄는 행동인데) 이전 생활을 청산하고 집으로 돌아온다. 비유에 등장하는 아버지와 예수님의 하나님은 이런 '회개'를 기꺼이 받아 주신다.

마가복음 1장 15절은 예수님을 따르는 이들에게 '회개'뿐 아니라 '믿음'을 요구한다. 하나님 나라와 예수님을 '믿는다'는 것은 어떤 대상이 사실임을 알고 그것을 신뢰하며, 그 지식과 신뢰에 기초하여 '행동하는' 것이다. 요한복음은 '믿음' 혹은 그 동사형 '믿는다'를 가장 강조하는데, 거기에도 똑같은 개념이 담겨 있다. 예수님을 '믿는' 것은 그분에 대해 알고, 그분을 신뢰하고, 그분 안에 거하고, 그분의 살과 피를 먹고, 이 모두에 기초해 행동하는 것이다. 예수님 당시에 예수님을 '믿는다'는 것은 '그분과 어울리는' 것이었다. 물론, 많은 사람에게 이것은 '죽음의 입맞춤'(겉으로는 좋아 보이지만 결국에는 파국을 가져오는 것―역주)이나 최소한 '작별의 입맞춤'이 될 테고, 어쩌면 '치명타'일지도 몰랐다. 예수님은 반대자를 몰고 다니셨으므로, 그분과 어울리는 것은 사회적 긴장, 때로는 왕따나 순교까지 의미했다. 그래서 예수님은 "선을 위해 박해를 받는 이들"(p. 147)을 복 주셔야 한다고 생각하신다. 그분을 따르는 이들에게 "누구든 내 발자취를 따라오려면, 자신의 권리를 다 버리고, 자기 십자가를 지고 나를 좇아야 한다"(p. 187)라고 명령하신 것도 같은 이유에서이다.

"집에 계신 아버지께 돌아가는" 회개와 "예수님과 어울리는" 믿음은 예수님 나라의 근본적인 '인격적' 속성을 전면에 내세운다. 인간은 머리뿐 아니라, 마음과 영혼, 머리와 몸으로 구성된 인격체이다. '회개'나 '믿음'은 한 사람이 다른 사람에게 행하는 심오한 인격적 행위이다. 믿음이라는 교리는 모든 종교에서 핵심 역할을 하지만, 교리는 얼마든지 과대평가될 수 있다. 교리가 엉뚱한 사람 손에 들어가면 심오한 실재로 인도하는 창문이 아니라, 권력의 도구, 경계를 만드는 도구로 전락

할 수 있다. 수필가 윌리엄 해즐릿William Hazlitt의 말대로, 교리는 우리가 사는 세상을 그린 '그림'이라기보다는 '지도'에 더 가깝다.[7] 예수님은 제자들에게 '하나님 나라' 지도를 주시고 비유라는 그림으로 채우셨는데, 그분이 그리신 가장 중요한 그림이 하나님 사랑과 이웃 사랑이었다.

사랑

예수님의 '하나님 나라' 비전은 하나님과 다른 사람들과 맺는 굉장히 인격적인 관계이기에 예수님은 그분이 **제자도와 윤리에 대해 믿는 모든 내용**을 '사랑'으로 집약하셨다. 소위 '가장 큰 계명', 실제로는 (《그리스도 이야기》에서 적절하게 표현한 대로) '가장 중요한 두 계명'이 등장하는 문맥을 이해하기 위해서는 경건한 유대인이 날마다 '셰마'를 암송하면서 하루를 시작하고 마무리한다는 점(집을 나서거나 돌아올 때 같은 다른 때도 중요하지만)을 다시 떠올려 볼 필요가 있다. 또한 예수님 당시에는 가장 중요한 계명이 무엇인지를 두고 토론과 논쟁이 있었는데, 이는 613개에 달하는 명령이나 금령 중에 가장 핵심 계명을 결정하는 과정이었다. 따라서 예수님이 이 질문을 받으셨다는 것은 그리 놀랄 일이 아니다(pp. 254-255).

그때 한 율법학자가 예수에게 다가왔다. 토론을 계속 듣고 있던 그는 예수의 대답이 빼어남을 보고는 이렇게 물었다. "어떤 계명을 가장 중요하게 여겨야 합니까?"

예수님은 비판과 답변을 동시에 주신다. 그분은 '딱 한 계명' 같은 건 없다고 말씀하시는 듯하다. "하지만 마침 그 질문을 해서 말인데, 너희가 이미 답을 알고 있으니 나는 그 내용을 살짝 수정하기만 하겠다"라고 말씀하고 계신다.

> "으뜸으로 중요한 계명은 이것이다. '아, 이스라엘아, 들으라. 주 우리 하나님은 한 분이다. 그러므로 네 마음을 다하고, 네 혼을 다하고, 네 지성을 다하고[**이 부분은 신명기 6장에 없다**], 네 힘을 다하여 주 너의 하나님을 사랑해라.' 둘째는 이것이다[**이 부분은 레위기 19장 18절에서 가져왔다**]. '너 자신을 사랑하듯 네 이웃을 사랑해라.' 이보다 더 중요한 계명은 없다."

나는 다른 책들에서 이 '수정된 신경'을 '예수 신경'이라고 했다. 예수님은 모든 계명 중에 가장 중요한 계명이 무엇이냐는 질문을 받으시고는 그분을 따르는 모든 이들에게 이중 도전을 내미신다. 그 계명은 하나님을 사랑하고 다른 사람들을 사랑하는 것이다. 이 말씀에서 가장 눈에 띄는 점은 그분이 '하나님 사랑'에 '이웃 사랑'을 추가하여 '셰마'를 '수정하셨다'는 점이다. 예수님이 선택하신 본문은 레위기 19장 18절이다. 요한복음 13장 34-35절에서 '새 계명'이라고 부르는 예수님의 이 '새로운 신경'이 매우 유대적이면서도 '새롭다'는 점에 주목해야 한다. 대부분이 경험으로 알듯이, '거룩한 신경'은 토론과 논쟁을 거쳐야 수정되기 때문이다. 예수님 편에서도 유대교의 거룩한 신경을 '수정하기' 위해서는 약간의 '후츠파chutpah'가 필요했다. 왜 그런가?

예수님 시대에도 요즘처럼 하나님 사랑이 이웃 사랑보다 더 쉽다고 생각하는 이들이 있었다. 예수님이 기득권 성직자층에 심한 말을 쏟아내신 예를 보여 주려고 우리가 앞서 사용했던 비유로 돌아가 보자. 선한 사마리아인 비유에서 예수님은 제사장과 레위인(성전에서 일하는 자)을 '나무라신다'. 이 둘은 예루살렘에서 여리고로 가다가 길에서 사람을 발견하고 시체라고 생각한다(누구라도 그랬을 것이다). 이들은 성직자이므로 시체를 만져서 스스로 '부정하게' 해서는 안 된다는 사실을 알고 있다. '토라'인 민수기 19장 11-22절에 이 명령이 나온다. 따라서 이들은 '토라'에 충실하여 이 사람을 그냥 지나친다. 하지만 (종교적 잡종의 전형적인 상징인) 사마리아인은 같은 사람을 보고 같은 '토라'를 읽고도, 멈춰서 그 사람을 돌보고 여인숙에 데려다주고 모든 비용을 부담한다. 예수님이 보시기에, 제사장과 레위인의 행동은 아무리 '토라'의 명령을 따랐다고 해도 받아들이기 힘들다. 왜일까? '하나님을 사랑한다'는 이유로 '이웃 사랑'을 희생해서는 안 되기 때문이다. 예수님께는 이웃 사랑이 곧 하나님 사랑이다. 다른 사람을 사랑하는 것이 하나님 사랑을 대체해서는 안 되지만 말이다. 예수님을 따르는 이들은 하나님도 사랑하고, 이웃도 사랑해야 한다.

유대인들이 하나님 앞에서 자신의 거룩한 의무를 기억하기 위해 날마다 아침부터 저녁까지 '셰마'를 암송했으므로 예수님도 그분을 따르는 이들이 이 '예수 신경'을 가지고 똑같이 해 주기를 기대하신 것 같다. 초기 그리스도인들이 '예수 신경'을 암송했다는 증거는 갈라디아서 5장과 고린도전서 13장에서 찾을 수 있는데, 거기에는 레위기 19장 18절(예수님이 '셰마'에 특별히 추가하신 내용)이 그리스도인의 삶의 핵심으로 나타나 있다. 예수님은 '예수 신경'을 통해 '토라' 혹은 '토라'의 계명들을 이해할 수 있는 도구를 주셔서, 모든 명령을 '하나님을 사랑하라'라는 명령이나 '다른 사람들을 사랑하라'라는 명령으로 나눌 수 있다고 가르치신다. 우리가 '토라'를 이렇게 해석하는 법을 배우면, 모든 내용이 맞아떨어진다.

예수님이 가르치신 다른 주제들과 마찬가지로, 예수 신경으로 형성해 가는 삶, 곧 하나님을 사랑하고 다른 사람들을 사랑하라는 소명을 날마다 드러내는 삶의 영향력은 막대하다.

정의

정의는 그것이 예수님께 중요해서만이 아니라, 많은 현대 사회의 토대이기 때문에 좋은 예이다. 우리 시대의 정의관과 예수님의 정의관을 비교하는 것은 그분의 사역을 이해하는 시험대가 된다.

정의, 특히 서양 세계에서 정의는 개인의 행복과 자유와 권리에 초점을 맞춘 상태나 일련의 법규로 축소될 때가 많았다. 이와 같은 정의 개념은 장 자크 루소Jean-Jacques Rousseau, 임마누엘 칸트Immanuel Kant, 존 스튜어트 밀John Stuart Mill 같은 철학자들을 통해 우리에게 전달되었는데, 피터 버거Peter Berger나 존 롤스John Rawls 같은 사회이론가들과 라인홀드 니버Reinhold Niebuhr, 존 하워드 요더John Howard Yoder, 스탠리 하우어워스Stanley Hauerwas, 미로슬라브 볼프Miroslav Volf 같은 신학자들에게서 심각한 도전을 받았다. 또한 의도적이든 그렇지 않든, 대부분의 (특히 서양) 사람은 자유를 남에게 폐만 끼치지 않는다면 자신이 좋아하는 일은 무엇이든 할 수 있는 능력으로 생각한다. 인간에게는 '행복할' 권리가 있고, 그 행복을 찾기 위해 나면서부터 자유와 권리가 약속된다는 것이다. 이는 자연스레 개인의 다양성에 대한 강조와 개인주의의 과잉으로 이어지고, '공동체', '공동선', '공공복지'에 대해 좀 더 들어야 할 필요를 낳는다.

따라서 오늘날에는 '개인의 자유'와 '개인의 권리'라는 말이 (때로는 선의로) '공동체'라는 개념에 도전할 때가 많다. 요즘 서양 세계의 표현을 따르자면, 정의의 관심사들은 개인의 자유와 권리를 제한하는 전통의 벽을 무너뜨려 개인이 '행복'을 찾을 수 있도록 지지한다. 그 결과, '정의'의 추구란 자유나 타인의 자유를 남용한 이들을 처벌하거나('보복적' 정의) 자유에 대한 제도적 오용으로 인한 불균형을 바로잡는 데('보상적' 정의) 관심이 있다. 둘 다 자신들의 과업을 '회복적' 정의로 이상화한다. 그렇다면 곧바로 마음속에 떠오르는 질문은 '행복'이 인류의 충분한 '목적'이 될 수 있느냐의 여부이다. 하지만 현재의 정의관에 도전한다는 것은 그 이상이다.

모더니스트나 포스트모더니스트는 다음 두 질문을 던질 자격이 있다. 우리가 정의 추구를 열망하게 만드는 구체적인 '조건'은 무엇인가? 그 조건은 '행복'인가, '자유'인가, 아니면 '권리'인가? 둘째, '정의'를 정의하는 사람은 '누구'인가? 많은 사람이 손쉽게 지적했듯이, 정의를 정의하는 개인이나 체제가 정의 개념을 구체적인 형태로 만들 것이기 때문이다. 정의를 연구한 내용에 따르면, '중립적 정의' 같은 것은 없는데, 권력을 쥔 자가 각각의 정의를 제한하기 때문이다. 《그리스도 이야기》를 읽는 독자들은 예수님이 정의하신 '정의'의 의미가 무엇인지 질문할 수 있다.

그 답은 가까이에 있다. 하나님이 인류를 하나님을 사랑하고 다른 사람들을 사랑하여 그분의 영광을 드러내는 '에이콘'으로 창조하셨다면, 예수님이 알고 계신 정의의 유일한 개념은 그분의 '신경'에서 흘러나올 것이다. 예수님께 정의란, 인간이 하나님과 다른 사람들을 사랑할 수 있는 일련의 조건이다. 예수님이 생각하시는 진정한 정의는 '개인'의 자유나 '개인'의 권리로 형성되지 않는데, 인간은 하나님이 의도하신 인간의 모습, 곧 그분의 영광을 반영하는 '에이콘'이 되기 위해 자기 권리를 포기할 때만이 '자유롭기' 때문이다. 예수님께 '행복'이란 하나님 나라에서 그분의 '에이콘'이 되는 것일지도 모른다. 예수님이 그분을 따르는 이들을 위해 상상하신 '나라'는 이런 정의 개념을 가진 나라이고, 인류는 그 나라를 불러오기 위해 자신의 길에서 돌이켜야 할 것이다. 따라서 예수님의 '정의'는 (마르크스나 자본주의자들이 생각하듯이) '경제적 조건'으로 형성되지 않고, 하나님과 다른 사람들과의 상호 관계로 형성된다. 예수님은 그분을 따르는 이들에게 반대와 온갖 다른 대안에도 불구하고 그분이 말씀하신 '하나님 나라 정의' 개념을 살아 내라고 요청하셨다.

용서

'하나님 나라', '회개와 믿음', 하나님과 다른 사람들을 사랑하라는 '예수 신경'이 예수님의 '윤리'를 구성하기 때문에, 또한 이 모두가 예수님께는 영성의 진정한 '인격적' 차원을 드러내기 때문에 예수님이 '용서'를 또 다른 핵심 미덕으로 보신 것은 당연하다.

기독교의 모든 기도 중에 가장 거룩한 '주기도'에서 예수님은 제자들에게 날마다 이렇게 기도하라고 가르치신다(p. 153).

"우리가 우리에게 빚진 이들을 탕감해 주듯이,
우리가 아버지께 진 빚을 탕감해 주십시오."

한번은 베드로가 용서를 강조하시는 예수님 말씀에 당혹

스러워하며 다른 사람을 '일곱 번'까지 용서해야 하느냐고 여쭈었다(p.192). 예수님은 그 답변으로 깜짝 놀랄 만한 비유를 말씀하신다(pp.193-194). 어떤 왕이 종들과 결산하는데, 그중에 '수십억 원'(극적 효과를 위해 말도 안 되는 금액을 과장해서 표현한 것)을 빚진 자가 있었다. 왕은 그의 빚을 탕감해 주었다. 그런데 그렇게 빚을 탕감받은 이가 자신에게 소액을 빚진 동료를 옥에 가두어 버렸다. 사람들은 이런 일이 현실에서 일어나지 않기를 기대하지만, 그럴 가능성이 예수님 말씀을 듣는 이들에게 그분의 가르침을 들을 기회를 제공한다. 하나님은 수많은 죄를 지은 인간을 용서해 주셨다. 그래서 우리는 인간끼리 저지르는, 상대적으로 가벼운 동료 인간의 죄들을 용서해야 한다. 대인 관계에 대한 예수님의 강조에서 주목받는 부분이 이 대목이다. 예수님은 그분을 따르는 이들이 다른 사람을 용서하지 않으면, 하나님도 그들을 용서하시지 않을 것이라고 가르치신다! 여기서도 요점은 같은데, 하나님 사랑과 이웃 사랑을 분리할 수 없다는 것이다.

용서는 사랑의 표현이고, 이웃 사랑이란 피해자가 가장 용서하기 힘들 때조차도 상대를 용서해야 한다는 뜻이다. 용서의 '긍정적인 면'은 용서가 만들어 내는 '하나님 나라' 사회이다. 용서는 보복적 정의, 심지어 보상적 정의 개념에도 어느 정도는 도전이기 때문이다. 과거의 잘못을 용서하는 일은 프랑스 학자 르네 지라르René Girard가 말한 '모방적 경쟁 상태'인 폭력의 순환을 끊어 내고 대안적인 사랑의 사회로 대체하려는 시도이다.[8]

가난한 사람들

타인에 대한 사랑은 소외되고 가난한 이들에 대한 관심으로 구체적으로 드러난다. '예수 신경'으로 형성된 '하나님 나라' 사회는 사랑이 모든 관계를 형성하는 사회이다. 절망적인 빈곤이나 소외는 불의를 만들어 내면서 식탁과 방에서 목소리를 몰아낸다. 그 당시 예수님께 '가난한' 사람들은 단지 자비와 자선을 베풀어야 할 '대상'에 그치지 않았고, 한 사회에 '샬롬'이나 '정의'가 얼마나 깊이 뿌리 내리고 있는지 겉으로 드러나는 표지였다. 하지만 예수님은 새로운 '하나님 나라 사회'는 입으로만 떠드는 것이 아니라 '구체적으로 드러나야' 하는 것을 아시기에 '가난한' 이들을 그분의 식탁에 초대하시고 그 나라의 권력 주체로 중심에 세우신다.

《그리스도 이야기》독자들은 예수님이 당시 사회에서 소외된 자들에 대한 관심을 얼마나 자주 표현하셨는지를 보고 충격을 받을지도 모르는데, 이 모든 것은 그분의 어머니 마리아에게서 시작된다. 로마가톨릭과 동방정교회에서는 마리아를 숭배하지만, 대부분의 개신교에서는 사실상 무시하고 있다. 성탄절에 부르는 "마그니피카트 *Magnificat*"라는 마리아의 유명한 노래 가사(pp.102-103) 중 한 소절을 이렇게 번역해야 하는 것은 아닐까. "다가올 모든 세대가[개신교인들은 제외] 나를 행복한 여자라 할 것입니다!"

학자들에 따르면, 마리아는 '아나빔 *Anawim*'("경건한 가난한 자들")이라는 유대 계층 출신이었다.[9] '아나빔'은 세 가지 특징이 있다. 이들은 가난 때문에 사회적으로 궁핍하고 고통받는다. 이들은 성전 주변에 자주 모여서 좌절과 소망을 표현하는데, 정의와 그 정의를 세우실 메시아가 오시기를 간절히 바란다. 시므온과 안나(pp. 108-109)도 '아나빔'의 예이다. 마리아의 찬가는 그가 속한 계층을 위한 '해방 신학'을 잘 보여 준다. 마리아는 하나님이 이스라엘을 곧 구원하신다는 소식에 기뻐서 어쩔 줄 모르고, 하나님이 메시아를 보내신 이 행위가 이스라엘과의 언약에 충실하신 신실하심의 절정이라는 사실을 알게 된다. 그 행위가 '아나빔'을 정의로 덮으시고 그들의 배를 음식으로 채우시며, 권력자들에게서 힘을 박탈하고 부자들에게서 부를 박탈할 것이다. 이 손이 "예수님의 요람을 흔들던" 바로 그 손인데, 예수님은 마리아에게서부터 가난한 이들을 위한 정의를 뜻하는 하나님 나라 비전을 발전시키셨다. 사람들이 소외되는 곳에는 '샬롬'이 존재할 수 없다.

'소외된 이들' 목록에는 경제적으로 가난한 사람들뿐 아니라, "[심령이] 가난한 자들"(개역개정)도 포함된다. 나병과 귀신 들림, 각종 질병으로 소외된 사람들, 여성이라서 소외된 사람들, (어쩌면 예수님의 어머니처럼) 과부라서 사회 가장자리로 밀려난 사람들, (무슨 이유에서이든) 매춘을 하게 되어 소외된 사람들, 이방인이라서 혹은 정도의 차이는 있으나 대체로는 강압적인 세법을 통해 로마에 협조했기에 사회 주변부로 밀려난 사람들도 모두 포함된다.

기도

예수님이 부모에게서 '셰마'로 하루를 시작하는 법을 배우시고 그것을 '예수 신경'으로 수정하셨다면, 부모에게서 기도가 이스라엘 신앙의 특징이라는 것도 배우셨다. 기도는 인간이 하나님과 완전히 진실하게 의사소통할 때 이루어진다.

이스라엘의 기도문은 예수님 시대에 이르러 우리가 지금

시편에서 보는 형태로 정착되었다. 이 기도 모음은 유대인들에게 마치 성공회의《성공회 기도서》, 로마가톨릭의《미사경문》이나《성무일도서》, 동방정교회의 성찬예배 전례서와 같은 것이었다.

경건한 유대인들은 '셰마'와 함께 다른 기도도 드렸는데, 거기에는 지금은 '아미다*Amidah*'('하테필라*Ha-Tephillah*'나 '쉐모네 에스레이*Shemoneh Esrei*'라고도 한다)라고 부르는 것도 포함되었다.[10] '아미다'는 18개 기도문 모음인데, 주후 1세기 유대인들은 아침저녁으로 '셰마'를 외우고 오후 3시쯤 '중간 기도'를 드린 것 이외에도 하루에 세 번씩 '아미다' 기도를 드린 것 같다. 예수님 시대 이후로는 이런 기도 형식이 없기에 우리는 추측할 뿐이지만, (이후의 양식이 어떤 표시가 될 수 있다면) 거기에는 하나님의 택하심과 '토라'를 주심, '토라'가 이스라엘에 준 지식에 대한 감사 기도, 용서를 구하는 기도, 이스라엘의 구원과 하나님 나라 도래를 고대하는 긴급한 기도 같은 것들이 포함된다고 합리적으로 가정해 볼 수 있다.

유대인들이나 예수님이 늘 미리 정해진 기도만 하신 것은 아니(었)다. 복음서를 읽다 보면 예수님이 조용한 곳을 찾아 기도하시는 모습을 자주 발견할 수 있는데, 특별히 생애에서 중요한 사건들을 앞두고는 더욱 기도에 집중하신 듯하다. 그분은 세례받으실 때, 변화산에서, 죽으시기 전에 겟세마네에서 마지막을 향해 가는 삶을 묵상하시면서 무릎 꿇고 기도하신다. 예수님은 제자들에게 '정직한' 기도를 요구하시고, '분명하고 간단히' 기도하라고 권면하신다(p. 153). "이교도들처럼 쉴 새 없이 길고 빠르게 기도하지 마십시오. 그들처럼 되지 마십시오. 여러분의 아버지는 여러분이 구하기 전에 무엇이 필요한지를 아시기 때문입니다." 특히, 공공 기도 시에 "사람들이 볼 수 있게" 기도하지 말라고 제자들에게 강력하게 촉구하신다. 그러고 싶은 유혹을 받거든, 차라리 집에서 "방으로 들어가 문을 닫고" 은밀하게 기도하라고 말씀하신다.

주기도가 좋은 예이다. 첫째, 이 기도는 오늘날 '카디쉬 *Kaddish*'('성화')라고 하는, 장례식 때 드리는 유대 전례 기도를 기초로 한다. '카디쉬'(다양한 형태 중에 최소한 한 가지)는 다음과 같다.

하나님의 뜻대로 창조하신 세상에서 그의 이름이 높이 들리며 거룩히 여김을 받으시며, 여러분이 사는 날 동안, 이스라엘 모든 집이 사는 동안, 바로 지금과 가까운 미래에 그의 왕권으로 다스림을 받으소서. 아멘.

이것이 예수님 시대에 특유한 형태의 기도는 아니었지만, 제자들이 기도를 가르쳐 달라고 했을 때(눅 11:1) 그분은 이 기도 혹은 이와 매우 비슷한 내용을 염두에 두셨던 듯하다. 주기도와 '카디쉬'는 길이와 주제가 비슷하다. 아버지의 이름이 영광을 받으소서/높이 들리며, 나라가 오게 해 주십시오, 하나님의 뜻. 이런 부분에서 두 기도가 너무 흡사하기에 어떤 식으로든 연결되어 있지 않다고 생각하기 힘들다.

예수님은 제자들에게 '카디쉬'와 매우 흡사한 기도를 주시지만, '셰마'와 마찬가지로 거기에 그분만의 특징을 각인하신다. 그분은 '카디쉬'에 다른 사람들과 연관된 또 다른 기도를 덧붙이신다.

"우리에게 그날그날 필요한 양식을 주십시오.
우리가 우리에게 빚진 이들을 탕감해 주듯이,

우리가 아버지께 진 빚을 탕감해 주십시오.

우리를 유혹에 빠지지 않게 해 주시고,

악에서 구해 주십시오."

'예수 신경'이 예수님의 영성관에서 핵심이라면, '주기도' 는 그것이 기도로 변형될 때 '하나님 사랑과 이웃 사랑'에 벌어진 일이라고 할 수 있다. 우리가 하나님을 사랑한다면, 하나님의 이름과 하나님 나라, 그분의 뜻을 위해 기도할 것이다. 우리가 다른 사람들을 사랑한다면, 신체의 유지와 영적인 용서, 도덕적 신의를 위해 기도할 것이다.

많은 사람이 암송하는 '주기도' 버전의 마지막 줄은 다음과 같다. "나라와 권세와 영광이 아버지께 영원히 있사옵나이다. 아멘"(개역개정). 하지만 이 내용은 복음서 초기 사본에는 나오지 않는다. 따라서 오늘날 많은 성경 번역본에서 이 마무리 부분을 삭제하거나 난외 주로 처리하는 경향이 있다. (p. 153의 버전에는 생략되어 있다.)

또 한 가지 유념할 것은 유대교에서는 기도하는 사람이 '아멘'이라는 말로 기도를 끝내지 않았다는 점이다. 오히려 그 기도를 듣고 긍정하는 뜻으로 '재창하기' 원하는 사람들이 "그렇게 되기를 바랍니다"라는 뜻인 아람어 '아멘'을 반복했다. 1세기 유대인들은 요즘 기도자들이 자기 기도를 마무리하면서 "기도한 내용에 동의합니다!"라고 말하는 것을 우습다고 생각했을 것이다.

4장

예수님은 어떤 분이셨는가?

지금까지 우리가 가진 출처의 성격과 신뢰성을 살펴보고, 예수님 시대 종교가 어떤 모습이었는지에 익숙해지고, 그분 가르침의 핵심 주제들을 탐색해 보았으니, 드디어 처음 시작할 때의 질문으로 돌아갈 수 있다. 예수님은 어떤 분이셨는가? 그분의 주요 특징은 무엇이었는가? 예수님의 어떤 면이 그분이 이토록 오래 영향을 미칠 수 있었던 이유를 설명해 주는가?

복음서에서 예수님을 만난 사람들에 따르면, 그분의 주요 특징 중 하나는 **확신에 찬 자유**이다. C. S. 루이스Lewis가 아슬란을 묘사한 독특한 표현을 사용하자면, 예수님께는 신중한 '야성wildness'이 있으셨다. G. K. 체스터턴Chesterton은 《정통 Orthodoxy》에서 자신의 회심을 정리하면서 이렇게 말한 적이 있다. "기독교에 대해 숙고하면 할수록, 기독교가 규칙과 질서를 많이 세웠지만 그 질서의 주목적은 좋은 것들이 마음대로 발휘될 여지를 주는 것임을 더 많이 발견하게 되었다."[11] '길들지 않음'이라는 이런 훌륭한 감각, 곧 자신이 선택한 일을 할 수 있는 자유와 그것을 실행할 수 있는 자신감은 복음서 내내 예수님을 따라다닌다.

예수님이 무질서하거나 혼란하셨다는 말이 아니다. 오히려 그분은 자기 주변에서 무슨 일이 벌어지고 있는지 볼 줄 아는 눈과 그 눈으로 목격한 할 일을 하시려는 확고한 목적이 있으셨다. 유대교에는 같은 부류의 사람들과 식사하고 '코셔kosher' 음식을 먹어야 한다는 관습이 있었다. 이것이 레위기에 나오는 율법에 해당했다. 또한 레위기의 음식 규례를 따르지 않는 부주의한 사람들은, '코셔'를 지키고 고대 이스라엘의 율법에 순종하여 형성된 사회적 시각에 따라 먹는 사람들과는 함께 식사하지 않는 것이 관습이었다. 예수님의 반대자들은 부주의한 사람들과 식사하는 예수님이 자신들의 전통을 무시하고 있다고 생각했다. 그래서 그분께 "세금 징수원과 버림받은 자들과 절친한 사이"라는 구태의연한 부류를 덮어씌웠다. 실제로, (마 11:19, p.166에 나오는) 예수님에 대한 똑같은 이야기에서 그들은 예수님께 "술고래에다 식충이"라는 꼬리표도 붙였다(p.166). 언젠가 "놀 시간이 더 있었으면 좋겠다"라고 말한 체스터턴(당시에 그는 나이가 많고 매우 뚱뚱했다)도 자신에 대해 이렇게 말했다. "나는 미식가처럼 세련된 적은 절대 없었다. 그래서 여전히 식충이가 될 수 있다고 말할 수 있어서 기쁘다."[12] 체스터턴은 정말 그랬다. 하지만 예수님을 그런 식으로 비난하는 것은 확실히 잘못이고 명예 훼손의 위험도 있기에 이 꼬리표는 맥락을 잘 살펴 이해해야 한다. "술고래에다 식충이"라는 표현은 고대 유대법에서 나온 법적 고발인데, 지금은 신명기 21장 20절에서 찾아볼 수 있다. 그 본문은 한 아들을 "방탕하며 술에 잠긴 자"라고 고소하는데, 이는 **반역한** 아들이라는 특정한 부류에 붙는 꼬리표이다. 다시 말해, "방탕하며 술에 잠긴 자"는 예수님이 하신 구체적인 행동을 비난한 내용이라기보다는, 돌을 던져 죽이는 법적 판결을 부과하기 위한 법적 고발에 더 가깝다.

예수님께 '반역한 아들'이라는 꼬리표가 붙은 까닭은 적대자들이 보기에는 예수님께 그런 성향이 있었기 때문이다. 그분의 '야성'이라는 측면에서 보자면, 예수님께는 미국인 벤자민 프랭클린Benjamin Franklin이 "독단적 권력에 대한 혐오"라고 부른 것이 있었다.[13] 언젠가 예수님이 친구들에게 악령을 비롯한 어두운 세력들에 대해 말씀하고 계셨을 때 그분의 어머니와 형제들이 문을 두드리며 함께 가자고 청한 적이 있었다. 그때 예수님은 이렇게 대답하셨다. "보십시오! 여기 내 어머니와 형제들이 있습니다"(막 3:34). 또한 그분의 제자가 되고 싶다는 사람들에게는, 정말로 제자가 되고 싶으면 사역하러 떠나기 전에 자기 가족에게 작별 인사할 시간조차 없을 것이라고 말씀하시기도 했다(눅 9:57-62).

적어도 외부인의 시각에서는, 때로 자유가 예수님의 넘치는 **자신감**과 충돌하기도 한다. 자만심이나 확신, 자의식, 심지어 '대담함*chutzpah*'이라고도 할 수 있는 예수님의 이 특징은 복음서의 거의 모든 페이지마다 튀어나와서 모두가 알아볼 수 있다. 따라서 부모에게 작별 인사할 시간이 없다던 사람과의 동일한 대화에서, 다른 한 사람은 예수님을 따르고 싶지만 자기 아버지가 돌아가셔서(혹은 곧 돌아가실 것 같아서) 유대 종교의 가장 중요한 의무를 다해야 한다고 말했다. 아버지의 장례를 치러야 한다는 것이다. 여기서 짚고 넘어갈 점이 있는데, 유대인들이 아버지의 장례를 치르는 동안에는 '셰마'와 '하테필라'라는 두 가지 매일 기도 암송 같은 일상 종교 의무를 면제받았다. (주후 4세기에 해석과 실천을 성문화한 유대 '법전' '미쉬나*Mishnah*'의 '축복*Berakot*' 3:1에 따른 것이다.) 복음서에서 예수님은 집에 가서 아버지의 장례를 치르고 싶다고 한 사람에게 "죽은 자들의 장례는 죽은 자들에게 맡기고"라고 말씀하신다. 어떻게 보더라도, 겉으로는 확연히 불쾌한 부분이 독자들 눈에 띈다. 대부분의 성경학자가 예수님의 이 반응을 그분이 말씀한 내용 중에 가장 가혹하다고 본다. 그럴지도 모르겠다. 그렇지 않다 하더라도, 이런 말을 하려면 굉장한 '대담함'이 필요한 법인데, 예수님이 이런 말씀을 하셨다. 도대체 어떤 종류의 사람이 이런 말을 한단 말인가?

그와 똑같은 '대담함'이 예수님을 성전으로 인도하여 장사하는 사람들의 탁자를 뒤집어엎게 했다. 평범한 유대인은 그런 행동을 하지 않았다. 혹시 하더라도 한 번에 그쳤을 것이다. 이런 일을 한 사람은 절대 살아남지 못했는데, 예수님은 달랐다. 이렇게 생각하자 예수님의 세 번째 특징이 떠오르는데, **그분이 반대자들을 끌어모으셨다**는 점이다. 복음서를 기록한 사람들이 얼마나 예수님을 사랑하고 숭배하고 '주'라고 불렀는지(누가가 특히 그러하다)와는 상관없이, 많은 사람이 **그분을 싫어한** 것을 확연히 알 수 있다. 바리새인을 예로 들어 보자. 그들은 예수님이 전통적인 방식을 깨뜨리셨기에 '토라' 준수를 위협하는 인물이라고 생각했다. 창녀가 예수님의 발에 향유를 바르자, 한 바리새인은 자신이 선지자라는 얄팍한 주장을 하는 예수님이 그 여자를 제대로 파악하시고 그만두게 하셔야 한다고 생각했다(p. 167). 예수님은 이 여성의 행위를 옹호하시고 그녀의 향유가 새로운 예배에서 새로운 용도로 사용될 것이라고 말씀하셨다. 바리새인들은 예수님을 어떻게 생각해야 할지 종잡을 수가 없었다.

'코셔' 음식과 올바른 식탁 교제에 대한 바리새인들의 관심은 예수님과 그분의 다소 느슨한 식탁 친교와 갈등을 빚었다. (하지만 예수님이 돼지고기나 새우, 메기처럼 코셔 음식이 아닌 음식을 드셨다는 증거는 없다.) 그들은 예수님이 '죄인들'과 식사하신다고 불평하고, 그러자 예수님은 그들에게 탕자 이야기를 들려주신다(pp. 210-212). 아버지의 유산을 일찍 요청하여 그 재산을 들고 멀리 떠나 음탕한 삶에 허비한 작은아들 이야기이다. 아들이 정신을 차리고('회개'의 이미지) 집에 돌아오니 그를 기다리던 아버지는 아들을 반가이 맞아 용서한다. 하지만 형은 전혀 환영하는 분위기가 아니다. 이 모든 요소가 좋은 이야기를 구성하는 전형적인 이미지이다. 바리새인들은 예수님이 그들에게 아버지의 용서를 못마땅해하는 '큰아들' 역을 부과하셨다는 사실을 보지 못했던 듯하다. 실제로, 예수님의 문제는 그분이 유대교에 대한 '새로운 이야기'를 전하고 계셨는데, 그분이 말씀하시는 이야기가 바리새인들이 하는 이야기와 달랐다는 점이다. 그분의 이야기는 하나님이 궁극적인 하나님 나라와 함께 인간 역사에 들어오셨고, 바로 예수님이 하나님이 이스라엘을 그 나라로 이끄시도록 임명하신 분이라는 것이었다. 율법을 지키는 사람이나 그렇지 못한 사람이나 회개하고 예수님 주변으로 모이기만 한다면, 다 그 나라에 들어갈 것이다. 예수님의 주장은 열띤 논란을 불러왔다.

예수님께 반대한 이들은 바리새인들만이 아니었다. 예루살렘의 엘리트 계급인 사두개인들도 예수님을 싫어하기는 마찬가지였다. 그분이 사두개인들의 상관인 로마 당국과 관련한 발언에 막힘이 없으셨기 때문이다. 한번은 예수님이 헤롯 안티파스를 '여우'라고 부르셨는데, 이는 그의 매끈한 외모를 가리키는 표현이 아니었다(p. 205). 어릴 때부터 사두개인들은 제사장은 시신을 만져서 스스로 부정하게 해서는 안 된다고 알고 있었기에 길에서 시신처럼 보이는 사람을 만났을 때는 피한다. 예수님은 그런 관습은 용납할 수 없다고 생각하셨는데, 그렇게 되면 다쳐서 죽기 직전인 사람들을 무시할 수도 있기 때문이다. 그분은 선한 사마리아인의 비유에서 이런 관습과 그에 수반된 제사장들의 자만심을 다루신다(pp. 198-199). 예수님의 사촌이자 제사장의 아들인 세례 요한이 로마 당국에 참수당했다거나 그 요한에게 성전이 아니라 세례를 통해 정결을 확립해야 한다는 확고한 신념이 있었다는 사실은 예수님과 사두개인들의 관계에 전혀 도움이 되지 않았다. 모든 정황상, 예수님은 일정 기간 요한의 제자 중 한 사람이거나 적어도 그와 어울리던 사람이었다.

바리새인이든 사두개인이든, 예수님이 그분께 반대한 사

람들에게 하신 말씀이 친근한 관계를 형성하지는 않았다. 오히려 제임스 서버James Thurber의 표현을 빌리자면, "쉴 새 없는 지껄임"이 아마도 쌍방으로 자주 오갔을 것이다.[14] 한편으로, 이 모든 것은 갈릴리 출신의 '다정한 종교적 소년' 이미지가 예수님께는 해당하지 않았다는 뜻이다. 일부에서 그분을 '다정하다'라고 생각했을지는 몰라도, 그보다는 '제정신이 아니'라고 생각한 이들이 훨씬 더 많았다. 복음서 기록이 명백히 보여 주는 사실은 예수님을 싫어한 사람이 많았다는 것인데, 그분이 십자가에 못 박혀 죽으신 이유 중에는 일부 사람들에게 그분의 입을 막으려는 의지와 권력이 있었다는 점도 한몫했다.

예수님의 다음 두 특징은 그분이 반대자들을 끌어모은 이유를 설명하는 데 도움이 된다. 그분은 **활동가**셨고, 가르침에 전념하셨다. 예수님을 소크라테스나 플라톤, 사도 바울, 히브리서 저자, 아우구스티누스와 비교해 본다면, 한 가지 눈에 띄는 특징을 찾을 수 있다. 모두 나름의 방식으로 지적인 유형이라는 것이다. 소크라테스와 아우구스티누스는 이론과 철학 개념에 대해 이야기하기 좋아했는데, 특히 길고, 때로는 무거운 논증에 몰두하곤 했다. 예수님은 아니셨다.

말하자면, **활동가**이셨던 예수님은 사람들을 모아서 조직하고 통솔하셨으며, 그분께는 이스라엘을 그분의 하나님 나라 비전으로 개조하려는 계획이 있었다. 예를 들면, 이런 식이었다. 예수님은 마을에 가실 때마다 거기 머무는 동안 그분께 반응하고 그분을 후원해 줄 사람들을 어떻게 찾아야 하는지 확실히 아셨다. 그래서 제자들에게도 그렇게 하라고 가르치실 수 있었다(p.160). 그러고 나서 예수님은 사람들에게 말을 걸어 그들이 대가를 고려하도록 동기를 부여하고(pp.208-209), 그분을 따르라고 요청한 다음에 다른 마을로 가셨다(p.160).

설교는 예수님의 주요 활동 중 하나였다. 마태는 예수님의 사역을 수십 년 후에 정리하면서 세 가지 용어를 사용한다. 예수님은 마을을 다니며 가르치고 설교하고 치유하셨다(마 4:23-25; 9:35; 11:1). 사람들이 예수님에 대해 기억하는 것 중에 가장 큰 영향을 미친 것은 단연 그분의 설교와 가르침이었다. 예수님 말씀을 들은 이들은 그분을 이스라엘의 유명한 '선지자들'(이들의 설교도 기록되어 전해지고 있었다)과 연결했을 것이다. 마태는 예수님의 설교를 다섯 편 기록했는데, 오늘날 대부분은 마태가 예수님이 같은 주제로 하신 다른 말씀들을 설교에 보충했다고 생각한다. 마태복음 5-7, 10, 13, 18, 23-25장에 이 다섯 편의 '설교'가 수록되어 있다. 예수님 말씀을 표시한 '붉은 글씨'나 다름없는 내용이 최소한 아홉 장이다. 이 다섯 편 설교를 산상수훈, 제자 파송 설교, 비유 설교, 교회 설교, 감람산 설교라고 한다. 이 설교들은 예수님이 하신 말씀 중에 가장 기억할 만한 내용이다.

예수님은 사람들과 함께 있을 때 가장 돋보이신다. 사람들 이야기를 들려주고, 실제 상황에 대해 분명하고 효과적으로 말씀하는 데 능통하시다. 복음서와 예수님, 기독교 전통에 익숙한 일부 현대 제자들은 예수님의 가르침에서 가장 독특한 특징이라고 할 수 있는 비유에 무뎌졌을 수도 있다. 플라톤이나 영안실에서 일하는 화학자 같은 문체를 지닌 아리스토텔레스를 읽으면 이야기는 찾아보기 힘들다. 아우구스티누스도 《고백록》을 제외하고는 별다른 이야기를 남기지 않았고, 바울의 가장 영향력 있는 저술인 로마서는 철저히 신학적이고 (사실을 말하자면) 논리가 복잡하기 그지없다. 하지만 복음서에는 이야기가 곁들여져 있다. 예수님은 사색하고 명상하고 심사숙고하고 논쟁적이고 복잡하기보다는 활동가 스타일이셨다. 그분은 주야장천 방에 앉아 책만 읽다가, 갑자기 지성인 엘리트를 위한 학술 논문을 들고 나타나거나 하지 않으셨다. 오히려 자연이라는 책을 읽으시고 사람들 이야기를 들려주셨다. 예수님은 셉포리스와 나사렛, 갈릴리해 주변 지역, 예루살렘에서 사람들과 함께 시간을 보내셨기 때문에 그런 이야기를 들려주실 수 있었다. 사람들을 만나고 관찰하셨던 것이다. 그런데 그분이 들려주신 이야기는 때로 청중의 기분을 상하게 하기도 했다. 《그리스도 이야기》의 모든 페이지에는 고요하지만 끊임없는 논쟁이 나오는데, 바로 "누가 제대로 된 예수님 편인가"라는 논쟁이다. 예수님은 그 논쟁을 더 구체화하시기 위해 이야기를 들려주시는데, 때로 그 이야기들은 미묘하다.

예수님은 이스라엘의 회복이라는 사명을 수행하시면서 계속해서 반대에 부딪히신다. 그분의 무기는 그 사명에 대한 설교인데, 실제로 벌어지고 있는 일을 다른 사람들에게 분명히 보여 주시기 위해 이야기를 들려주신다. 예수님은 맞바람을 감지하면 닻을 펴고 멀리 도망가지 않고, 몸을 낮추고 정면으로 부딪히신다. 절대 뒤돌아보는 일이 없으시다! 그분은 예루살렘에 시선을 고정하시고 거룩한 성전에 들어가셔서 탁자를 엎으시며, 그런 행동에 대해 질문을 받으셨을 때는 청중에게 기억에 남을 만한 숨 막히는 이야기를 들려주신다(p. 249).

한 지주가 포도원[이스라엘?]을 세우고, 울타리[성전?]를 치고…그런 다음 농부들[반대자들!]에게 세를 주고…포도 수확기가 다가오자 그는 자기 몫의 소출을 받으려고 종들을 보냈다. 그러나 그들은 종들을 붙잡아, 하나는 때리고, 또 하나는 죽이고, 또 다른 하나는 돌로 쳤다.…마지막으로 주인은…자기 아들을 보냈다…그래서 그들은 아들을 붙잡아 포도원 밖으로 내동댕이쳐서 죽였다.

여기까지는 좋은 이야기이다. 하지만 예수님은 이야기를 듣는 사람들에게 큰 시련을 안겨 주신다. 그들은 누구 편에 설 것인가? '아들' 편인가, 아니면 농부들 편인가? 물론, 사람들은 자신이 부당한 대우를 받은 '아들' 편이라고 생각하지만, 사실은 그렇지 않다. 예수님은 그분이 '아들'이고, 농부들은 예루살렘 지도층 곧 대제사장들과 바리새인들이라고 지적하신다. 충분히 시간을 들여 예수님 말씀에 귀 기울인 사람들은 그 이야기에서 단순한 도덕 교훈을 발견하지 않았다. 예수님이 하나님 나라를 임하게 하려는 그분의 소명에 대한 그들의 태도를 격렬하게 비판하고 계신 것을 알아차렸다. 열심당원들과는 달리, 예수님의 '칼'은 대개 이야기 형태로 진실을 밝히는 말씀이었다.

이를 통해 우리는 예수님이 가르치시는 삶을 사셨지만 **기록하는** 삶을 사시지는 않았다는 것도 깨달아야 한다. 예수님이 쓰신 글은 단 한 단어도 남아 있지 않다. 예수님의 반대자들이 간음하다 잡힌 여인을 두고 그분을 막다른 곳으로 밀어붙였다고 생각했을 때 그분이 모래에 무슨 내용을 쓰셨는지조차 아무도 모를 정도이니 말이다!(요 7:53-8:11) 우리는 예수님에게서 '돌아다니면서' 말씀하고 대화하고 관찰하고 듣고 예리하게 비평하고 분명하게 설명하시는 모습을 본다. 예수님은 글을 쓰시지는 않았지만, 좋은 글쓰기의 특징을 모두 보여 주셨다. 그분은 분명하게 사고하고, 그 내용을 모두 한군데에 모아, 청중 앞에서 펼쳐 보이셨다.

예수님의 설교에는 한 가지 피할 수 없는 특징이 두드러지는데, 그 점은 예수님의 특징으로도 볼 수 있다. **그분은 위선**

77

을 **싫어하셨다.** 프랑스에서 가장 설득력 있고 자립적인 저술가 미셸 드 몽테뉴Michel de Montaigne는 우리가 예수님이 친히 하신 일을 할 수 있는 길을 열어 준다. "우리의 약함에서 비롯된 잘 못과 악함에서 비롯된 잘못을 구별하는 것이 옳다."[15] 헨리 루 이스 멩켄H. L. Mencken 같은 우리 시대 일부 대문호들은 인간의 한계와 약점에만 지나치게 치중하여 인간의 본질을 망쳐 버린 다. 하지만 예수님은 위선을 비판하면서 약함이 아닌 악함을 드러내셨는데, 자신을 의지하는 이들을 책임져야 할 지도자들 사이에 이런 위선이 숨어 있는 것을 발견하셨다. 우리는 예수 님이 '유대교' 자체가 아니라, 일부 지도자들이 망가뜨린 유대 교에 반대하셨다는 점을 기억해야 한다.

우리는 예수님이 허례허식에 불과한 종교 행위를 경멸하 셨다는 관찰에서부터 시작할 수 있다. 그분은 그런 행위를 하 는 지도자들을 주기적으로 일깨우셨다. 미들턴 경Lord Middleton 이 아내에게 알리지 않고 젊은 두 여성, 그것도 사촌들을 집으 로 초대했을 때 제인 오스틴Jane Austen은 (《이성과 감성Sense and Sensibility》에서) 다음 내용을 우리에게 알려 준다.[16]

하지만 지금 와서 그들을 못 오게 할 수도 없는 노릇이라, 레이 디 미들턴은 교양 있게 자란 여성답게 달관한 마음으로 이를 받아들였고, 날마다 이 문제에 대해 대여섯 번 남편을 부드럽 게 책망하는 것으로 만족했다.

위선자들이 자신의 실패를 보도록 '돕기' 위해 예수님도 똑같은 접근법을 사용하셨던 듯하다. 우리는 마가복음 7장 산 상수훈에서 그분의 강력한 비판을 볼 수 있다(pp. 182-184). 거 기서 예수님은 씻은 손의 정결함이 마음이 깨끗하고자 하는 더 강렬한 열망을 만나야 한다고 지적하시고, 이 땅에서 보내는 마지막 주간에 바리새인과 서기관의 위선에 대해 길게 항의하신다. 예수님이 당대 지도자들에게서 목격하신 모습은 우리 시대에도(교회 지도자들을 포함하여) 볼 수 있다. 그런 위선이 우리에게는 해당하지 않도록 해야 한다고 해서, 우리가 때로 예수님이 '그들에게 한방 먹이셔서 바보처럼 만드셨다'라는 생각을 하지 않는 것은 아니다. 그리고 우리는 긍정하는 미소를 짓는데, 그분이 사용하신 표현에 강력한 한 방이 있었기 때문이다. 플래너리 오코너Flannery O'Connor가 고른 기괴한 이미지들로 변장한 종교적 가식의 폭로가 미가나 이사야 같은 이스라엘 고대 선지자들과 마태복음 23장(p. 201)에 나오는 예수님의 격렬한 비난에 그 기원이 있다는 제안은 진실과 그리 동떨어진 이야기는 아닐 것이다. 어쩌면 오코너의 표현이 예수님의 심정을 가장 잘 표현해 주는지도 모르겠다. 그녀는 1957년 6월에 마리아트 리Maryat Lee에게 이렇게 썼다. "나는 경건한 언어를 너보다 훨씬 더 증오한다. 그 언어가 숨기고 있는 실재가 있다고 믿기 때문이다."[17] 오코너가 믿은 실재가 바로 예수님이 만드신 실재였다.

내가 예수님의 특징으로 꼽는 재치는 우리 사회에서 꽤 평판이 좋다. 여기서 내가 말하는 재치란 데이비드 레터맨David Letterman이나 조나단 로스Jonathan Ross를 비롯한 토크쇼 사회자들에게서 볼 수 있는 엉뚱함을 뜻하지 않는다. 그런 사람들은 유머가 뛰어난 사람이나 노골적인 코미디언이다. 여기서는 모든 내용을 정곡을 찔러 움찔하게 만들거나 미소 짓게(굳이 크게 웃길 필요는 없다) 만드는, 기억에 남는 '적절한 농담'에 담아 말하는 능력을 이야기하고 있다.

예수님은 재치 있게 그분 몫의 모욕, 곧 우리 모두의 마음을 슬쩍 찌르는 가시 돋친 농담을 나누어 주셨는데, 그러면서 미소와 당혹감을 동시에 안겨 주는 열의와 찔림을 가미하셨다. 그래서 언젠가 예수님이 안식일에 병자를 고치시고 그분이 안식일 계명을 위반하고 있다고 생각한 이들과 한판 붙으셨을 때 다음과 같은 균형 잡힌 말씀으로 상황을 마무리하셨다. "그래서 인자는 안식일의 주인이기도 하다"(p.134). 그분은 일가친척을 조금 심하게 대하면서 이렇게 말씀하시기도 했다. "예언자가 대접받지 못하는 곳은 자기 고향…뿐이지요!"(마 6:4) 제자들이 무신경하게 손 씻는 정결 예식을 행하지 않은 것에 대해 사람들이 질문했을 때는 더 강력하고 날카로운 답변이 돌아왔다. "이렇게 전통을 지키려고 하나님의 말씀을 무력하게 만든다"(막 7:13). 이런 농담 중에는 재미있는 것도 있지만, 그 의도는 남을 웃기는 것이 아니라 인간의 마음을 폭로하는 것이었다. 루이스가 새뮤얼 존슨Samuel Johnson을 두고 한 말을 예수님께도 적용할 수 있을 것이다. "대여섯 단어로 어떤 상황을 이토록 잘 정리하는 사람을 본 적이 없다."[18] 예수님의 균형 감각이 통찰력 있는 단어로 정곡을 찌를 수 있는 공간을 만든다.

위선에 대한 예수님의 증오가 그분을 '반대자를 끌어모으는' 사람으로 만든 것을 쉽게 알 수 있다. 물론 그와 동시에, 많은 사람, 특히 미천한 계층 사람들에게 그분은 '매력적인' 분이셨다. 다시 말해, 그분께는 카리스마가 있었다. 《그리스도 이야기》를 읽다 보면, 예수님이 계신 곳마다 사람들이 몰려든 것을 금세 알 수 있다. 예수님을 찾는 사람이 너무 많아서 군중을 피해 배로 물러나서야 했을 때(막 3장)와 그분의 가르침을 듣기 위해 5천 명이 몰린 사연(요 6장)에서 이를 확인할 수 있다. 카리스마 있는 사람은 다른 사람을 끌어모은다. 사람들은 예수님이 다양한 주제에 대해 뭐라고 말씀하실지 알고 싶어 했다. 그래서 흔히 복음서 단락은 "한번은 누군가 예수님께 여쭈었다…"라거나 "또 다른 경우에, 제자들이 여쭈었다…" 같은 표현으로 시작하곤 한다.

예수님의 카리스마는 사람들을 끌어모았을 뿐 아니라, 그분의 **영적** 존재에까지 확장된다. 예수님은 기도로 유명하신 분이었기에 그 비결이 궁금했던 제자들은 기도하는 법을 알려 달라고 청했다. 한 사람의 카리스마적 영성의 가장 확실한 지표는 그 사람 주변에 모인 사람들과 그의 실천을 따르는 사람들의 숫자라고 할 수 있다. 카리스마 있는 사람은 주변 사람들을 끌어모으고, 신성을 체험하는 실천으로 인도한다. 예수님도 마찬가지였는데, 특히 그분의 기도 생활과 치유 사역이 사람을 끌어모았다.

복음서에는 예수님이 기도하신 사례가 많다. 그분이 기도하시는 모습을 보고 똑같이 기도하는 법을 배우고 싶어 한 제자들 덕분에 오늘날 우리에게 '주기도문'이 전해졌다(눅 11:1-4). 예수님은 '신비'나 '환상'이라고 묘사할 법한 체험을 여러 차례 하셨다. 예수님이 세례받으실 때 성령이 하늘에서 비둘기처럼 내려오시고(p. 116), 제자들에게 "나는 사탄이 번갯불처럼 하늘에서 떨어지는 것을 보았다!"라고 말씀하시며(p. 197), 마태복음 17장에서는 몇몇 제자들이 보는 앞에서 신비롭게 모습이 변형되기도 하신다(p. 188).

예수님은 개인적으로 기도하셨을 뿐 아니라, **치유** 사역을 통해 다른 사람들의 유익을 위해 하나님의 능력을 베푸실 수 있었다. 4세기 니케아 신조로 시작된 전통 신조들로 형성된 교리를 배우며 성장하여 예수님을 '하나님'으로 생각하는 데 익숙한 많은 그리스도인은 예수님이 사람들을 치유하셨을 때 단

순히 그들의 유익을 위해 그분의 '신적 본성'을 채택했을 뿐이라고 생각한다. 교회의 기독론을 반박하지 않으면서(나는 신조를 믿는 그리스도인이다), 예수님은 그분의 '신성'으로 치유하신 것이 아니라, 능력을 주실 하나님을 신뢰하심으로 치유하셨다고 말할 필요가 있다. 매우 영적이셨던 예수님은 성령과 '조화를 이루셨고', 기도와 신뢰를 통해, 자신을 통해 하나님이 역사하시기를 구하면서 하나님과 끊임없이 소통하셨다. 적어도 이것이 《그리스도 이야기》를 읽으면서 얻는 인상이다.

한두 가지 예에서 예수님의 치유가 그분의 '본성'이 아니라 영성의 한 측면임을 볼 수 있다. 그분이 친히 "그러나 만약 내가 하나님의 성령으로 귀신을 쫓아낸다면…"(p. 169)이라고 말씀하신다. 요한복음에서 예수님은 아버지가 아들을 사랑하셔서 "모든 것을 자기 손에 맡기셨다"(요 13:3)라고 말씀하신다. 이는 하나님이 권한을 주셔서 예수님이 능력을 베푸실 수 있음을 암시한다.

오늘날 '기적'에 관한 언급은 여러 사람에게 근심을 불러일으킨다. 우리는 예수님이 **정말로** 기적을 행하셨다고 믿어야 하는가? 경험론이 철학계와 종교계를 장악한 이후, 많은 사람이 베네딕트 데 스피노자Benedict de Spinoza와 르네 데카르트René Decartes, 조지 버클리George Berkeley 같은 철학자들의 영향을 받아 '기적'을 자연법칙을 방해하는 하나님의 행위로 정의했다. 그런 정의가 일부에게 얼마나 정확한지와는 상관없이, 예수님 시대에는 기적을 "하나님이 일하시는 방식"으로 보았다. 온 세상과 세상의 작동 방식은 끊임없이 행동하시는 하나님의 행위였다. 그리고 이 하나님은 편재하신 동시에 초월하셨다.

그렇기는 해도, '기적'이 기적이 아니고서는 설명할 수 없는 일련의 사건들에 대한 해석이라는 점을 강조해야겠다. 우리는 일련의 사건들을 설명할 때 '기적'이라는 단어를 사용하고, 어떤 사건을 하나님이 역사하신 결과로 설명하고 싶을 때 '기적'에 호소한다. 요한이 예수님께 오신다는 그분이 선생님이시냐고 여쭐 때 예수님은 자신이 한 일들을 말씀하시는데, 그 일들이 바로 어떤 의미에서 보더라도 기적이라고 할 수 있다(pp. 164-165). 또한 요한은 이런 행동들을 (자신의 해석에 따라) 예수님 안에서 역사하시는 하나님과 그분이 가져오시는 새 생명을 가리키는 '표징'으로 묘사하는 반면(p. 120), 예수님은 이 행동들이 하나님 나라를 드러낸다고 보신다는 점(p. 169)에 주목해야 한다. 그렇다면 '기적'은 예수님의 생애에 나타난 일련의 사건들에 대한 설명인데, 그 사건들은 하나님의 능력 있는 행동에 호소할 때 가장 잘 설명할 수 있다. 증거로 미루어 볼 때 치유한 분이 예수님이시라는 점은 부인하기 힘들지만, 그 치유는 그분의 영적 측면이었다.

예수님의 또 다른 특징은 **열심**이었다. 이것은 그분의 행동과 설교는 물론이고, 자유와 자신감과 반대에 활기를 북돋는 힘을 제공한다. 여기서 내가 뜻하는 바는 "그분이 사명을 띠고 계셨다"라는 것이다. 바리새인들이 예수님께 헤롯 안티파스가 세례 요한에게 한 짓(즉결 참수형을 당했다)을 그분께도 하려 하고 있다고 알려 주면서 자신들이 호의를 베풀고 있다고 생각한 적이 있었다. 이때 예수님이 바리새인들에게 보이신 반응은 그분의 굳건한 결단력을 드러낸다. "가서 그 여우에게 이렇게 전해라. '오늘과 내일은 내가 귀신을 쫓아내고 병 고치는 일을 계속하다가 사흘째 되는 날에 일을 다 마치는 것을 누구든 볼 수 있을 것이다. 그러나 나는 오늘과 내일, 그리고 그다음 날에도 계속 길을 가야 한다. 예언자가 예루살렘 밖에서 죽음을 맞이해서는 안 되기 때문이다!'"(pp. 205-206) 해석하자면 이런 뜻이다. "고맙지만 괜찮네, 바리새인들. 당신네 말은 별 도움이 안 된다네. 내 손은 하나님의 손안에 있기 때문이지. 안티파네스가 나를 뒤쫓을 수는 있지만, 나는 하나님의 부르심을 받았고, 예루살렘에서 다른 선지자들과 함께 죽을 걸세. 그가 내 죽음에서 중요한 역할을 할 것이기에 얼마 안 있어 나를 찾을 수 있을지는 몰라도, 그의 영토인 이곳에서는 아닐걸세." 따라서 새뮤얼 존슨의 표현을 빌리자면, 예수님은 "모든 능력이 한 가지 목적에 매여 있는" 분이셨다.[19]

예수님의 이런 집중력은 하나님의 뜻을 행하려는 열심을 잘 보여 준다. 예수님은 나사렛 같은 한적한 시골로 들어가 갈릴리에서 쉬시면서 반대자들이 잦아들 때까지 그저 시간을 죽일 기회가 많으셨다. 하지만 그분은 쉬지 않으셨다. 반대가 시작되면, 열두 제자를 보내 하나님 나라의 좋은 소식을 전하게 하셔서 오히려 불에 기름을 끼얹으셨고(막 6:7-11), 70인을 보내 더 많은 기름을 부으셨다(pp.196-197). 자신에게 불리한 상황인 것을 알고서도 예루살렘으로 직행하셔서 호랑이 굴에 들어가 포효에 맞서셨다(p.196). 예루살렘에 도착하신 예수님은 곧바로 성의 심장부로 가서 그 심장을 취하셨다. 메시아답게 당당하게 입성하셔서(pp.247-248) 탁자를 뒤집어엎으시고, 모두와 말로 난투극을 벌이셨다. 그분은 그 성의 멸망을 예언하시고는 가장 가까운 제자들과 한자리에서 기념 식사를 하시고(pp.266-267), 하나님께 다가갈 수 있는 대안적인 수단을 세우셨다. (이것이 "성의 심장을 취하셨다"라는 말의 의미이다.) 여기서 그분의 열심은 그분의 자유나 **자신감**과 확실히 구분되지는 않는다.

내가 예수님의 모습을 세상을 개종하려고 모든 도전자에 맞선 단색의 열성적인 선동가로 그렸다면, 용서를 구한다. 이런 것들이 외부인이 그분을 멀리서 지켜봤을 때 봤을 법한, 두드러진 점이다. 하지만 역사는 다른 이야기, 조금은 미묘한 이야기를 들려주는데, 이 이야기가 다른 이유 중에는 예수님의 다른 측면(굉장히 특이하게 큰, 그분의 마음)을 아는 내부자들이 해 준 이야기라는 점도 있다.

지금까지 검토한 모든 특징 중에서 우리는 예수님의 전체 태도에서 매우 근본적인 요소를 놓치고 있다. **사랑과 긍휼**이 그분의 열심을 감싸고 있다는 점이다. 예수님은 열정적이셨고 반대 세력이 많았으며 위선을 비판하셨지만, 이분이 온갖 종류의 사람을 받아들인 사랑으로 유명하셨다는 사실을 놓쳐서는 안 된다.

예수님의 식탁 교제는 유명했다. 저녁마다 연회가, 밤마다 심포지엄이 열리고, 집마다 식당으로 변했다. 그 식탁에는 온갖 종류의 소외된 사람이 모여들었다. 어부, 열심당원, 세리, 창녀, 나병 환자, 귀신 들린 자, 수많은 여인. 예수님은 하나님이 모든 사람을 사랑하신다고 믿으셨기에, 그리고 '정결하든지' 부정하든지, '율법을 지키든지' 지키지 않든지, 도덕적으로 건전하든지 그렇지 않든지, 모든 사람이 하나님의 형상대로 창조되었다고 믿으셨기에 그리하셨다. 예수님은 그분을 따른 아우구스티누스처럼, 사람이 하나님께 돌아가기 전에는 온전한 인간이 될 수 없음을 아셨다.

우리는 이런 질문을 던질 수 있다. 집으로 돌아간 사마리아 여인이 예수님에 대해 뭐라고 말했을까?(pp. 123-125) 몸이 나은 나병 환자들이 각자 집으로 돌아가서 뭐라고 말했을까?(p. 217) 예수님이 부자와 나사로 이야기를 들려주신 가련한 사람은?(pp. 215-216) 이러저러한 사연으로 잡혀 왔지만, 갑작스레 풀려나서 새 생명을 얻은 여인은?(pp. 230-231) 이 사람들이 예수님에게서 기억하는 단 한 줄은 이런 말씀이었다. "네가 고침을 받았다." "네가 용서를 받았다." "네가 회복되었다." 이들은 예수님을, 자신들의 눈을 들여다보고 자기 존재를 알아차리고도 그들을 만드신 분을 알기에 그 모습을 무시한 채 집으로 초대한 분으로 기억했다. 예수님은 큰 집에 큰 탁자들을 마련하시고 온갖 종류의 사람들을 위해 자리를 예비하셨다.

예수님과 당대 유대교

당신이 복음서가 나중에 기독교적 관점에서 기록되었다고 인정하더라도, 예수님이 **유대교에 익숙하신** 동시에 **당대 유대교를 정말 편하게만 느끼지는 않으셨다**는 결론을 피하기는 힘들다.

예수님은 **유대교에 익숙하셨다.** 유대교인처럼 생각하시는 듯 말씀하셨고, 유대교인처럼 예배하셨다. 그분의 경건함은 유대교의 경건함이었다. 유대교의 주제들을 가르치셨고, 유대교 이야기를 들려주셨으며, 그 연결고리를 활용하셨다. 그 영향이 우리 모두에게 미치기에, 당신과 내가 유대교를 이해하기 전까지는 예수님을 제대로 이해한다고 할 수 없다. '토라'와 '정결', '성전', '땅' 같은 것들을 이해하지 못하면, 예수님의 말씀과 행동을 제대로 이해하기 어렵다. 다시 말해, 예수님의 소명은 '유대교'의 소명, 곧 유대인들을 대상으로 한 소명, 유대인들을 위한 소명, 유대인들에 대한 소명, 유대인들 관점에서의 소명이었다. 그분의 비전은 이스라엘 성경에 뿌리내리고 있었고, 그분의 하나님은 이스라엘 성경의 하나님이시며, 이스라엘에 대한 그분의 선지자적 관점은 이스라엘의 선지자들에게서 비롯된다. 그분의 가족(요셉과 마리아)과 친족(세례 요한과 그의 부모 사가랴와 엘리사벳)은 철저한 유대인이고, 유대교와 관련된 것들에 관심이 있다. 예수님은 유대 절기에 성전에서 예배를 드리셨을 가능성이 크다. 유월절에 양 잡는 일을 도우시고, 초막절에 '초막' 세우는 일을 도우시고, 나사렛에서 회당 예배와 그와 비슷한 일들에 참여하셨을 것이다. 그분은 유대인 중에서도 유대인이시고, 그분의 모든 행위와 말씀은 전적으로 유대적이었을 것이다.

하지만 그분의 행위와 말씀은 긴장을 초래했다. 그 내용이 유대적이지 않아서가 아니라, 기득권층에 반박하고 새날을 요구했기 때문이다.

다시 말해, 예수님은 **당대 유대교를 정말 편하게만 느끼지는 않으셨다.** 언젠가 예수님은 아주 짧은 수수께끼 같은 비유를 말씀하신 적이 있는데, 그 내용은 이렇다(내가 조금 수정했다). "바보 멍청이가 아니라면 새 포도주는 새 가죽 부대에 넣는다"(p.133). 이것이 예수님에 대한 온전한 이야기를 들려준다. 그분은 '토라'를 파괴하는 것이 아니라 성취하러 오셨고, 이스라엘 절기를 없애는 것이 아니라 유월절과 성만찬의 관계처럼 새로운 차원으로 발전시키기 위해 오셨다. 또한 구속을 폐기하는 것이 아니라 회복하러 오셨다. 따라서 예수님이 친히 낡은 가죽 부대에 부은 새 포도주이시다. 예수님은 (그분과 그 제자들에 따르면) 유대교의 포도주이신데 더 발효되어 유대교라는 낡은 가죽 부대에 담을 수 없게 되었다. 예수님이라는 과즙으로 그 가죽 부대를 채우면, 부대가 터져서 사방이 엉망진창이 될 것이다. 엉망진창을 좋아하는 사람은 아무도 없다.

당대 유대교와의 이런 부대낌은 무교절과 유월절에 절정에 달했다. 예수님은 예루살렘 성에 들어가 성전 마당으로 가서서 탁자를 뒤엎으셨다. 성전 지도자들이 그분께 귀 기울이지 않을 때 성전에 무슨 일이 벌어질지를 비유적인 행동으로 보여 주신 것이다. 그 주말에 예수님은 심문을 받고, 즉결 심판으로 성 밖에서 십자가에 처형되셨다. 복음서는 예수님이 자기 죽음을 예측하셨을 뿐 아니라, 그 죽음이 그분을 따르는 이들에게 구원을 가져다줄 것이라고 말해 준다. 한 본문에서, 예수님은 "인자는 섬김을 받으러 온 것이 아니라 섬기러 왔고, 많은 이들을 해방하려고 자기 생명을 주러 왔기 때문이다"라고 말씀하신다(p. 223). 같은 맥락에서, 예수님은 마지막 식사 중에 갑자기 유월절 관습을 중단하고 이렇게 말씀하신다. "이것을 먹어라. 내 몸이다." "모두 이 잔을 마셔라. 이는 많은 사람을 죄에서 풀어 주기 위해 흘리는 내 피, 새 언약의 피다"(p. 269). 예수님은 그분의 죽음이 유익을 끼친다고 믿으셨다. 그것은 폭력을 흡수하고 폭력을 뒤엎으며 그분을 따르는 이들에게 하나님 나라 구속을 가져오는 죽음이었다. 이 시점 이후로는, 예수님과의 연관성은 곧 십자가형을 받은 분과의 연관성이고, 이는 캔터베리 대주교를 지낸 로완 윌리엄스Rowan Williams가 다음과 같이 확실하게 한 말을 뜻한다. "하나님은 십자가의 긍휼 가운데, 십자가의 긍휼을 실천하심으로 알려지신 분이다. 우리가 이 같은 하나님을 닮을 때 그분을 알게 된다."[20]

그렇다면 예수님은 누구이신가?

그 답은 질문하는 대상에 따라 다르다. 예수님의 반대자들에게 묻는다면, '맘제르mamzer'(사생아, 막 6:3; 요 8:41)나 "술고래에다 식충이"(p. 166), 율법을 따르지 않는 사람(p. 183), 귀신 들린 사람(p. 169), 신성모독자(p. 131), 거짓 선지자와 사기꾼(p.167; p.278)이라고 답할 것이다. 하지만 그들은 결국 그가 "유대인의 왕"이라고 주장했다는 죄목을 부과했다(pp.279-280). 그러면 그들에게 물어보아야 할까? 물론이다.

군중은 어떨까? 이들은 분명히 예수님이 '선지자'라고 생각했다. 이들은 그분이 위대한 선지자라고 생각하기도 했으며(p.138), 예수님이 예루살렘에 입성하실 때도 비슷한 이야기가 흘러나온다(p.246). 사마리아 여인도 똑같이 생각했고(p.124), 예수님이 고쳐 주신 남자도 마찬가지였다(p.236). 예수님을 '거짓 선지자'라고 고소할 수 있으려면, 다른 누군가는 그분을 진짜 선지자로 생각했다는 뜻이다(p.278). 하지만 그들이 우리가 질문할 대상일까? 물론이다. 우리는 모든 사람이 예수님을 어떻게 생각하는지 궁금하다.

예수님이 자신을 스스로 어떻게 부르시는지 그분께 여쭤보는 건 어떨까? 사람들이 이에 대해 충분히 생각해 보는 일이 드물다는 게 놀랍다. 헨리 데이비드 소로Henry David Thoreau의 표현을 빌리자면, "우리 자신의 개인적인 의견에 비교해 본다면, 여론은 약한 독재자에 불과하다. 사람이 자기 자신에 대해 생각하는 바가 그의 운명을 결정하거나 암시한다."[21]

예수님이 자신을 묘사할 때 사용하신 가장 유명한 표현이 '인자'이다. 학자들은 '인자'의 정확한 의미를 두고서 백 년 넘도록 논쟁을 벌였는데, 많은 학자가 이 표현이 전적으로, 아니면 부분적으로 초대교회에서 만들어 낸 것이라고 주장했다. 복음서 이외에는 이 용어가 나온 적이 없는데도 말이다. 이는 초대교회가 복음서를 기록할 때를 제외하고는 절대 사용하지 않는 용어를 만들어 냈다는 가능성이 희박한 시나리오를 상정한다!

아니다. 이 용어는 예수님의 입에서 나왔지만, 그런 사실을 안다고 해서 그 의미를 알 수 있는 것은 아니다. '인자'는 복음서에서 세 가지 의미로 사용된다. 첫째는 '세속적인' 의미이다. 여기서 이 용어는 우리가 다른 사람들을 대표하는 의미로 우리 자신을 언급할 때 사용하는 대명사와 같은 방식이다. 따라서 마가복음 2장 28절(p. 134)은 "인자는 안식일의 주인이기도 하다"라고 말한다. 이 말씀의 의미는 "예수님을 따르는 사람들은 안식일의 주인이기도 하다"(혹은 그와 비슷한 내용)는 뜻이다.

두 번째 의미는 '인자'가 다른 사람들의 손에 고난당할 인물에 사용되는 경우이다. 마가복음 8장 31절에서는 베드로가 예수님을 메시아라고 선언한 후에 예수님이 다음과 같이 자기 죽음을 예측하셨다. "예수는, 인자가 고난을 많이 겪고 장로들과 대제사장들과 율법학자들에게 철저하게 버림을 받아 죽임을 당하고 사흘 후에 다시 살아나는 일이 반드시 일어난다고 그들에게 가르쳤다"(p. 187에는 "자신이"라고 나온다).

세 번째이자 마지막 의미는 '인자'가 구약성경 다니엘서(7장)에 처음으로 언급된 상징적인 인물을 가리키는 경우이다. 거기서 다니엘은 만인이 보는 가운데 "옛적부터 항상 계신 이"에게 인도되어 권리를 인정받은 '인간'(혹은 대부분의 번역본에서 '인자') 같은 이의 환상을 본다. 때로는 이것이 예수님이 말씀하신 '인자'의 의미이다. 따라서 "인자가 아버지의 영광을 입고 천사들과 함께 와서, 모든 사람에게 각자 행한 대로 갚아 줄 것이다"(p. 188).

사람들이 어떤 역사적 질문을 던지든지, 복음서에서 예수님은 다소 모호하면서도 온갖 의미를 떠올리게 하는 '인자'라는 용어로 계속해서 자신을 가리키신다. 어느 학자가 표현했듯이, 이 용어는 예수님이 그분의 하나님 나라 메시지에서 선

포하고 계시는 새 이스라엘의 진정한 대표이신 예수님의 '직무 기술서' 역할을 한다.[22]

사람들이 복음서를 어떻게 이해하든지, "예수님은 누구셨는가?"와 "예수님은 왜 그분이 성취하신 목적을 성취하셨는가?"라는 질문은 피할 수 없다. 또한 이 모든 질문과 함께, 다음 질문도 떠오를 것이다. "왜 십자가에 못 박힌 그리스도는 그분의 죽음 직후만이 아니라, 지금까지 계속해서 이런 막대한 영향을 미쳤는가?"

* * *

이제 우리는 예수님을 1세기 목격자가 관찰하고 전달한 분으로 상상하려는 시도의 마지막에 도달했다. 외부자의 시선으로 예수님께 접근하려는 생각은 체스터턴의 《영원한 사람 The Everlasting Man》을 읽으면서 나왔다. 가끔은 꽤 놀랍지만 늘 아주 효과적인 이 책의 2부에서, 그는 달에서 온 가상 인물의 관점에서 예수님을 묘사하려 했다. 그는 복음서를 발견하고 읽기 전까지는 예수님에 대해 전혀 들어 본 적이 없는 사람이었다. 체스터턴은 다음과 같은 말로 복음서에 대한 진실을 들려준다. "…우리가 신문 보도를 읽듯 신선한 시각으로 복음서 기사를 읽을 수 있다면, 그 내용은 역사적 기독교에서 발전한 같은 내용보다 훨씬 더 혼란스럽고 공포스러울 것이다.…그 교훈은 복음서의 그리스도가 교회의 그리스도보다 실제로는 더 낯설고 끔찍할 수도 있다는 것이다."[23]

자, 이제 책장을 넘겨 "그리스도 이야기"를 읽기 시작하면서 당신이 마음의 결정을 내릴 차례이다.

2부

그리스도
이야기

맨 처음 하나님이 자신을 표현하셨다.
개인적인 그 표현, 그 말씀은
하나님과 함께했으며 하나님 자신이었다.
맨 처음부터 하나님과 함께 존재했다.
그를 통해 모든 창조가 일어났고,
그가 없이는 아무 일도 일어나지 않았다.
그 안에서 생명이 나왔는데,
이 생명이 인류의 빛이었다.
그 빛은 어둠 속에서 여전히 비치고,
어둠은 절대 그 빛을 몰아내지 못한다.

모든 사람을 비추는 진짜 빛이
지금 세상 속으로 들어왔다.
자신이 창조한 세상에 왔는데도,
세상은 그를 알아보지 못했다.

그의 세상에 왔지만,
그의 백성은 받아들이지 않았다.
그러나 누구든 그를 받아들이면
하나님의 아들이 되는 권한을 주었다.
그들은 진심으로 그를 믿었으며,
혈통이나 육체의 욕망이나
사람의 계획이 아니라
하나님에 의해 하나님의 아들이 되었다.

이렇게 하나님의 말씀이 사람이 되어,
우리와 더불어 살았다.
우리는 은혜와 진리가 가득한
(아버지의 외아들의 영광과 같은)
그의 영광을 보았다.

1장

탄생과 어린 시절

천사 가브리엘이 사갸라에게 나타나다

이야기는 헤롯이 유대 왕이었고 사가랴(아비야 조에 속한)라는 제사장이 있었을 때 시작된다. 그의 아내 엘리사벳은 그처럼 아론의 후손이었다. 두 사람은 진실로 신앙심이 깊었고, 주의 계명과 명령을 모두 나무랄 데 없이 지켰다. 엘리사벳이 불임이라 그들에게는 자녀가 없었고, 둘 다 나이도 많았다.

어느 날 사가랴가 제사장 직무를 수행하는 동안(그의 조가 직무 당번이었다), 성소 안으로 들어가 분향하는 일을 맡게 되었다. 그가 분향하는 그 시간에, 밖에서는 수많은 회중이 기도하고 있었다. 그때 주의 천사가 분향단 오른쪽에 나타났다. 사가랴는 천사를 보고 심히 당황하고 두려움에 사로잡혔다. 그러나 천사가 사가랴에게 말했다. "사가랴야, 두려워하지 마라. 하나님께서 네 기도를 들으셨다. 네 아내 엘리사벳이 너에게 아들을 낳아 줄 것이니, 요한이라고 이름을 지어 주어라. 너는 이 일로 기뻐하고 즐거워하게 될 것이고, 그가 태어남으로 더욱 많은 이들이 기뻐할 것이다. 그는 위대한 하나님의 사람이 될 것이고, 포도주나 독한 술을 입에 대지 않을 것이며, 태어나는 순간부터 성령으로 충만할 것이다. 그는 수많은 이스라엘 자손을 주 그들의 하나님께로 돌아오게 할 것이다. 또한 엘리야의 심령과 능력으로 하나님보다 먼저 와서, 아버지와 자녀를 화해시키고, 불순종하는 이들이 선한 사람들의 지혜를 되찾도록 해 주고, 주를 위해 그 백성을 온전히 준비시킬 것이다."

그러나 사가랴가 천사에게 대답했다. "그것이 사실인지 제가 어떻게 알 수 있습니까? 저도 늙었고 제 아내도 나이가 많습니다…." 천사가 대답했다. "나는 가브리엘이며, 하나님 앞에 서 있다. 나는 너와 대화를 나누고 이 기쁜 소식을 전하기 위해 보내심을 받았다. 그런데 네가 내 말을 믿지 않으므로, 너는 말을 하지 못하고 지낼 것이다. 그 일이 일어나는 날까지 한마디도 못할 것이다. 그러나 내가 네게 말한 모든 일이 제때에 이루어지리라는 것은 확실히 믿어라."

그러는 동안 사람들은 사가랴가 성소에서 왜 이리 오래 있는지 의아해하며 그를 기다리고 있었다. 그런데 그가 나왔는데 한마디도 하지 못하자, 그들은 그가 성전에서 환상을 보았음을 알아챘다. 그는 손짓으로 의사 표시를 했지만 입으로는 소리가 나오지 않았다.

그 후 사가랴는 직무 기간을 끝내고 집으로 돌아왔다. 그리고 얼마 지나지 않아서 그의 아내 엘리사벳이 임신했고, 그녀는 다섯 달 동안 운둔해 있었다. 엘리사벳은 "주께서 내 수치를 없애 주시다니, 그분은 내게 정말 선한 분이시다" 하고 말했다.

예수의 탄생을 알리는 수태고지

그러고 나서 여섯째 달이 되었을 때, 하나님이 천사 가브리엘을 갈릴리의 나사렛으로, 요셉(다윗의 자손)이라는 남자와 약혼한 어린 여자에게 보내셨다. 그 소녀의 이름은 마리아였다. 천사가 마리아의 방에 들어가서 말했다. "반갑다, 마리아야. 은혜를 입은 자야! 주께서 너와 함께하신다!" 마리아는 이 말을 듣고 심히 당황하여, 이 인사가 어떤 의미일까 궁금해했다. 그러나 천사가 마리아에게 말했다. "마리아야, 두려워하지 마라. 하나님이 너를 아주 사랑하신다. 너는 한 아들의 어머니가 되고, 그 아이를 예수라고 부를 것이다. 그는 위대한 인물이 되고, 지극히 높은 분의 아들로 알려질 것이다. 주 하나님께서 그에게 조상 다윗의 왕좌를 주실 것이고, 그는 영원히 야곱의 백성을 다스리는 왕이 될 것이다. 그의 통치는 영원할 것이다." 그러자 마리아가 천사에게 말했다. "어떻게 그런 일이 가능한지요? 저는 결혼을 하지 않았습니다!" 그러나 천사는 마리아에게 이렇게 대답했다. "성령께서 네게 임하시고, 지극히 높은 분의 능력이 너를 감쌀 것이다. 그러므로 너의 아이는 거룩한 분, 하나님의 아들로 불릴 것이다. 너의 사촌 엘리사벳도 나이가 많은데도 불구하고 아들을 임신했다. 사실 불임이라고들 하던 여인 엘리사벳이 이제 임신한 지 여섯 달이나 되었다. 하나님의 약속은 반드시 이루어진다." 마리아는 "제 몸과 영혼은 주님의 것입니다. 당신이 말씀하신 대로 이루어지기를 바랍니다"
하고 대답했다. 이 말을 듣고 천사가 마리아에게서 떠났다.

요셉의 꿈

그리스도 예수의 출생 과정은 다음과 같다. 마리아는
요셉과 약혼하고 아직 결혼하기 전에, 아기를 가졌다—성
령이 하신 일이었다. 곧 남편이 될 요셉은 선한 사람이라 마
리아가 망신당하는 것을 원치 않아서 조용히 파혼할 마음
을 먹었다. 그러나 그가 가만히 파혼을 준비하고 있을 때,
꿈에 주의 천사가 나타나 말했다. "다윗의 자손 요셉아, 마
리아를 아내로 맞이하는 것을 두려워하지 마라! 마리아는
성령을 통해 임신했으며, 마리아는 아들을 낳을 것이다. 너
는 아들의 이름을 예수('구원자')라고 해라. 그가 자기 백성
을 죄에서 구원할 것이기 때문이다." 이 모든 일은 주께서
예언자를 통해 하신 말씀을 이루기 위해서 일어났다. "보아
라, 처녀가 임신하여 아들을 낳을 것이며, 사람들은 그의 이
름을 임마누엘이라 할 것이다. ('임마누엘'은 '하나님이 우리와
함께하신다'는 뜻이다.)" 요셉은 잠에서 깨어, 천사가 말한 대
로 마리아와 결혼했다.

마리아가 엘리사벳을 찾아가다

마리아는 지체하지 않고 준비하여, 사가랴와 엘리사벳

이 사는 유대의 산에 있는 마을로 급히 떠났다. 그러고는 그들의 집으로 들어가서 엘리사벳에게 인사를 했다. 엘리사벳이 마리아의 인사를 들었을 때, 아직 태어나지 않은 아기가 태중에서 움직였고 엘리사벳은 성령으로 충만하여 큰 소리로 외쳤다. "그대는 여자들 중에서 복을 받았고, 그대의 아이도 복을 받았습니다! 내 주님의 어머니가 나를 보러 오다니 얼마나 영광입니까! 그대의 인사가 내 귀에 들리자마자 내 태중의 아이가 기뻐 뛰어놀았습니다! 오, 하나님을 믿은 여자는 얼마나 행복한지요. 그 여자에게 하신 하나님의 약속이 이루어질 테니까요."

마그니피카트

그때 마리아가 말했다.

"내 마음에 내 주님을 향한 찬양이 넘쳐흐릅니다.
내 영혼에 내 구주 하나님으로 인한 기쁨이 가득합니다.
주께서 주의 비천한 종에게 관심을 두셨으므로,
다가올 모든 세대가
나를 가장 행복한 여자라 할 것입니다!
무슨 일이든 하실 수 있는 분이 내게 위대한 일을
　행하셨습니다.
오, 그 이름이 거룩합니다!

진실로 어떤 세대든

주를 두려워하는 이들에게 주의 자비가 임합니다.

주께서는 그 팔의 힘을 보이셨고,

높은 자와 힘센 자들을 없애 버리셨습니다.

왕들을 왕좌에서 내리고

비천한 자들을 높이셨습니다.

굶주린 자들을 좋은 것으로 배불리 먹이고

부자들을 빈손으로 떠나보내셨습니다.

주께서는 주의 자녀 이스라엘을 도우셨습니다.

그 자비를 기억하신 것입니다.

주께서 우리 조상들에게,

아브라함과 그의 자손들에게

영원히 베푸시겠다고 약속하셨던 그 자비를!"

마리아는 엘리사벳과 세 달쯤 함께 있다가 집으로 돌아갔다.

세례 요한의 출생

그러고 나서 엘리사벳이 출산할 때가 차서 아들을 낳았다. 이웃과 친척들은 주께서 엘리사벳에게 큰 자비를 베푸셨다는 소식을 듣고, 함께 기뻐했다. 여덟째 날이 되자, 그들은 아이에게 할례를 행하고 아버지 이름을 따라 아이 이름을 사가랴라 하고자 했다. 그러나 아이의 어머니가 말했다. "안 됩니다! 아이 이름은 요한이라고 해야 합니다." "그러나 당신의 친척 중에 요한이라는 이름은 없습니다" 하고 그들이 대답했다. 그래서 그들은 아이의 아버지에게 손짓을 하여, 아이의 이름을 어떻게 하려는지 알아보았다. 그는 손짓으로 서판을 달라고 하여 "아이 이름은 요한입니다"라고 썼고, 이로 인해 모두가 깜짝 놀랐다. 그때 갑자기 그의 말하는 능력이 돌아왔고, 그의 첫 말은 하나님께 드리는 감사였다. 이웃들이 이를 보고 경외감에 사로잡혀, 이 모든 사건을 유대 산지 곳곳에 알렸다. 사람들은 이 일 전체를 마음속으로 깊이 생각하며 말했다. "이 아이가 앞으로 어떻게 될까? 주께서는 분명 이 아이에게 복을 주셨다."

그때 아이의 아버지 사가랴가 성령이 충만하여 예언자처럼 말했다.

"주 이스라엘의 하나님을 찬양하여라.
주께서는 자기 백성을 향하여 얼굴을 돌리시고 그들을
　　해방하셨다!
또 우리를 위해 주의 종 다윗의 집에서
구원의 깃발을 들어 올리셨다."

"그리고 아가야, 너는 지극히 높은 이의 예언자라 불릴 것이다.

네가 주님보다 먼저 가서 주님이 오는 길을 예비할 것이기

때문이다.

너는 죄를 용서받고 구원 얻는 길을

주님의 백성에게 알려 줄 것이다.

우리 하나님의 마음에는 우리를 향한 자비가 풍성하므로,

하늘의 여명이 우리를 찾아와,

어둠 가운데, 죽음의 그늘 아래 있는 자들에게 빛을

비추어 주고,

우리의 발을 평화의 길로 인도할 것이다."

아기는 자라면서 심령이 강건해졌다. 그는 이스라엘 앞에 나타날 때까지 외딴곳에서 살았다.

예수님의 탄생

그때 아우구스투스 황제가, 주민이 있는 모든 지역은 등록을 하라는 포고를 내렸다. 이는 구레뇨가 시리아 총독일 때 책임을 맡은 첫 번째 인구조사였다. 모든 사람이 등록하러 자기가 태어난 마을로 갔다. 요셉은 다윗의 직계 자손이므로, 갈릴리의 나사렛이라는 마을에서 다윗의 마을인 유대 베들레헴으로, 장차 아내가 될, 임신한 마리아와 함께 등록하기 위해 올라갔다. 마침 그들이 베들레헴에 있을 때

마리아의 출산일이 되었다. 마리아는 첫 아이, 아들을 낳았다. 그런데 여관 안에 자리가 없어서, 아이를 포대기로 싸서 여물통에 눕혔다.

그 지역, 같은 동네에 사는 목자들 몇 명이 넓은 벌판에서 밤새도록 그들의 양떼를 지키고 있었다. 그때 갑자기 주의 천사가 그들 앞에 나타나고 주의 영광이 그들 주위를 환히 비추어, 그들은 심히 두려웠다. 그러나 천사가 그들에게 말했다. "두려워하지 말고, 잘 들어라! 내가 모든 사람에게 큰 기쁨이 될 영광스러운 소식을 너희에게 전한다. 바로 오늘, 다윗의 마을에 너희를 위해 구세주가 태어나셨다. 그는 그리스도요 주님이시다. 그 증거로, 너희는 포대기에 싸여 여물통에 누워 있는 아기를 만날 것이다." 그리고 눈 깜짝할 사이에 그 천사와 함께 어마어마한 하늘의 군대가 나타나 하나님을 찬양하며 말했다.

"지극히 높은 하늘에서는 하나님께 영광을!
땅에서는 선한 뜻을 가진 이들에게 평화를!"

천사들이 그들을 떠나 하늘로 돌아가자, 목자들이 서로 말했다. "이제 곧장 베들레헴으로 가서 주께서 우리에게 알려 주신 이 일을 보자." 그들은 가능한 한 빨리 가서, 마리아와 요셉과 여물통에 누워 있는 아기를 찾아냈다. 그 모습을 보고 나서는, 그 아기에 대해 그들이 들은 말을 모든 사람에게 전했다. 모두 목자들의 말을 듣고 깜짝 놀랐다. 그러나 마리아는 이 모든 일을 아주 귀하게 여기고 그것을 깊이 생각했다. 목자들은 그들이 듣고 본 모든 일이, 그들이 들어왔던 대로 일어난 것을 보고, 하나님께 영광과 찬양을 드리며 일하러 돌아갔다.

예수가 태어난 후 동방에서 점성술사 일행이 예루살렘을 찾아가 물었다. "유대인의 왕이 되실 분이 어디에 계십니까? 동방에 뜬 그분의 별을 보고 우리가 경배하러 왔습니다." 헤롯 왕은 대경실색했다. 예루살렘에 사는 모든 이들도 마찬가지였다. 그래서 헤롯은 유대의 대제사장들과 율법학자들)을 모두 모아놓고 '그리스도'가 어디에서 태어나는지 물었다. 그들은 이렇게 대답했다. "유대 베들레헴입니다. 예언자가 이렇게 기록해 놓았습니다. '너 유대 땅, 베들레헴은 유대 왕들 중에서 결코 작지 않다. 너에게서 통치자가 나와 내 백성 이스라엘의 목자가 될 것이기 때문이다.'"

그러자 헤롯은 동방에서 온 현자들을 은밀히 초대해 별이 나타난 정확한 시간을 알아냈다. 그러고는 그들을 베들레헴으로 보내며 말했다. "그곳에 가면 최대한 주의를 기울여 그 아기를 찾으시오. 그리고 아기를 찾으면 내게 알려 주시오. 나도 경배하러 가겠소."

현자들은 왕의 말을 들은 다음, 베들레헴을 향해 출발

했다. 그때 동방에서 보았던 별이 그들을 이끌다가 마침내 아기가 누운 곳 바로 위를 비추었다. 그들은 그 별을 보고 이루 말할 수 없이 기뻤다. 현자들은 그 집으로 들어가, 어머니 마리아와 함께 있는 아기를 보았다. 그들은 무릎을 꿇고 아기에게 경배했다. 그러고는 보물 상자를 열어서 황금과 유향과 몰약을 선물로 드렸다. 그들은 꿈에 헤롯에게 돌아가지 말라는 경고를 듣고는 다른 길을 찾아서 자기 나라로 돌아갔다.

팔 일이 지나 아이에게 할례를 행할 때가 오자, 그들은 그에게 예수라는 이름을 지어 주었다. 그 이름은 잉태 전에 천사가 알려 준 이름이었다.

모세 율법이 규정한 '정결' 기한이 다 차자, 그들은 예수를 주께 드리기 위해 예루살렘에 데려왔다. 이때 예루살렘에는 시므온이라는 사람이 있었다. 시므온은 강직하고 하나님을 섬기는 데 헌신한 사람으로, 이스라엘의 회복을 기다리며 살고 있었다. 성령께 그 마음을 열어 놓았던 그는, 주의 그리스도를 보기 전에는 죽지 않는다는 계시를 받았다. 성령의 인도를 받아 그가 성전 안으로 들어갔을 때, 마침 예수의 부모가 율법이 명한 대로 아이에게 행하기 위해 아이를 데리고 들어왔다. 이에 그가 아기를 두 팔로 받아 하나님을 찬양하며 말했다.

"주님, 이제 주께서 약속하신 대로

주의 종을 평안히 떠나게 하시는군요!

내 눈으로 주의 구원을 보았으니 말입니다.

이는 주께서 모든 백성이 보도록 준비하신 것으로,

이방인들에게는 진리를 보여 주는 빛이요,

주의 백성 이스라엘에게는 영광이 되는 빛입니다."

아이의 아버지와 어머니는, 아이에 대해 하는 말이 여전히 놀라웠다. 그때 시므온이 그들을 축복하며, 아이의 어머니 마리아에게 말했다. "이 아이는 이스라엘에서 많은 이들을 넘어뜨리기도 하고 일어나게도 할 사람이며, 많은 이들이 공격할 규범을 세울 사람입니다. 사람들이 그를 공격하는 것은, 그가 많은 이들의 은밀한 생각을 드러낼 것이기 때문입니다. 그러면 그대는…그대의 영혼은 칼에 찔릴 것입니다."

그곳에는 아셀 지파 비누엘의 딸인 안나 선지자도 있었다. 안나는 나이가 아주 많은 여인으로, 칠 년간의 결혼 생활 이후 과부가 되었고, 당시 여든네 살이었다. 안나는 일생을 성전에서 보내며 밤낮으로 금식하고 기도하면서 하나님께 예배를 드렸다. 바로 이때 안나가 나아가 하나님을 찬양하고, 구속을 기다리던 예루살렘의 모든 이들에게 예수에 대해 이야기했다.

이집트로 피신하다

주의 천사가 꿈에 요셉에게 나타나 말했다. "지금 일어나 아기와 아기 엄마를 데리고 이집트로 피해라. 내가 말할 때까지 그곳에 머물러라. 헤롯이 아기를 찾아내 죽이려 한다." 그래서 요셉은 일어나, 그날 밤 아기와 아기 엄마를 데리고 이집트를 향해 떠나, 헤롯이 죽을 때까지 그곳에 머물렀다. 주께서 예언자를 통해 하신 말씀이 또다시 이루어졌다. "내가 이집트에서 내 아들을 불러냈다."

헤롯은 현자들에게 속은 것을 알고 격분했다. 그는 현자들에게 조심스럽게 물어보았던 때를 기준으로 계산하여, 베들레헴과 그 인근에 사는 두 살 이하의 남자아이를 모두 처형하라는 명령을 내렸다. 그때 예레미야의 예언이 이루어졌다. "라마에서 울며 크게 애도하는 소리가 들려왔다. 라헬이 자식들을 잃고 울고 있다. 그러나 자식들이 없으니 위로를 받지 못할 것이다."

그러나 헤롯이 죽은 후, 주의 천사가 이집트에 있는 요셉의 꿈에 나타나 말했다. "이제 일어나 아기와 아기 엄마를 데리고 이스라엘 땅으로 들어가라. 아기를 죽이려 하던 이들이 죽었다." 그래서 요셉은 일어나 아기와 아기 엄마를 데리고 이스라엘 땅으로 갔다. 그러나 이제 아켈라오가 아버지 헤롯 대신 유대의 왕으로 통치하고 있다는 소식을 듣자 그곳에 들어가기가 두려웠다. 그때 요셉은 꿈에 갈릴리 지

역으로 피하라는 경고를 듣고, 나사렛이라는 작은 마을에
정착했다. 그를 나사렛 사람으로 부를 것이라는 옛 예언은
이렇게 이루어졌다.

성전에 계신 소년 예수

매년 유월절이 되면, 예수의 부모는 예루살렘에 갔다.
예수가 열두 살이 되었을 때, 그들은 늘 하던 대로 명절을
지키러 예루살렘으로 올라갔다. 명절 기간이 끝나자, 그들
은 집으로 돌아가기 위해 길을 나섰다. 하지만 소년 예수는
예루살렘에서 출발하지 않았고, 부모는 그것을 몰랐다. 그
들은 예수가 일행 가운데 있으리라 생각하고 하룻길을 가
고 나서야, 친척들과 아는 사람들 사이에서 예수를 찾기 시
작했다. 그러나 찾지 못하자, 예루살렘으로 되돌아가며 그
를 찾아다녔다. 그들은 사흘 후에야 예수를 찾았다. 예수는
성전에서 선생들 사이에 앉아 그들의 말을 듣고 또 그들에
게 질문하고 있었다. 예수의 말을 들은 사람은, 모두 그의
이해력과 그가 하는 대답에 깜짝 놀랐다. 요셉과 마리아는
예수를 보고 그들의 눈을 믿을 수 없었다. 그의 어머니가 그
에게 말했다. "아들아, 어째서 우리에게 이렇게 했느냐? 네
아빠와 내가 걱정하며 온 사방으로 너를 찾아다녔다!" 그러
자 예수가 대답했다. "그런데 왜 저를 찾아다니셨어요? 제
가 당연히 아버지 집에 있는 줄 모르셨어요?" 그러나 그들

은 그의 대답을 이해하지 못했다. 그러고 나서 예수는 그들과 함께 나사렛 집으로 돌아가 그들에게 순종하며 지냈다. 그의 어머니는 이 모든 것을 마음에 소중히 간직했다. 예수는 몸과 마음이 계속 성장했고, 하나님의 사랑과 그를 아는 이들의 사랑을 받으며 자라 갔다.

2장

세례와 초기 사역

세례 요한

디베료 황제가 다스린 지 십오 년째 되는 해(본디오 빌라도가 유대 총독으로, 헤롯이 갈릴리 지방의 영주로, 헤롯의 동생 빌립이 이두래와 드라고닛 지방의 영주로, 루사니아가 아빌레네 지방의 영주로, 안나와 가야바가 대제사장으로 있던 해)에, 사가랴의 아들 요한이 광야에 있었을 때, 하나님의 말씀이 그에게 임했다. 요한은 요단강 주변 지역 곳곳에 들어가, 마음을 철저히 돌이키고 죄를 용서받은 표지인 세례를 받으라고 선포했다. 예언자 이사야의 책에 쓰인 대로였다.

광야에서 외치는 자의 소리다.
"너는 주의 길을 준비해라.
주의 길을 곧게 펴라."

그래서 요한은 자신에게 세례를 받으러 나아오는 무리에게 이렇게 말하곤 했다. "뱀 새끼들아, 누가 너희에게 다가올 진노를 피하라고 경고하더냐? 너희들이 정말 마음을 돌이켰다면 삶으로 증명해라! 마음속으로 '우리는 아브라함의 자손이야'라고 생각하지 마라. 너희에게 말한다. 하나님은 이 돌들로도 아브라함의 자손을 만드실 수 있다! 도끼가 이미 나무뿌리에 닿아 있고, 좋은 열매를 맺지 못한 나무는 잘려 불에 던져질 것이다."

그러자 무리가 그에게 물었다. "그러면 우리가 어떻게 할까요?" 그의 대답은 이러했다. "속옷이 두 벌인 사람은 하나도 없는 사람과 나누고, 음식이 있는 사람도 그렇게 해라." 세금 징수원 몇몇도 세례를 받으러 와서 물었다. "선생님, 우리는 무엇을 해야 합니까?" "너희에게 주어진 권한 이상으로 청구하지 마라." 군인들도 그에게 물었다. "그러면 우리는 무엇을 해야 합니까?" "사람들을 괴롭히지 말고, 거짓 고소를 하지 말고, 너희가 받는 보수에 만족해라."

사람들은 기대감이 아주 높은 상태였으므로, 모두 속으로 요한이 그리스도가 아닐까 생각했다. 그러나 요한은 다음과 같은 말로 그들에게 답변했다. "나는 너희에게 물로 세례를 주지만, 내 뒤에 오시는 이는 나보다 강하다. 사실 나는 그분의 신발 끈을 풀 만한 존재도 못 된다. 그는 성령의 불로 너희에게 세례를 주실 것이다. 그는 오셔서 밀과 겨를 분리하시고, 탈곡장을 아주 말끔히 치우실 작정이다. 밀은 곳간 안에 모으고 겨는 절대 꺼지지 않는 불로 태우실 것이다."

요한은 이 외에도 더 많은 말들로 사람들을 권면하고 기쁜 소식을 선포했다.

예수님의 세례
그때 예수가 요한에게 세례를 받기 위해 갈릴리에서

요단강으로 왔다. 그러나 요한은 예수를 말리며 말했다. "선생님이 제게 세례를 주셔야죠. 설마 선생님이 제게 세례받으러 오신 건 아니죠?" 그러나 예수는 "우리는 율법의 명령대로 하는 것이 합당합니다. 지금은 그렇게 하세요" 하고 대답했다. 그래서 요한은 예수에게 세례를 주기로 했다. 세례를 받고 물에서 나오는 순간, 예수는 갑자기 하늘이 열리고 하나님의 성령께서 비둘기처럼 내려와 자기 위에 머무는 것을 보았다. 그때 하늘에서 이렇게 말하는 소리가 들렸다. "너는 내가 끔찍이 사랑하는 아들이다. 네가 정말 마음에 든다."

시험

예수가 성령이 충만하여 요단강에서 돌아와, 성령에게 이끌리어 광야에서 사십 일을 보내며 마귀에게 시험을 받았다. 예수는 그 시간 동안 아무것도 먹지 않았으므로 배가 아주 고팠다. 마귀가 예수에게 말했다. "네가 하나님의 아들이면, 이 돌에게 빵이 되라고 말해 봐." 예수가 대답했다. "성경은 '사람은 빵만으로는 살지 못한다'고 말한다."

그러자 마귀는 예수를 높은 곳으로 데리고 올라가서, 그에게 갑작스런 환상으로 인간 세상의 모든 나라를 보여주며 말했다. "이 모든 권세와 영화로움을 네게 줄게. 다 내 것이고 내가 주고 싶은 사람 누구한테나 줄 수 있지. 엎드려

나를 경배하면 다 네 것이 되는 거야." 이에 예수가 이렇게 대답했다. "성경에 '너는 주 너의 하나님을 경배하고 오직 그분만 섬겨라'라고 기록되어 있다."

그러자 마귀는 예수를 예루살렘으로 데리고 가서 성전 가장 높은 곳에 두었다. 마귀는 "네가 하나님의 아들이면, 여기서 뛰어내려 봐. 성경에도 '그가 너를 위해 천사들에게 지시하여 천사들이 손으로 너를 받아 너의 발이 돌에 부딪히지 않게 하실 것이다'라고 나와 있잖아." 이에 예수는 이렇게 대답했다. "성경은 '주 너의 하나님을 시험하지 마라'고도 말한다."

예수가 온갖 시험으로 기진맥진했을 때 비로소 마귀는 다음 기회를 노리며 물러났다.

첫 제자들

이튿날, 요한은 예수가 자기에게 오는 것을 보고 말했다. "보십시오. 세상의 죄를 없애 주시는 하나님의 어린양입니다! 이분이 바로 내가 '내 뒤에 오시지만, 내가 태어나기 전부터 계셨기 때문에, 늘 나보다 앞서 계신다'고 말했던 분입니다! 나는 사실 누가 그분인지 알지 못했지만, 이스라엘에 그분을 알리기 위해 와서 물로 세례를 주었습니다."

그러고 나서 요한은 이렇게 증언했다. "나는 하늘에서 성령이 비둘기처럼 내려와 그분 위에 머무는 것을 보았습니다. 참으로 나는 그분을 알아보지 못했지만, 나를 보내어 물로 세례를 주게 하신 이가 내게 이렇게 말했습니다. '성령이 내려와 머무는 그분이, 바로 성령으로 세례를 주시는 분이다!' 이제 내가 그것을 보았으니, 여러분 모두 앞에서 그가 하나님의 아들이라 선언합니다!"

이튿날 요한은 다시 제자 둘과 함께 서 있었다. 그는 걸어가는 예수를 똑바로 쳐다보며 말했다. "하나님의 어린양이다!" 그 두 제자는 요한이 하는 말을 듣고 예수를 따라갔다. 예수가 돌아서서 자신을 따라오는 그들을 보고 말했다. "그대들은 무엇을 원하는가?" 그들이 대답했다. "랍비님, 어디에 묵고 계십니까?" 예수가 대답했다. "같이 가세나." 그래서 그들은 가서 예수가 어디서 묵는지 보고, 그날 내내 예수와 함께 있었다. (오후 네 시쯤이었다.)

요한이 하는 말을 듣고 예수를 따라간 두 사람 중 하나는, 시몬 베드로의 형제 안드레였다. 그는 곧장 시몬을 찾아가서 말했다. "우리가 메시아(곧 그리스도)를 만났어!" 그는 베드로를 예수에게 데리고 갔다. 예수가 그를 응시하며 말했다. "요한의 아들 시몬이구나. 지금부터 너의 이름은 게바(다시 말해, '바위'를 뜻하는 베드로)다."

이튿날 예수는 갈릴리로 가기로 결정했다. 빌립을 만난 예수가 말했다. "나를 따라오게!" 빌립은 안드레와 베드로의 고향 마을인 벳새다 출신이었다. 빌립은 나다나엘을 찾아가서 말했다. "모세가 율법에 썼고 예언자들도 썼던 사람을 발견했어. 요셉의 아들, 나사렛 출신 예수가 그 사람이야." 나다나엘은 "나사렛에서 선한 게 나올 수 있을까?" 하고 대꾸했다. 빌립은 "직접 와서 보라니까" 하고 대답했다. 예수가 나다나엘이 오는 것을 보고 말했다. "그는 진짜 이스라엘 사람이다. 그에게는 속임수가 하나도 없구나!" 나다나엘은 "저를 어떻게 아세요?" 하고 물었다. 예수가 대답했다. "빌립이 그대를 부르기 전에, 그대가 저 무화과나무 아래 있을 때 보았네." 이 말을 듣고 나다나엘이 소리쳤다. "랍비님, 랍비님은 하나님의 아들이요, 이스라엘의 왕입니다!" 예수가 대답했다. "내가 저 무화과나무 아래에 있던 그대를 보았다고 해서 나를 믿는가? 그것보다 더 위대한 일들을 볼 걸세!" 또 이렇게 덧붙였다. "내가 장담하네. 그대들은 하늘이 활짝 열리고 하나님의 천사들이 인자 위에서 오르락내리락 하는 것을 볼 걸세!"

가나 혼인 잔치

이틀 후 갈릴리 가나 마을에서 결혼식이 있었다. 예수의 어머니가 참석했고, 예수와 제자들도 피로연에 초대받았다. 마침 포도주가 바닥이 나서 예수의 어머니가 예수에게 말했다. "저들에게 이제 포도주가 없구나." 예수가 대답했다. "어머니, 어머니나 제가 관여할 일인지요? 아직 그럴 때가 아닙니다." 그러자 예수의 어머니가 종들에게 말했다. "그가 너희에게 무슨 말을 하면 그대로 하거라." 그 방에는 (유대 정결 예식을 위해) 물 75리터 정도를 담을 수 있는 돌 항아리가 여섯 개 있었다. 예수가 그들에게 "그 항아리들에 물을 채워 오게"라고 말하자, 그들은 물을 찰랑찰랑할 정도로 채워서 돌아왔다. 그러자 예수가 그들에게 말했다. "이제 물을 조금 떠서 예식을 주관하는 이에게 가져다 주게." 그래서 그들이 그렇게 했다. 이 사람이 포도주로 변한 물을 맛보고는 어디서 났는지 모르고(물론 그 물을 가져온 종들은 알았다) 신랑을 불러서 말했다. "내가 아는 사람들은 모두 처음에 좋은 포도주를 내놓고, 사람들이 많이 마시고 나면 덜 좋은 것을 내놓습니다. 그런데 당신은 지금까지 좋은 포도주를 남겨 두었군요!"

예수가 갈릴리 가나에서 보인 첫 표징이었다. 그는 영광을 보여 주었고, 제자들은 그를 믿었다.

첫 번째 예루살렘행

이 사건 이후 예수는 어머니, 동생들, 제자들과 함께 가버나움으로 내려가서 며칠 머물렀다. 그 후 유대인의 유월절이 다가오자 예수는 예루살렘으로 올라갔다. 그런데 성전 경내에서 소와 양을 파는 이들과 비둘기를 파는 이들뿐 아니라, 탁자 앞에 앉아 돈을 바꿔 주는 이들을 발견했다.

그래서 노끈으로 채찍을 만들어 양과 소와 그들을 모두 성전에서 내쫓았다. 또 돈 바꿔 주는 이들의 동전은 내던지고 그들의 탁자는 뒤집어엎었다. 그런 다음 비둘기 파는 이들에게 말했다. "저것들을 여기서 가지고 나가시오. 내 아버지 집을 시장으로 만들지 마시오!" 제자들은 성경 말씀을 기억했다. "당신의 집을 생각하는 열망이 나를 삼킬 것이다." 이로 인해 유대인들이 예수에게 말했다. "당신이 옳은 일을 했다는 표징으로 어떤 것을 보여 줄 수 있습니까?" 예수가 대답했다. "이 성전을 무너뜨리십시오. 그러면 내가 사흘 안에 다시 세우겠습니다!" 이 말에 유대인들은 대답했다. "이 성전은 사십육 년이나 걸려서 지어졌는데, 사흘 만에 다시 짓겠다고요?"

예수님과 니고데모

어느 날 밤 유력한 유대인이자 바리새인인 니고데모가 예수를 만나러 왔다. 그는 이렇게 시작했다. "랍비님, 당신은 하나님께서 보내신 선생님이 맞습니다. 하나님이 함께하시지 않으면 누구도 선생님 같은 표징을 보여 줄 수 없으니까요." 예수가 대답했다. "분명하게 말씀드리는데, 제 말을 믿으세요. 사람이 다시 태어나지 않으면 하나님 나라를 볼 수가 없습니다." 니고데모가 대답했다. "어떻게 나이 든 사람이 다시 태어날 수 있습니까? 어머니 배 속에 다시 들어갈 수는 없지 않습니까?" 예수가 말했다. "분명하게 말씀드립니다. 물과 성령으로 태어나지 않으면 하나님 나라에 들어갈 수 없습니다. 육체는 육체를 낳고, 영은 영을 낳습니다. 여러분 모두가 다시 태어나야 한다고 제가 말했다고 해서 놀라지 마십시오. 바람은 불고 싶은 대로 붑니다. 그 소리는 들을 수 있지만 어디서 와서 어디로 가는지는 모릅니다. 성령의 바람으로 태어나는 것도 이와 마찬가지로 알 수 없습니다."

니고데모가 대답했다. "도대체 어떻게 그런 일이 가능합니까?" 예수가 말했다. "당신은 이스라엘의 선생인데, 이런 것도 모릅니까? 분명히 말합니다. 우리는 우리가 아는 것을 말하고 우리가 목격한 것을 증언하지만, 당신은 우리의 증언을 받아들이려 하지 않습니다. 내가 이 땅에서 일어나는 일을 말해도 그대가 나를 믿지 않는다면, 하늘에서 일어나는 일을 말한다고 나를 믿을까요?

하늘에서 내려온 인자 외에는 하늘에 올라가 본 사람이 없습니다. 모세가 광야에서 뱀을 들어 올렸듯이, 인자도 사람들 머리 위로 들려야 합니다. 그래야 그를 믿는 자는 누구든 영원한 삶을 얻습니다.

하나님은 세상을 아주 많이 사랑하셔서 하나뿐인 아들을 주셨습니다. 그 아들을 믿는 사람은 잊히거나 버려지지 않고 모두가 빠짐없이 영원한 생명을 얻습니다. 하나님이 자기 아들을 세상으로 보내신 이유는 세상에 형벌을 주기 위해서가 아니라 그 아들을 통해 세상을 구하기 위해서입니다.

예수님과 사마리아 여인

예수는 자신이 요한보다 더 많은 사람을 제자로 삼고 세례를 준다는 것을 바리새인들이 들은 줄 알고는—사실 세례를 준 사람은 예수가 아니라 제자들이지만—유대를 떠나 다시 갈릴리로 갔다. 이는 사마리아를 거쳐 갔다는 뜻이다. 예수는 수가라는 사마리아 마을에 이르렀다. 야곱이 아들 요셉에게 준 땅 근처로, 야곱의 우물이 있는 곳이었다. 여행하느라 지친 예수는 우물 옆에 그대로 앉았다. 때는 정오쯤이었다. 곧 한 사마리아 여인이 물을 길으러 왔다.

예수는 여인에게 "물 한 잔 주겠소?"라고 말했다. 제자들이 음식을 사러 마을에 가고 없었기 때문이다. 사마리아 여인이 예수에게 말했다. "당신은 유대인인데 어떻게 사마리아 여자인 내게 물을 달라고 하십니까?" (유대인은 사마리아인과 상종하지 않았다.) 예수가 대답했다. "하나님이 무엇을 주실 수 있는지 알았다면, 또 '물 한 잔 주겠소?'라고 말한 내가 누구인지 알았다면, 도리어 그대가 내게 물을 달라고 청했을 것이고, 나는 그대에게 생수를 주었을 것이네!" 여인이 말했다. "선생님, 선생님은 두레박도 없고 이 우물은 깊습니다. 어디서 생수를 얻을 수 있습니까? 선생님은 우리 조상 야곱보다 뛰어난 분입니까? 야곱은 우리에게 이 우물을 주었고, 야곱도 가족도 가축도 여기서 물을 마셨습니다." 예수가 여인에게 말했다. "이 물을 마시는 사람은 누구든 다시 목이 마를 것이네. 그러나 내가 주는 물을 마시는 이는 누구든 다시 목마르지 않을 것이네. 내가 주는 선물은 그 사람 속에서 샘이 되어 영원한 삶에 이르도록 솟아날 테니까." 여인이 말했다. "선생님, 그 물을 제게 주셔서 제가 목마르지도 않고, 더 이상 물을 길으러 나오지도 않게 해 주십시오!"

예수가 여인에게 말했다. "가서 그대의 남편을 불러오게." 여인이 대답했다. "저는 남편이 없습니다!" 예수가 말했다. "'저는 남편이 없습니다'라는 말이 맞네. 그대는 남편이 다섯이나 있었는데, 지금 같이 사는 남자도 그대의 남편은 아니지. 그대의 말은 사실이네." 여인이 다시 말했다. "선생님, 선생님은 예언자시군요! 우리의 조상들은 이 산에서 예배를 드렸지만, 유대인들은 예루살렘이 예배할 장소라 말합니다." 예수가 대답했다. "장담하건대, 아버지께 예배할 곳이 '이 산'이냐 '예루살렘'이냐가 중요하지 않을 때가 올 걸세. 오늘 그대는 대상도 모르고 예배하고 있네. 그러나 우리 유대인은 예배하는 대상을 알고 있지. 인류의 구원이 우리 민족에게서 나오기 때문이네. 그러나 참되게 예배드리는 사람들이 영과 진실로 아버지께 예배드릴 때가 올 것이네. 암, 이미 왔지. 실로 아버지께서는 그렇게 예배하는 사람들을 찾고 계시네. 하나님은 영이므로 하나님께 예배드리는 사람은 오직 영으로, 진실로만 예배드릴 수 있네."

여인이 대답했다. "물론 저도 메시아가 오신다는 것을 압니다. 선생님도 알다시피, 그리스도라 하는 이 말입니다. 그가 오면 우리에게 모든 것을 분명하게 말씀해 주실 것입니다."

예수가 말했다. "지금 그대에게 말하고 있는 내가 그리스도네."

그때 제자들이 도착해서, 예수가 어떤 여인과 이야기를 나누고 있는 것을 보고 깜짝 놀랐다. 그러나 누구도 "무엇 때문에 그러십니까?"라거나 "어째서 이 여자와 이야기를 하고 계십니까?"라고 묻지 않았다. 그 여인은 물항아리를 내버려 두고 마을로 들어가서 사람들에게 말하기 시작했다. "와서 보세요! 내가 했던 일을 다 아는 사람이 있어요. 이 사람이 '그리스도'가 아닐까요?" 그래서 그들은 마을에서 나와 예수에게 갔다.

마을에서 온 수많은 사마리아인들은 '내가 했던 일을 그가 다 안다'는 여인의 증언을 듣고 예수를 믿었다. 그들이 예수를 만나서 마을에 머물기를 간청하므로, 예수는 이틀 동안 마을에 머물렀다. 예수의 말을 직접 듣고는 더 많은 이들이 믿었다. 그들은 여인에게 이렇게 말했다. "우리는 이제 더 이상 당신이 말한 것 때문에 믿는 것이 아니오. 우리가 우리 귀로 그분의 말씀을 들었소. 우리는 이제 이분이 정말 세상의 구세주임을 압니다!"

예수님이 나사렛 회당에서 가르치시다

그 후 예수는 성령의 능력을 입고 갈릴리로 돌아왔고, 예수에 대한 소식은 주변 온 지역에 퍼져나갔다. 예수가 그들의 회당에서 가르치자, 모든 사람이 극찬했다. 그러고 나서 예수는 자신이 자라난 나사렛에 가서, 늘 하던 대로 안식일에 회당에 갔다. 예수는 성경을 읽으려고 일어나, 예언자 이사야의 책을 건네받았다. 그래서 책을 펴서 다음 말씀이 기록된 데를 찾았다.

"주의 성령이 내게 임하셨다.

내게 기름을 부어

가난한 이들에게 좋은 소식을 전하게 하시려는 것이다.

주께서는 나를 보내어 사로잡힌 자들에게

해방을 선포하고,

눈먼 자들을 다시 보게 하며,

마음이 상한 이들을 자유롭게 하고,

주께서 만족하시는 해를 선포하게 하셨다."

그러고 나서는 책을 덮어 담당자에게 돌려주고 자리에 앉았다. 회당의 모든 시선이 예수에게 고정되었고, 예수가 그들에게 말하기 시작했다. "바로 오늘 여러분이 이 성경 말씀을 듣고 있는 동안, 그 말씀이 이루어졌습니다!" 모든 사람이 예수가 하는 말을 들었다. 그들은 그의 입에서 나오는 멋진 말에 깜짝 놀라 계속 이렇게 말했다. "이 사람은 요셉의 아들이 아닌가?" 그래서 예수가 그들에게 말했다. "여러분은 내게 '의사여, 네 병이나 고쳐라!'라는 잠언을 인용하여, 내가 가버나움에서 행했다는 것을 여기 내 고향에서도 전부 해 보라고 할 것 같습니다." 그러고 나서 이렇게 덧붙였다. "여러분에게 분명히 말합니다. 예언자는 고향에서는 절대 환영을 받지 못합니다. 여러분에게 말합니다. 엘리야의 시대에 삼 년 반 동안 하늘이 닫혀 온 나라에 큰 기근이 들었을 때 이스라엘에 과부가 많았습니다. 그러나 엘리야는 그들 중 누구에게도 보냄을 받지 않았습니다. 그는 시돈 지역 사렙다에 사는 과부에게 보냄을 받았습니다. 예언자 엘리사의 시대에도 이스라엘에 나병 환자들이 많았지만, 그들 중 누구도 고침을 받지 못하고, 오직 시리아인 나아만 고침을 받았습니다." 그러나 회당에 있는 모든 사람이 이 말을 듣고 심하게 화를 냈다. 그들은 벌떡 일어나서 예수를 그 마을 밖으로 몰아내어, 마을에 있는 언덕 꼭대기까지 데리고 가서 아래로 던지려 했다. 그러나 예수는 무리 사이로

127

나와서 자기 길을 갔다.

첫 번째 치유

그러고 나서 예수가 갈릴리에 있는 가버나움으로 내려가 안식일에 그들을 가르쳤다. 그들은 그의 가르침에 깜짝 놀랐다. 그의 말씀에는 권위가 있었기 때문이다. 그때 회당에 귀신 들린 사람이 있었는데, 그가 있는 힘껏 소리쳤다. "나사렛 사람 예수여, 우리를 어떻게 하려는 겁니까? 우리를 죽이러 왔습니까? 나는 당신이 누구인지 잘 압니다. 당신은 하나님의 거룩한 자입니다!" 예수는 그의 말을 막고 날카롭게 말했다. "조용히 하고 그 사람에게서 나가라!" 그러자 귀신이 그들 앞에서 그 사람을 넘어뜨린 후에, 그에게 조금의 상처도 입히지 않고 떠나갔다. 거기 있던 사람들이 다 깜짝 놀라서 서로에게 계속 말했다. "도대체 이 말에 뭐가 있는 거지? 권위와 능력으로 이 귀신들에게 말하니까 귀신들이 떠나갔어." 그래서 예수의 명성이 인근 지역 전체에 널리 퍼졌다.

예수는 일어나 회당을 떠나, 시몬의 집으로 들어갔다. 마침 시몬의 장모가 고열에 시달리고 있던 터라, 그들은 예수에게 그 장모를 도와 달라고 청했다. 예수가 침상에 누워 있는 그 장모 곁에 서서 열병을 제압하자 열병이 떠나갔다. 시몬의 장모는 바로 일어나 그들을 보살피기 시작했다.

그러고 나서 해가 지고 있을 때, 사람들이 각종 병을 앓고 있는 친구들을 모두 예수에게 데려오자, 예수가 그들 하나하나에게 따로 손을 얹어 고쳐 주었다. 많은 이들에게서 귀신들이 나가며 "당신은 하나님의 아들입니다!" 하고 소리쳤다. 그러나 예수는 그들에게 날카롭게 말하며 더 이상 말하는 것을 허락하지 않았다. 그가 그리스도인 줄을 그들이 정확하게 알고 있었기 때문이다.

엄청난 물고기를 잡다

어느 날 예수가 게네사렛 호숫가에 서 있을 때 사람들이 하나님의 말씀을 들으려고 예수 가까이 모여들었다. 예수는 그물을 씻는 어부들이 호숫가에 대 놓은 배 두 척을 보았다. 그중 한 척은 시몬의 배였다. 예수가 시몬의 배에 올라타서 그에게 배를 호숫가에서 조금 밀어내 달라고 청했다. 그런 다음 배에 앉아서 무리를 계속 가르쳤다. 예수는 말을 마치고 시몬에게 "이제 깊은 바다로 나가서 그물을 내려 물고기를 잡게"라고 말했다. 시몬이 대답했다. "선생님! 우리가 밤새도록 일했지만 한 마리도 잡지 못했습니다. 그러나 선생님께서 그렇게 말씀하시니 제가 그물을 내리겠습니다." 그러고는 그들이 그렇게 하자 어마어마한 물고기 떼가 잡혔다. 물고기가 너무 많아서 그물이 찢어지기 시작했다. 그래서 그들은 다른 배에 있는 동료들에게 와서 도와 달라고 손짓을 했다. 그들이 와서 배 두 척이 가라앉을 정도로 물고기를 가득 채웠다. 시몬 베드로가 이를 보고 예수의 무릎 앞에 엎드려 말했다. "주님, 제게서 떠나 주십시오. 저는 죄인에 불과합니다!" 그와 그의 동료들(세베대의 아들 야고보와 요한)은 그들이 잡은 엄청난 물고기를 보고 깜짝 놀랐기 때문이다. 예수가 시몬에게 말했다. "시몬, 두려워 말게. 이제부터 그대는 사람을 낚을 것이네." 그래서 그들은 배들을 호숫가로 끌어온 다음, 모든 것을 내버려 두고 예수를 따라갔다.

나병 환자를 깨끗게 하시다

그때 한 나병 환자가 예수에게 와서 무릎을 꿇고 간청했다. "하고자 하시면, 선생님께서는 저를 깨끗하게 하실 수 있습니다." 예수는 그가 너무 불쌍해서 그의 몸에 손을 대며 말했다. "당연히 그렇게 하고 싶습니다. 당신 몸은 이제 깨끗합니다!" 그러자 즉시 나병이 떠나가고 그는 완전히 깨끗해졌다. 예수는 곧바로 엄히 경고하며 그를 보냈다. "누구에게도 아무 말도 하지 마세요. 곧바로 제사장한테 가서 몸을 보여 주고, 이제 회복되었으니 모세가 정한 예물을 드리세요. 그렇게 해서 몸이 나은 것을 당국자들에게 증명하세요." 그러나 그는 나가서 사람들에게 수도 없이 말을 하고 다니며 예수에게 치료받은 이야기를 널리 퍼뜨렸다. 그래서 예수는 대놓고 마을을 드나들 수 없게 되었고, 바깥 외딴곳에 있어야만 했다. 그래도 사람들은 여전히 사방에서 예수를 찾아 모여들었다.

중풍 병자를 고치시다

며칠 후 예수가 다시 가버나움에 들어가자, 그가 어느 집에 있다는 소문이 퍼졌다. 엄청난 무리가 모여들어서, 예수가 말씀을 전하는 동안에는 문 가까이에 갈 수도 없을 정도였다. 그때 예수를 만나러 온 사람들이 있었는데, 그중 네 명은 중풍 병자를 데리고 왔다. 그런데 인파 때문에 예수 가까이 가지 못하자, 예수의 머리 위 지붕을 뜯어내고 그 구멍으로 중풍 병자의 침상을 내렸다. 예수는 그들의 믿음을 보고 중풍병에 걸린 사람에게 말했다. "내 아들아, 네 죄가 용서되었다."

그러나 거기에 앉아 있던 율법학자 몇이 속으로 자문했다. '어째서 이 사람이 이런 신성모독 발언을 하는 거지? 하나님 한 분 외에 누가 죄를 용서할 수 있단 말인가?' 예수가 그들의 생각을 즉시 알아채고는 말했다. "너희는 어째서 마음속으로 그런 반박을 하느냐? 중풍 병자에게 '네 죄가 용서되었다'라고 말하는 것과 '일어나 네 침상을 들고 걸어가게'라고 말하는 것 중 어느 쪽이 더 쉬우냐? 그러나 인자가 땅에서 죄를 용서하는 전권이 있음을 너희에게 입증하겠다." 그리고 이번에는 중풍 병자에게 말했다. "일어나 그대의 침상을 들고 집으로 가게." 그는 즉시 벌떡 일어나서 자기 침상을 들고 사람들이 모두 보는 데서 걸어 나갔다. 모든 사람이 깜짝 놀라서 하나님을 찬양하며 말했다. "이런 일은 한 번도 본 적이 없다."

레위를 부르시다

예수가 다시 호숫가로 나가자 온 무리가 그에게 나아왔고, 예수는 계속 그들을 가르쳤다. 예수가 길을 가다가, 세무서에 앉아서 일하는 알패오의 아들 레위를 보고 그에게 말했다. "나를 따라오게!" 레위는 일어나서 예수를 따라갔다.

그 후 예수가 레위의 집에서 저녁을 먹을 때, 수많은 세금 징수원과 평판이 좋지 않은 사람들이 예수와 제자들과 같이 있었다. 예수를 따르는 이들 중에는 그런 사람들이 많았다. 바리새인 율법학자들이 예수가 세금 징수원과 사회에서 버림받은 자들과 함께 식사하는 것을 보고 제자들에게 말했다. "그가 세금 징수원과 죄인들과 함께 식사를 하네요!" 예수가 그들에게 말했다. "건강하고 원기 왕성한 이들은 의사가 필요 없다. 아픈 이들이 의사를 찾는다. 나는 의인이 아니라 죄인을 초청하러 왔다."

새 포도주는 새 부대에

요한의 제자들과 바리새인들이 금식을 하고 있었다. 그들은 예수에게 가서 말했다. "요한을 따르는 이들과 바리새인들은 금식 규정을 지키는데, 왜 선생님의 제자들은 지키지 않습니까?" 예수는 그들에게 말했다. "신랑과 함께 있는 결혼식 하객들이 금식을 할 것 같습니까? 신랑이 함께 있는 한 금식은 고려할 가치도 없습니다. 그러나 신랑을 빼앗길 날이 올 것입니다. 그때가 금식할 때입니다."

예수는 이어서 말했다. "아직 빳빳한 새 천 조각을 붙여서 낡은 외투를 꿰매는 사람은 없습니다. 그렇게 하면 새 천 조각이 낡은 옷을 잡아당겨서 구멍이 이전보다 더 커집니다. 또한 새 포도주를 낡은 가죽 부대에 넣는 사람은 없습니다. 그렇게 하면 새 포도주가 가죽 부대를 터뜨려서, 포도주가 쏟아지고 가죽 부대도 못 쓰게 됩니다. 새 포도주는 새 가죽 부대에 넣어야 합니다."

안식일의 주인

어느 날 예수가 안식일에 밀밭 사이를 지나가고 있었다. 그런데 제자들이 가면서 이삭을 자르기 시작했다. 바리새인들이 예수에게 말했다. "저것 좀 보세요! 저들이 어째서 안식일에 하지 말라고 한 행동을 하죠?" 예수가 그들에게 말했다. "너희는 다윗 일행이 먹을 것이 없어 아주 배가

고팠을 때 다윗이 한 일을 읽지 못했느냐? 그는 아비아달이 대제사장일 때 하나님의 집에 들어가서, 제사장들 외에 누구도 먹어서는 안 되는 제단의 빵을 먹고 심지어 그의 일행에게도 주지 않았느냐?"

예수는 계속 말했다. "안식일이 사람을 위해 있는 것이지, 사람이 안식일을 위해 있는 것은 아니다. 그래서 인자는 안식일의 주인이기도 하다."

손이 오그라든 사람을 고치시다

또 다른 안식일에 예수가 회당에 들어갔을 때, 한쪽 손이 오그라든 사람이 있었다. 그들은 예수를 고발하려고 예수가 안식일에 그를 고치는지 면밀히 주시했다. 예수가 손이 오그라든 사람에게 말했다. "일어나 이리 앞으로 나오게." 예수가 그들에게 말했다. "안식일에 선을 행하는 것이 옳습니까, 해를 입히는 것이 옳습니까? 생명을 구하는 것이 옳습니까, 죽이는 것이 옳습니까?" 실내는 쥐죽은 듯 조용했다. 그때 예수는 그들의 무정함을 감지하고 심히 마음이 상하여 화를 내며 주변에 있는 이들의 얼굴을 둘러보고 나서, 손 오그라든 사람에게 말했다. "손을 내밀게!" 그가 손을 내밀자 손이 회복되었다. 바리새인들은 곧바로 나가서 어떻게 예수를 제거할지 헤롯당과 의논했다.

열두 제자

그 무렵 예수가 기도하러 산에 올라가 밤새 하나님께 기도했다. 동이 트자 예수가 제자들을 불러 그들 가운데 열 둘을 택하여 사도라 칭했다. 그 열둘은, (예수가 베드로라는 이름을 지어 준) 시몬, 시몬의 형제 안드레, 야고보, 요한, 빌립, 바돌로매, 마태, 도마, 알패오의 아들 야고보, 애국자 시몬, 야고보의 아들 유다, 후에 예수를 배반한 가룟 유다였다.

축복과 경고

그런 다음 예수가 그들과 함께 평지로 내려와 서자, 수많은 제자들과, 온 유대와 예루살렘과 두로와 시돈의 해안 지방에서 온 수많은 사람들이 예수를 둘러쌌다. 그때 예수가 제자들을 응시하며 말했다.

"아무것도 소유하지 않은 여러분은 정말 행복합니다.
하나님 나라가 여러분의 것이니까요!
지금 굶주린 여러분은 정말 행복합니다.
배부르게 될 것이니까요!
지금 우는 여러분은 정말 행복합니다.
웃게 될 것이니까요!"

"그러나 부자인 여러분은 정말 비참합니다.

여러분을 위로해 주는 것을 다 가지고 있으니까요!

원하는 것을 다 가진 여러분은 정말 비참합니다.

굶주리게 될 것이니까요!

지금 웃는 여러분은 정말 비참합니다.

슬픔과 눈물을 알게 될 것이니까요!

모든 사람이 여러분을 칭찬할 때 여러분은

　정말 비참합니다.

그들의 조상들이 거짓 예언자들을 정확히 그렇게

　대했기 때문입니다."

그런 다음 예수가 그들에게 실례를 들었다. "눈먼 사람이 다른 눈먼 사람을 인도할 수 있겠습니까? 분명 둘 다 도랑에 빠질 것입니다. 제자는 그 선생을 넘어서지 못합니다. 그러나 훈련을 충분히 받으면 그 스승 같아질 것입니다."

백부장의 종을 고치시다

예수는 사람들에게 이 말을 다 하고 나서, 가버나움으로 갔다. 그때 그곳에 중병에 걸려 거의 죽어 가는 사람이 있었다. 그는 한 백부장의 종으로, 백부장은 그를 아주 귀하게 여겼다. 백부장은 예수에 대해 듣고, 유대 장로들 몇을 예수에게 보내어, 오셔서 종을 살려 달라고 청했다. 그러자 그들이 예수에게 가서, 그 백부장은 도와줄 만한 사람이라 말하며, 요청을 들어 달라고 간청했다. 그들은 "그는 우리 민족을 사랑해서 자기 돈을 들여 우리에게 회당을 지어 주었습니다"라고 말했다. 그래서 예수가 그들과 함께 갔다. 그런데 그 집에 가까이 갔을 때 백부장이 친구 몇을 통해 전갈을 보냈다. "선생님, 일부러 수고하실 것 없습니다! 저는 주님이 제 집에 오실 만큼 중요한 사람이 아닙니다. 또 선생님을 직접 뵙기에도 적합하지 않은 사람입니다. 명령만 내려 주십시오. 그러면 제 종은 나을 겁니다. 저도 명령을 받고 일하고, 제 밑에도 병사들이 있습니다. 제가 병사에게 '저리 가' 하면 가고 '이리 와' 하면 옵니다. 종에게 '이렇게 해' 하고 시키면 그 일을 합니다." 예수가 이 말을 듣고는 깜짝 놀라서, 자신을 따르던 무리에게 몸을 돌려 말했다. "나는 어디에서도, 심지어 이스라엘에서도 이런 믿음을 만나지 못했습니다!" 백부장이 보낸 이들이 집으로 돌아가서 보니, 종이 씻은 듯이 나아 있었다.

과부의 아들을 살리시다

얼마 후에 예수가 나인이라는 성으로 들어갔는데, 제자들과 큰 무리도 함께 갔다. 예수가 성문 가까이 갔을 때, 어떤 사람들이 죽은 사람 하나를 들고 나오고 있었다. 어떤 과부의 외아들이었다. 동네 사람들이 무리 지어 그 여인과 함께했다. 주가 그 여인을 보자 마음이 쓰여 말을 건넸다.

"울지 마세요." 그러고는 다가가서, 상여를 멘 이들이 가만히 서 있는 동안 상여에 손을 대고 말했다. "청년아, 일어나라!" 그러자 죽은 사람이 일어나 앉아 말을 하기 시작했다. 예수가 그를 과부에게 돌려주셨다. 거기 있던 사람들이 모두 경외감에 사로잡혀 하나님을 찬양하며 말했다. "우리 가운데서 위대한 예언자가 나왔고, 하나님이 자기 백성을 향해 얼굴을 돌리셨다." 예수에 대한 이 소식은 유대 전체와 인근 지역에 두루 퍼졌다.

씨 뿌리는 자의 비유

예수는 다시 호숫가에서 그들을 가르치기 시작했다. 이전보다 더 큰 무리가 모여들어서 예수는 호수 위에 있는 작은 배에 올라타 앉았고, 무리는 물가까지 들어찼다. 예수는 비유로 많이 가르쳤다.

그는 이렇게 말했다. "잘 들으십시오! 한번은 어떤 사람이 씨를 뿌리러 나가서 뿌렸는데, 길가에 떨어진 씨들은 새들이 가서 눈 깜짝할 사이에 다 먹어 치웠습니다. 일부는 흙이 거의 없는 바위 사이에 떨어져서, 땅이 깊지 않아 금세 싹이 났습니다. 그러나 해가 뜨자 누렇게 타 버렸고, 뿌리가 없어서 시들어 죽어 버렸습니다. 일부는 가시덤불 사이에 떨어졌는데, 가시가 자라 그 싹을 옥죄어 버려 소출을 내지 못했습니다. 일부는 좋은 토양에 떨어졌는데, 싹이 나고 자라서 씨의 삼십 배 혹은 육십 배 혹은 백배까지 소출을 냈습니다." 그러고는 이렇게 덧붙였다. "들을 수 있는 사람은 다들으십시오!"

그 후 그들끼리 있을 때, 예수를 가까이에서 따르는 이들과 열두 제자가 비유에 대해 묻자 예수는 그들에게 말했다. "너희는 하나님 나라의 비밀을 받았다. 그러나 비밀을 알지 못하는 이들에게는 모든 것이 여전히 비유로 있다. 그래서 그들이 보기는 보지만 알아차리지 못하고, 듣기는 듣지만 깨닫지 못한다. 이는 다시 돌아오지 못하도록, 용서받지 못하도록 하려는 것이다."

그가 이어서 말했다. "너희는 정말 이 비유를 깨닫지 못하느냐? 그러면 다른 비유는 어떻게 깨닫겠느냐? 씨를 뿌리는 사람이 뿌리는 것은 말씀이다. 길가에 해당하는 이들의 경우, 그들이 말씀을 듣자마자 곧바로 사탄이 가서 그 마음에 뿌린 것을 가져가 버린다. 또 바위 사이에 떨어진 씨는 주저 없이 말씀을 듣고 기쁘게 받아들이는 이들을 나타낸다. 그러나 그들은 진짜 뿌리가 없어 오래가지 못한다. 말씀 때문에 고통이나 박해를 받으면 곧바로 믿음을 버린다. 가시덤불에 떨어진 씨들이 있다. 이들도 말씀을 듣지만, 세상의 염려와 화려한 거짓 부와 각종 야망들이 기어들어와, 말씀을 들어 생겨난 생명을 옥죄어, 삶으로 소출을 내지 못한다. 좋은 토양에 뿌린 씨란, 말씀을 듣고 받아들여, 삼십 배,

육십 배, 백 배까지 소출을 내는 사람들을 의미한다."

하나님 나라 비유 두 가지

그런 다음 예수는 말했다. "하나님 나라는, 땅에 씨를 뿌리는 사람과 같습니다. 그는 아무것도 모른 채 밤이면 자고 아침이면 일어나지만, 그동안 싹이 나고 자랍니다. 땅은 누구의 도움 없이도 소출을 냅니다. 처음에는 잎이 나고, 그다음 이삭이 나오고, 그다음 다 자란 낱알이 열립니다. 곡식이 익으면, 그는 곧바로 추수꾼을 보냅니다. 추수 때가 되었기 때문입니다."

그는 이어서 말했다. "하나님 나라는 무엇과 같다고 말할 수 있을까요? 어떤 비유로 말할까요? 하나님 나라는 아주 작은 겨자씨 낱알 같습니다. 그 씨는 뿌릴 때 어떤 씨보다도 작습니다. 그러나 땅에 심으면 다른 어떤 식물보다 더크게 자랍니다. 커다란 가지를 뻗으면, 새들이 깃들어 둥지를 틉니다."

예수는, 그들이 이해할 수 있는 만큼, 이같이 많은 비유로 말씀을 가르쳤다. 비유를 사용하지 않고는 그들에게 아무 말도 하지 않았다. 그러나 제자들과 있을 때는 모든 것을 설명해 주었다.

폭풍우를 잠잠하게 하시다

그날 저녁, 예수는 그들에게 말했다. "호수 저편으로 건너가자." 그래서 그들은 무리를 집으로 보내고, 예수가 앉아 있었던 작은 배로 예수를 모시고 갔다. 다른 작은 배도 함께 갔다. 그때 사나운 돌풍이 불어, 배 안으로 파도가 들이쳐 배가 거의 침몰할 지경이었다. 예수는 고물에서 베개를 베고 자고 있었다. 그들은 예수를 깨우며 말했다. "선생님, 물에 빠져 죽게 생겼는데 아무렇지도 않습니까?" 예수는 잠에서 깨어 바람을 꾸짖고 파도에게 "조용히 해라! 잠잠해라!" 하고 말했다. 그러자 바람이 그치고 쥐 죽은 듯이 고요해졌다. 예수가 그들에게 "왜 이렇게 무서워해? 아직도 나를 못 믿어?" 하고 물었다. 그러나 그들은 극심한 두려움에 사로잡혀 서로 계속 이렇게 말했다. "이분이 대체 누구지? 바람과 파도도 그가 시키는 대로 하다니!"

미치광이를 고치시다

그들이 호수 건너편 거라사 지방에 도착했다. 예수가 배에서 내리자, 귀신 들린 사람 하나가 예수를 만나기 위해 살고 있던 무덤 사이에서 뛰쳐나왔다. 아무도, 심지어 쇠사슬로도 그를 제지할 수 없었다. 사실 여러 번 족쇄와 쇠사슬을 채웠지만 쇠사슬을 끊고 족쇄를 산산조각 냈다. 누구도 그를 어찌할 수 없었다. 낮에는 물론 밤새도록 그는 무덤 사이나 언덕에서 소리를 지르며, 돌로 자해했다. 그러나 그는 멀리서 예수를 보자마자 달려와 무릎을 꿇고, 목청껏 외쳤다. "지극히 높은 하나님의 아들 예수여, 나를 어떻게 하시려는 겁니까? 제발 나를 괴롭히지 마십시오!" 예수가 이미 "귀신아, 이 사람에게서 나와라!"라고 말했기 때문이다. 예수는 그에게 물었다. "네 이름이 무엇이냐?" 그는 "군대입니다. 우리는 수가 많기 때문입니다"라고 대답했다. 그러고는 '그들을' 그 지역에서 쫓아내지 말아 달라고 예수에게 간청하며 빌었다. 마침 그 산에서 아주 많은 돼지들이 풀을 뜯어 먹고 있었다. 귀신들은 "우리를 돼지들에게로 보내 주십시오. 그러면 그곳으로 들어가겠습니다!" 하고 간청했다. 예수가 허락하자, 귀신들은 그 사람에게서 나와서 내달려 돼지들 속으로 들어갔다. 그러자 거의 이천 마리나 되는 돼지 떼가 절벽 아래로 내리달려 호수에 빠져 죽었다.

돼지를 치던 사람들이 도망 나와 시내와 시골 전역에 그 이야기를 퍼뜨렸다. 그러자 사람들이 무슨 일이 있었는지 보러 왔다. 예수에게 나아온 그들은, 귀신 들린 사람, '군대' 귀신에 들린 바로 그 사람이 옷을 제대로 입고 멀쩡하게 앉아 있는 것을 보고 너무 두려웠다. 그 사건을 목격한 이들이, 귀신 들린 이에게 일어난 일과 돼지들에게 닥친 참사를 이야기해 주었다. 그러자 그들은 예수에게 그 지역에서 떠나 달라고 간청하기 시작했다. 예수가 작은 배에 올라타자,

귀신 들렸던 사람이 함께 가게 해 달라고 애원했다. 그러나 예수는 허락하지 않았다. 대신 그에게 이렇게 말했다. "가족에게 돌아가서, 주께서 그대에게 하신 일과, 그대를 얼마나 자비롭게 대했는지 전하게!" 그래서 그 사람은 예수가 자기에게 한 일을 '열 성읍' 전역에 퍼뜨리기 시작했다. 그들은 그야말로 깜짝 놀랐다.

야이로의 딸과 혈루증 앓던 여인을 고치시다

예수가 다시 배를 타고 호수 맞은편으로 건너가자, 예수가 서 있는 호숫가로 큰 무리가 모여들었다. 그때 회당장 야이로라는 사람이 나타났다. 그는 예수를 보고 무릎을 꿇고 아주 간절히 도움을 청했다. "어린 딸이 죽어 가고 있습니다. 같이 가셔서 그 아이에게 손을 얹어 주시겠습니까? 그러면 아이가 나아 살아날 것입니다." 예수가 그와 함께 가자, 큰 무리가 따라가면서 예수를 떠밀었다.

무리에는 십이 년 동안 혈루증을 앓는 여인이 있었다. 이 여인은 수많은 의사의 치료를 받으며, 가진 돈도 다 써 버렸지만, 좋아지기는커녕 오히려 더 나빠지고 있었다. 이 여인이 예수에 대해 듣고 무리에 섞여 예수 뒤로 다가가서 그의 겉옷을 만졌다. "그의 옷만 만져도 병이 나을 텐데." 여인은 말하고 또 말했다. 출혈은 즉시 멈추었고, 여인은 자기가 병이 나은 것을 알았다. 예수는 즉시 능력이 나간 것을 직감하고 무리를 돌아보며 말했다. "누가 내 옷에 손을 댔지?" 제자들이 대답했다. "보시다시피, 이 무리가 선생님을 떠밀고 있습니다. 어찌 '누가 내게 손을 댔지?'라고 물으십니까?" 그러나 예수는 누가 옷을 만졌는지 보려고 사람들의 얼굴을 둘러보았다. 여인은 본인이 당사자였기에 두려워 온몸을 떨면서, 예수 앞으로 나아가 사건의 전말을 이야기했다. 그러나 예수는 그 여인에게 말했다. "딸아, 그대의 믿음이 그대의 병을 고쳤네. 안심하고 돌아가서, 고통 없이 살게나."

예수가 아직 말하고 있는데 회당장의 집에서 사환들이 도착하여 말했다. "따님이 죽었습니다. 더 이상 선생님을 귀찮게 할 필요가 없습니다." 그러나 예수는 이 소식을 듣고 회당장에게 말했다. "두려워 말고, 계속 믿으십시오!" 그러고 나서 예수는 베드로와 야고보와 그의 형제 요한 외에는 아무도 따라오지 못하게 했다. 그들이 회당장의 집에 도착했을 때, 예수는 왁자지껄한 소리와 울며 통곡하는 모습을 보고, 안으로 들어가서 집 안에 있는 이들에게 말했다. "왜 이렇게 시끄럽게 울고 있습니까? 아이는 안 죽었습니다. 깊이 잠들었을 뿐입니다." 이 말을 들은 그들은 경멸하듯 비웃었다. 그러나 예수는 그들을 다 내보내고 부모와 제자들만을 데리고 아이가 있는 방으로 들어갔다. 그러고는 어린 소녀의 손을 잡고 아람어로 말했다. "소녀야, 내가 너에게 말한다. 일어나라!" 소녀는 즉시 벌떡 일어나 열두 살 아이답게 방 여기저기를 걸어 다녔다. 사람들은 기뻐서 어쩔 줄을 몰랐다. 그러나 예수는 이 일을 아무에게도 알리지 말라고 엄히 당부하고, 소녀에게 음식을 주라고 말했다.

3장

산상수훈

예수가 어마어마한 무리를 보고 산에 올라가 앉자, 제자들이 예수에게 나아왔다. 그때 예수는 그들에게 이렇게 가르쳤다.

팔복

"하나님이 계셔야 한다는 것을 아는 이들은 정말
  행복합니다.
하늘나라가 그들의 것이니까요!
슬픔이 무엇인지 아는 이들은 정말 행복합니다.
용기와 위로를 얻을 것이니까요!
아무것도 요구하지 않는 이들은 행복합니다.
온 땅이 그들의 것이 될 테니까요!
진정한 선에 굶주리고 목말라 하는 이들은
  행복합니다.
만족할 만큼 얻을 것이니까요!
자비로운 이들은 행복합니다.
자비를 받을 것이니까요!
정말로 진실한 이들은 행복합니다.
하나님을 만날 것이니까요!
평화를 이루는 이들은 행복합니다.
하나님의 아들들로 알려질 것이니까요!
선을 위해 박해를 받는 이들은 행복합니다.

하늘나라가 그들의 것이니까요!"

"사람들이 나 때문에 여러분을 비난하고, 괴롭히고, 여러분에게 맞서 각종 비방의 말을 할 때 여러분은 행복할 것입니다! 그럴 때 기뻐하십시오. 예, 크게 기뻐하십시오. 하늘에서 여러분이 받을 보상이 아주 클 것입니다. 그들은 여러분의 시대 이전의 예언자들도 똑같이 박해했습니다."

소금과 빛
"여러분은 이 땅의 소금입니다. 그런데 소금이 아무런 맛이 없으면 어떻게 다시 짜게 만들 수 있습니까? 그 소금은 아무 쓸모도 없어 대문 밖에 버려져 사람들의 발에 밟힐 뿐입니다.

여러분은 세상의 빛입니다. 언덕 위에 있는 마을은 숨길 수 없습니다. 사람들은 등잔을 켜서 들통 속에 두지 않습니다. 등잔대 위에 두고 집 안에 있는 모든 사람을 비춥니다. 이처럼 사람들이 보는 데서 여러분의 빛을 비추십시오. 그들로 여러분이 행하는 선한 일을 보고, 하늘에 계신 여러분의 아버지를 찬양하게 하십시오."

율법의 완성
"내가 율법이나 예언자를 폐지하러 왔다고 생각하지

마십시오. 나는 폐지하러 온 것이 아니라 완성하러 왔습니다. 진실로 여러분에게 분명히 말합니다. 천지가 존속하는한, 율법은 그 목적을 완수할 때까지 마침표나 쉼표 하나도잃지 않을 것입니다. 곧 지금 가장 작은 계명 하나라도 완화하고 사람들에게 그렇게 하라고 가르치는 이는 누구든, 하늘나라에서 가장 작은 사람 대접을 받을 것입니다. 그러나누구든 그 계명들을 가르치고 실천하는 이는, 하늘나라에서 큰 사람 대접을 받을 것입니다. 여러분에게 말합니다. 율법학자와 바리새인보다 월등히 더 선해야 하늘나라에 발을들여놓을 수 있습니다!"

율법의 정신

"옛날에는 사람들에게 '살인하지 마라', 살인자는 다 재판을 받아야 한다고 했습니다. 그러나 여러분에게 말합니다. 누구든 형제에게 화를 내는 이는 재판을 받아야 하고, 형제를 경멸하며 바보라 부르는 이는 대법원에 회부해야하고, 형제를 길 잃은 영혼으로 얕보는 이들은 곧바로 멸망의 불로 직행합니다. 그러므로 만일 여러분이 제단에 예물을 드리고 있는데, 형제가 여러분에게 앙심을 품고 있는 것이 생각난다면, 예물을 제단 앞에 두고 나가십시오. 먼저 그형제와 화해한 다음 돌아가서 예물을 드리십시오. 법정으로 가는 도중이라면, 상대와 빨리 합의하십시오. 그렇지 않으면 그가 여러분을 판사에게 넘겨주고 판사는 집행관에게 넘겨주어, 여러분은 감옥에 갇힐 것입니다. 장담하건대, 여러분은 마지막 동전 하나를 갚을 때까지 절대 다시 나오지 못할 것입니다!

옛날에는 사람들에게 '간통하지 마라'라고 했습니다. 그러나 여러분에게 말합니다. 음탕한 마음으로 여자를 보는 남자는 이미 마음으로 간통했습니다. 예, 오른쪽 눈이 여러분을 타락하게 하면 빼내 버리십시오. 온 몸이 쓰레기더미 위로 버려지는 것보다는 몸의 한 부분을 잃는 편이 더 낫습니다. 예, 오른쪽 손이 여러분을 타락하게 만들면 잘라 버리십시오. 온 몸이 쓰레기더미로 가는 것보다는 몸의 한 부분을 잃는 편이 더 낫습니다.

또한 아내와 이혼하는 사람은 아내에게 제대로 된 이혼 증서를 주어야 한다는 말이 있습니다. 그러나 여러분에게 말합니다. 외도한 경우를 제외하고 아내와 이혼하는 사람은, 아내를 간통을 범한 여자로 만드는 것입니다. 이혼한 여자와 결혼하는 사람 역시 간통을 범하는 것입니다.

그리고 옛날에는 사람들에게 '거짓 맹세를 하지 말고 맹세한 대로 주님께 지켜라' 하고 말했습니다. 그러나 여러분에게 말합니다. 절대 맹세하지 마십시오. 하늘을 두고 맹세하지 마십시오. 하늘은 하나님의 보좌이기 때문입니다. 땅을 두고도 하지 마십시오. 땅은 하나님의 발판이기 때문입니다. 예루살렘을 두고도 하지 마십시오. 그곳은 위대한 왕의 도성이기 때문입니다. 예, 여러분의 머리를 두고도 맹세하지 마십시오. 여러분은 머리카락 한 가닥도 희게 하거나 검게 할 수 없기 때문입니다! 무슨 말을 하든, '맞다'라고 할 때는 말 그대로 '맞다'라고 하고, '아니다'라고 할 때는 말 그대로 '아니다'라고 하십시오. 그 이상은 악에 물드는 것입니다.

'눈에는 눈으로, 이에는 이로'라는 말이 있었습니다. 그러나 여러분에게 말합니다. 악에 맞서지 마십시오. 어떤 사람이 여러분의 오른쪽 뺨을 치면 다른 쪽 뺨도 돌려 대십시오. 어떤 사람이 여러분의 웃옷을 놓고 소송하면, 그에게 그 웃옷과 함께 여러분의 외투도 주십시오. 누군가가 1킬로미터를 같이 가자고 강요하면, 2킬로미터를 같이 가 주십시오. 여러분에게 무언가를 요구하는 사람에게 주고, 꾸고자 하는 사람을 외면하지 마십시오."

무한정한 사랑

"'네 이웃을 사랑하고 네 원수는 미워하라'라는 말이 있었습니다. 그러나 여러분에게 말합니다. '원수를 사랑하고 여러분을 박해하는 자들을 위해 기도하십시오.' 그래야 여러분은 하늘에 계신 아버지의 아들이 될 것입니다. 아버지께서는 선한 사람은 물론 악한 사람에게도 해를 비추시고,

정직한 사람과 정직하지 못한 사람에게 똑같이 비를 내려 주시기 때문입니다. 여러분을 사랑하는 이들만 사랑한다면, 칭찬받겠습니까? 세금 징수원들도 그렇게 합니다! 여러분끼리만 인사를 주고받으면, 남다를 것이 있습니까? 이교도들도 그만큼은 합니다. 예, 여러분은 하늘에 계신 아버지께서 완전한 것같이 완전해질 것입니다."

진정한 종교

"사람들의 시선을 끌기 위해 눈에 잘 띄게 선행을 하지 않도록 주의하십시오. 그렇게 주의하지 않으면 하늘에 계신 여러분의 아버지께서 주시는 상을 받지 못합니다.

그러므로 사람들을 도와줄 때는, 사람들의 칭찬을 받으려고 회당과 거리에서 연극배우들이 하듯, 트럼펫 연주자를 고용하여 앞세우지 마십시오. 장담하건대, 그들은 자기가 받을 상을 이미 다 받았습니다! 예, 자선을 베풀 때에는, 여러분의 왼손조차도 오른손이 하는 일을 모르게 하십시오. 그래야 여러분의 나눔이 비밀이 됩니다. 모든 비밀을 다 아시는 여러분의 아버지께서 갚아 주실 것입니다.

또한 연극배우처럼 기도하지 마십시오. 그들은 사람들이 볼 수 있게 회당과 길모퉁이에 서서 기도하기를 좋아합니다. 장담하건대, 그들은 받을 상을 이미 다 받았습니다. 오히려 기도할 때는 방으로 들어가 문을 닫고 은밀하게 여러분의 아버지께 기도하십시오. 은밀한 것을 다 보시는 아버지께서 여러분에게 보답해 주실 것입니다.

또한 많은 말을 해야 기도를 들어주신다고 생각하는 이교도들처럼 쉴 새 없이 길고 빠르게 기도하지 마십시오. 그들처럼 되지 마십시오. 여러분의 아버지는 여러분이 구하기 전에 무엇이 필요한지를 아시기 때문입니다.

그러므로 이렇게 기도하십시오.

'하늘에 계신 우리 아버지,

아버지의 이름이 영광을 받으소서.

아버지의 나라가 이 땅에 오기를, 아버지의 뜻이

하늘에서처럼 이 땅에서도 이루어지기를 바랍니다.

우리에게 그날그날 필요한 양식을 주십시오.

우리가 우리에게 빚진 이들을 탕감해 주듯이,

우리가 아버지께 진 빚을 탕감해 주십시오.

우리를 유혹에 빠지지 않게 해 주시고,

악에서 구해 주십시오.'

만약 여러분이 다른 사람들의 잘못을 용서하면, 하늘에 계신 여러분의 아버지께서도 여러분을 용서하실 것입니다. 그러나 다른 사람들을 용서하지 않으면, 여러분의 아버지께서도 여러분의 잘못을 용서하시지 않을 것입니다.

여러분은 금식할 때에, 비극 전문 배우들 행세를 하지 마십시오! 그들은 금식한다는 것을 사람들이 알 수 있도록, 일부러 얼굴을 흉하게 만듭니다. 장담하건대, 그들은 상을 이미 다 받았습니다. 예, 금식할 때는 머리에 기름을 바르고 얼굴을 씻으십시오. 여러분이 금식한다는 것을 아무도 모르게 하십시오. 여러분과 아버지만 아는 비밀로 간직하십시오. 그러면 모든 비밀을 아시는 아버지께서 보답해 주실 것입니다.

보물을 땅에 쌓아 두지 마십시오. 좀과 녹이 보물을 망가뜨릴 수 있고, 도둑이 침입하여 훔쳐 갈 수 있습니다. 오히려 여러분의 보물을 하늘에 보관해 두십시오. 하늘에는 보물을 망가뜨릴 좀도 없고 녹도 없고, 어느 누구도 침입하여 훔쳐 갈 수 없습니다. 어디든 여러분의 보물이 있는 곳에 여러분의 마음도 있습니다!

몸의 등불은 눈입니다. 눈이 건강하면 온몸이 환합니다. 그러나 눈이 악하면, 온몸이 어둡습니다. 여러분에게 있는 빛이 전부 꺼지면, 그야말로 완전히 어두운 것입니다!

두 주인을 충실히 섬길 수 있는 사람은 없습니다. 한 주인을 미워하고 다른 주인을 사랑하거나, 한 주인에게 충성하고 다른 주인을 등한시할 수밖에 없습니다. 여러분은 하나님과 돈의 권세를 다 섬길 수는 없습니다."

걱정하지 마십시오

"그래서 여러분에게 말합니다. 무엇을 먹고 마실까, 무엇을 입을까 궁리하며, 어떻게 살지 걱정하지 마십시오. 생명은 음식보다 중요하고, 몸은 여러분이 입는 옷보다 중요합니다. 하늘의 새들을 보십시오. 새들은 씨를 뿌리지도 않고, 거두지도 않고, 곡식 창고에 저장해 두지도 않지만, 하늘에 계신 여러분의 아버지께서 새들을 먹이십니다. 여러분은 새들보다 아버지께 훨씬 더 소중하지 않습니까? 걱정을 아무리 많이 한들, 여러분 중에 키를 1센티미터라도 자라게 할 수 있는 사람이 있습니까? 그리고 왜 옷 걱정을 합니까? 들꽃이 어떻게 자라는지 곰곰이 생각해 보십시오. 그 꽃들은 수고도 하지 않고 길쌈도 하지 않습니다. 그러나 여러분에게 말합니다. 온갖 영화를 누렸던 솔로몬도 들꽃 한 송이만큼 잘 차려입지 못했습니다! 만약 하나님이, 오늘 살아 있다가 내일 난로에서 불에 탈 들꽃을 이렇게 입히신다면, 여러분은 훨씬 더 잘 입히시지 않겠습니까, '믿음이 적은 여러분?' 그러므로 계속 '무엇을 먹지, 무엇을 마시지, 무엇을 입지'라며 걱정하지 마십시오. 이교도들이나 늘 그런 걱정을 합니다. 하늘에 계신 여러분의 아버지께서는 여러분이 먹고 마시고 입어야 하는 줄 잘 아십니다. 하나님의 나라와 하나님의 선함에 먼저 마음을 두십시오. 그러면 이 모든 것들이 당연히 여러분에게 갈 것입니다. 그러니 절대 내

155

일을 걱정하지 마십시오. 내일 걱정은 내일 하면 됩니다! 하루의 괴로움은 하루면 충분합니다."

비난하지 마십시오

"사람들을 비난하지 마십시오. 그래야 여러분도 비난받지 않습니다. 여러분은 다른 사람들을 비난하는 그대로 심판받고, 여러분이 사용하는 저울 위에 여러분이 올라갈 것이기 때문입니다. 형제의 눈 속에 있는 톱밥 티는 찾아내면서, 어째서 여러분 눈 속에 있는 나무판자는 알아채지 못합니까? 여러분의 눈 속에 나무판자가 있는데, 어떻게 형제에게 '네 눈에서 티를 빼 줄게'라고 말할 수 있습니까? 위선자 같으니! 먼저 여러분의 눈에서 나무판자를 빼내십시오. 그래야 또렷하게 형제의 티를 제거할 수 있을 것입니다."

마무리 가르침

"거룩한 것을 개에게 주지 말고, 진주를 돼지 앞에 던지지 마십시오. 그러면 그들이 그것을 짓밟고 돌아서서 여러분을 공격할지도 모릅니다.

구하십시오. 받을 것입니다. 찾아다니십시오. 찾을 것입니다. 두드리십시오. 문이 열릴 것입니다. 구하는 자는 항상 받고, 찾아다니는 자는 항상 찾고, 두드리는 이에게 문이 열립니다.

아들이 빵을 달라고 하는데 돌을 주겠습니까? 혹은 아들이 생선을 달라고 하는데 뱀을 주겠습니까? 여러분이 악할지라도 자녀에게는 당연히 좋은 것을 주는데, 하늘에 계신 여러분의 아버지라면 구하는 이들에게 좋은 것을 주실 가능성이 훨씬 더 크지 않겠습니까?

여러분이 대접받고 싶은 그대로 사람들을 대접하십시오. 이것이 율법과 예언서가 전하고자 하는 것입니다.

좁은 문으로 들어가십시오. 엄청난 불행으로 이어지는 문은 넓고 길도 넓어서 많은 사람들이 그 길로 갑니다. 좁은 문과 힘든 길은 생명으로 이어지며 소수만이 찾습니다.

거짓 종교 지도자들을 조심하십시오. 그들은 양의 탈을 쓰고 여러분에게 오지만 사실은 탐욕스러운 늑대들입니다. 열매를 보면 그들을 분간할 수 있습니다. 가시덤불에서 포도송이를 따거나, 엉겅퀴 숲에서 무화과를 딸 수 있겠습니까? 좋은 나무는 다 견실한 열매를 맺지만, 썩은 나무는 나쁜 열매를 맺습니다. 좋은 나무가 나쁜 열매를 맺을 수 없고, 썩은 나무가 좋은 열매를 맺을 수 없습니다. 좋은 열매를 맺지 못하는 나무는 잘려 불에 들어갑니다. 그러므로 여러분은 열매로 사람들의 자질을 알 수 있습니다.

내게 계속 '주여, 주여' 하고 말하는 이들이 다 하늘나라에 들어가는 것이 아니라, 하늘에 계신 내 아버지의 뜻을 실제로 행하는 사람이 들어갑니다. '그날'에 내게 '주여, 주여, 우리가 주의 이름으로 말씀을 전하지 않았습니까? 주의 이름으로 귀신을 쫓아내지 않았습니까? 주의 이름으로 위대한 일을 수없이 행하지 않았습니까?' 하고 말하는 이들이 많을 것입니다. 그때 나는 그들에게 분명히 말할 것입니다. '나는 너희를 전혀 모른다. 저리 비켜라. 너희는 악인의 편에서 일했다!'

그러므로 내 말을 듣고 그대로 실천하는 사람은 모두, 반석 위에 집을 짓는 현명한 사람입니다. 반석 위에 세운 집은 비가 내려 홍수가 나고 바람이 불어 집 위로 거세게 윙윙거려도, 무너지지 않습니다. 반면 내 말을 듣고 그대로 따르지 않는 사람은 모두, 모래 위에 집을 짓는 어리석은 사람입니다. 그런 집은 비가 내려 홍수가 나고 바람이 불어 집을 강타하면, 굉음을 내면서 주저앉습니다."

예수가 말을 마치자, 무리는 능력 있는 가르침에 크게 놀랐다. 예수의 말은 율법학자들과는 전혀 다르게 권위가 있었기 때문이다.

4장

치유와 가르침

예수가 열두 제자에게 명령하시다

예수는 다음 같은 지침을 주며 열두 명을 보냈다. "이교도의 길은 전혀 들어가지 말고, 사마리아인의 마을에도 들어가지 마라. 오히려 이스라엘 집의 길 잃은 양들에게로 가라. 그렇게 다니면서 하늘나라가 왔다고 선포해라. 병든 자를 치료하고, 죽은 자를 살리고, 나병 환자를 고치고, 귀신을 쫓아내라. 너희도 그렇게 받았으니, 어떤 보상도 받지 말고 줘라.

지갑에 금화도, 은화도, 동전조차도 가지고 다니지 마라. 여행용 배낭이나, 여벌 옷, 혹은 신이나 지팡이도 가지고 다니지 마라. 일꾼은 생활비를 받을 자격이 있다!

도시든 마을이든 어디를 가든, 존경받는 자를 찾아 그곳을 떠날 때까지 그의 집에 묵어라. 그 집에 들어갈 때 복을 빌어라. 그 집이 복을 받을 만하면 너희가 기원한 평화가 그 집에 깃들 것이다. 그러나 복을 받을 만한 집이 아니라면 그 평화는 너희에게 돌아올 것이다. 누구도 너희를 환영하지 않거나 너희가 하는 말을 듣지도 않으면, 그 집이나 마을을 떠나라. 그렇게 떠나며 너희 발에 묻은 먼지를 떨어 버려라. 장담하건대, 심판 날에 그 마을은 소돔과 고모라보다 더 심한 벌을 받을 것이다.

이제 늑대 사이로 양을 보내듯 내가 너희를 보낸다. 그러므로 뱀처럼 지혜롭고 비둘기처럼 선의를 품어라.

그러나 사람들을 조심해라. 그들은 너희를 법정으로 데리고 가고 회당에서 매질을 할 것이다. 너희는 나 때문에 총독들과 왕들 앞으로 끌려가서, 그들과 이교도들 앞에서 증언을 하게 될 것이다. 그러나 너희는 그들에게 잡혀갈 때, 무슨 말을 어떻게 할지 절대 염려하지 마라. 그때 너희는 어떤 말을 하라는 지시를 받을 것이다. 실제로 말하는 이는 너희가 아니라 너희를 통해 말씀하시는 너희 아버지의 영이기 때문이다.

형이 아우를 배신하여 죽음에 넘기고, 아비가 자녀를 배신하여 죽음에 넘길 것이다. 자녀가 부모에게 등을 돌리고, 부모를 형장으로 보낼 것이다. 너희는 내 이름 때문에 만인에게 미움을 받을 것이다. 그러나 끝까지 견디는 사람은 무사할 것이다. 그러나 한 마을에서 박해를 받으면 다른 마을로 피해라. 장담하건대, 너희가 이스라엘의 마을들을 다 돌기 전에 인자가 올 것이다.

종이 주인을 뛰어넘을 수 없는 것처럼, 제자는 선생을 뛰어넘을 수 없다. 제자는 선생이 만족하는 선에서 만족할 것이고, 종은 그 주인보다 더 잘하지 못할 것이기 때문이다. 사람들이 집주인을 '악의 괴수'라고 부르면, 종들은 뭐라고 부를까?

그러나 그들로 인해 절대 두려워하지 마라. 덮어 두었다고 해도 드러나지 않을 것이 없고, 은밀한 것이라고 해도 공개되지 않을 것이 없다. 내가 밤에 가르친 것을 너희는 대낮에 말해야 하고, 너희만 들은 것을 지붕 위에서 선포해야 한다. 몸은 죽일 수 있지만 영혼은 죽일 수 없는 이들을 두려워하지 마라! 멸망의 불로 몸과 영혼을 죽일 수 있는 이를 두려워하는 것이 훨씬 더 낫다!

참새 두 마리가 단돈 천 원에 팔리지 않느냐? 그러나 너희 아버지 모르게 땅에 떨어지는 참새는 단 한 마리도 없다. 그분은 너희 머리카락도 다 세신다. 그러니 절대 두려워하지 마라. 너희는 참새보다 훨씬 더 소중하다.

공개적으로 나를 인정하는 사람은 모두 내가 하늘에 계신 내 아버지 앞에서 인정할 것이다. 그러나 사람들 앞에서 나를 부인하는 사람은 내가 하늘에 계신 내 아버지 앞에서 부인할 것이다.

내가 세상에 평화를 주러 왔다고 생각하지 마라. 그래, 나는 평화가 아니라 검을 주려고 왔다! 나는 아들이 아버지에게 대들고, 딸이 어머니에게 대들고, 며느리가 시어머니에게 대들게 하려고 왔다. 집안 식구끼리 원수가 될 것이다.

나를 사랑하는 것보다 아버지나 어머니를 더 사랑하는 사람은 내 사람이 될 자격이 없고, 나보다 아들이나 딸을 더 사랑하는 이도 부적격하다. 제 십자가를 지고 나를 따르려 하지 않는 사람도 마찬가지다. 제 살길을 스스로 찾은 사람은 목숨을 잃겠지만 나 때문에 목숨을 버리는 사람은 살길이 열릴 것이다.

너희를 맞아들인 사람은 누구든 나를 맞아들인 셈이며, 나를 맞아들인 사람은 나를 보내신 이를 맞아들인 것이다. 예언자를 예언자이기 때문에 맞아들인 사람은, 예언자가 받을 상을 받을 것이다. 또한 선한 사람을 선한 사람이기 때문에 맞아들인 사람은 선한 사람이 받을 상을 받을 것이다. 장담하건대, 내 제자라는 이유만으로 보잘것없는 사람에게 냉수 한 잔이라도 주는 사람은 누구든, 자기가 받을 상을 절대로 잃지 않을 것이다."

예수가 가까운 마을들에서 가르치시다

그런 다음 예수는 기적을 가장 많이 보인 마을들을 꾸짖었다. 그들이 마음을 돌이키지 않았기 때문이다. "가엾은 고라신아! 가엾은 벳새다야! 너희가 보았던 하나님의 능력을 두로와 시돈이 보았다면, 그들은 오래전에 베옷을 입고 재를 쓰고 회개했을 것이다. 내가 너희에게 말한다. 심판 날에 너희보다 두로와 시돈이 더 견딜 만할 것이다. 또한 가버나움아, 너는 하늘에 닿으려느냐? 내가 네게 말한다. 너는 죽은 자들 가운데로 뚝 떨어질 것이다! 만약 소돔이 네가 보았던 기적들을 보았다면, 소돔은 오늘까지 남아 있을 것이다. 내가 네게 말한다. 심판 날에 너보다 소돔 땅이 더 견딜 만할 것이다."

바로 그때 예수가 말했다. "아, 하늘과 땅의 주 아버지, 이런 것들을 똑똑하고 총명한 이들에게는 숨기고 순전한 어린이들에게 보여 주심을 감사드립니다. 그렇습니다. 아버지, 아버지의 그런 뜻에 감사드립니다." 그런 다음 예수가 말했다. "내 아버지께서는 모든 것을 내게 맡기셨으며, 아버지 외에는 누구도 아들을 알지 못합니다. 그리고 아들과, 아들이 아버지를 보여 주려고 선택한 사람 외에는 누구도 아버지를 알지 못합니다.

지치고 무거운 짐을 진 이들은 다 내게로 오십시오. 내가 여러분에게 안식을 주겠습니다! 내 멍에를 메고 내게서 배우십시오. 나는 마음이 온유하고 겸손하여 여러분 영혼이 쉼을 찾을 것입니다. 내 멍에는 편하고 내 짐은 가볍습니다."

예수가 세례 요한을 칭찬하시다

요한의 제자들이 요한에게 이 모든 일을 알렸다. 그러자 요한이 제자 둘을 불러 그들을 주에게 보내 이렇게 물었다. "오신다는 그분이 선생님입니까, 아니면 우리가 다른 이를 기다려야 합니까?" 그 사람들이 예수한테 와서 말했다. "세례자 요한이 우리를 선생님께 보내어 '선생님이 오실 그분입니까, 아니면 우리가 다른 이를 기다려야 합니까?' 하고 물어보라고 하셨습니다." 바로 그때 예수가 여러 질환과 질병과 귀신에 시달리는 수많은 이들을 치유하고, 많은 눈먼 이들을 다시 보게 해 주었다. 그래서 예수는 그들에게 이렇게 대답했다. "가서 너희가 보고 들은 것을 요한에게 말해라. 눈먼 자가 다시 보고, 저는 자가 다시 걸으며, 나병 환자가 고침을 받고, 듣지 못하는 자가 들으며, 죽은 자가 다시 살아나고, 어려움에 처한 이들에게 기쁜 소식이 전해지고 있다. 나를 믿는 믿음을 잃어버리지 않는 사람은 행복하다."

요한의 제자들이 돌아가자 예수가 무리에게 요한에 대해 말하기 시작했다. "여러분은 무엇을 보러 광야로 나갔습니까? 미풍에 흔들리는 갈대입니까? 아니면 무엇을 보러 나갔습니까? 멋진 옷을 입은 사람입니까? 그러나 멋진 옷을 입은 사람은 왕궁에서 호화롭게 삽니다. 아니면 여러분은 정말 무엇을 보러 갔습니까? 예언자입니까? 그렇습니다. 여러분에게 말합니다. 예언자이자 예언자보다 훨씬 뛰어난 사람입니다! 이 사람이 성경이 말하는 그 사람입니다.

'보아라, 내가 네 앞에 내 사자를 보낸다.
그는 네 앞에서 네 길을 준비해 놓을 것이다.'

장담하건대, 지금까지 태어난 이 중에서 세례자 요한보다 위대한 사람은 없습니다. 그러나 하나님 나라에서는 변변치 않은 사람이라도 요한보다 위대합니다. 모든 사람이, 심지어 세금 징수원까지도 요한의 말을 들었을 때, 하나님을 시인하고 요한의 세례를 받았습니다. 그러나 바리새인들과 율법 전문가들은 요한의 세례를 거부하여, 그들을 향한 하나님의 뜻을 좌절시켰습니다.

이 세대 사람들이 어떠하다고 말할 수 있을까요? 그들은 어떤 사람들일까요? 그들은 마치 장터에 앉아 큰 소리로 서로 이렇게 말하는 아이들 같습니다.

'우리가 결혼식 놀이를 해도 너네는 춤을 추지 않았고,
장례식 놀이를 해도 너네는 울지 않았어!'

세례 요한이 아주 엄격한 금욕의 삶을 살자, 사람들은 그가 미쳤다고 말했습니다. 그런데 인자가 와서 음식과 음료를 즐기자, 사람들은 '봐, 술고래에다 식충이야. 세금 징수원과 버림받은 자들과 절친한 사이야!'라고 말했습니다. 그러므로 지혜는 지혜를 받아들인 지혜의 자녀들에 의해 옳음이 입증됩니다!"

한 여인이 예수의 발에 향유를 바르다

그러고 나서 어떤 바리새인이 예수에게 함께 식사를 하자고 청했다. 예수는 그 집에 들어가 식탁에 앉았다. 그때 마을에서 평판이 좋지 않은 여인이 예수가 그 집에 있는 줄

알고 향유가 든 옥합을 가져왔다. 여인은 예수 뒤로 와 서서 눈물을 흘려 예수의 발을 적신 다음, 머리카락으로 닦았다. 그러고 나서 발에 입을 맞추고 향유를 부었다. 예수를 초대한 바리새인이 이를 보고 혼잣말을 했다. "이 사람이 정말 예언자라면 이 여자가 누구인지, 어떤 사람이 자기에게 손을 대는지 알 텐데. 이 여자가 행실이 나쁜 여자라는 것을 알 텐데." 그때 예수가 그에게 말했다. "시몬, 그대에게 하고 싶은 말이 있습니다." 그는 "네, 선생님. 말씀하십시오" 하고 답했다. "옛날에 같은 대금업자에게 빚을 진 사람이 둘 있었습니다. 한 사람은 그에게 삼천만 원을 빚지고 다른 사람은 삼백만 원을 빚졌습니다. 그런데 둘 다 빚을 갚을 수 없었기 때문에, 대금업자는 너그럽게도 둘의 빚을 다 탕감해주었습니다. 그렇다면 둘 중 누가 대금업자를 더 사랑할 것 같습니까?" 시몬이 대답했다. "제 생각에는, 더 관대한 대우를 받은 사람일 것 같습니다." 예수가 "맞습니다" 하고 대답하고는, 그 여자 쪽으로 몸을 돌리면서 시몬에게 말했다. "이 여인을 보고 있습니까? 내가 그대의 집에 들어왔지만 그대는 발 씻을 물도 주지 않았습니다. 그러나 이 여인은 자기 눈물로 내 발을 씻고 머리카락으로 닦아 주었습니다. 그대는 내게 환영의 입맞춤을 하지 않았지만, 이 여인은 내가 들어오는 그 순간부터 내 발에 입 맞추기를 그치지 않았습니다. 그대는 내 머리에 기름을 바르지 않았지만, 이 여인은 내 발에 향유를 부었습니다. 그래서 시몬, 그대에게 말합니다. 이 여인의 죄는 아주 많지만 용서받았습니다. 이 여인이 아주 많이 사랑하고 있기 때문입니다. 그러나 용서받을 일이 적은 사람은, 줄 사랑도 적을 것입니다." 그러고 나서 예수가 그 여인에게 말했다. "그대는 죄를 용서받았네." 그러자 예수와 함께 식탁에 앉아 있던 사람들이 혼잣말을 하기 시작했다. "이 사람은 누구지? 죄를 사하기까지 하는 이 사람이 누구지?" 그러나 예수는 그 여인에게 말했다. "그대의 믿음이 그대를 구원하였네. 평안히 가게나."

예수를 따른 여인들

이 일이 있고 얼마 지나지 않아 예수는 모든 성읍과 마을을 두루 다니며 사람들에게 하나님 나라의 기쁜 소식을 선포하고 전했다. 열두 제자가 예수와 동행했고, 귀신과 질병에서 고침을 받은 여인들, 곧 '막달라 출신의 여인'(한때 일곱 귀신이 들렸던) 마리아와 헤롯의 관리 구사의 아내 요안나와 수산나, 그리고 자기들 재산으로 예수와 그의 일행을 돌보았던 많은 이들도 동행했다.

예수가 바리새인들을 꾸짖으시다

그때 사람들이, 귀신이 들려서 보지도 못하고 말도 못하는 사람을 예수에게 데려왔다. 예수가 그를 고쳐 말 못하던 사람이 말도 하고 볼 수도 있게 되었다. 이를 본 무리가 흥분해 열광하며 계속 이렇게 말했다. "이 사람이 다윗의 자손 아닐까?" 그러나 바리새인들은 그 말을 듣고 말했다. "이 사람은 귀신의 우두머리 바알세불과 한통속이라서 귀신을 쫓아내는 것이다."

예수가 그들이 무슨 생각을 하는지 알고는 그들에게 말했다. "어떤 나라든 내분이 일어나면 붕괴할 수밖에 없고, 마을이나 가정도 내분이 일어나면 오래갈 수 없다. 만약 사탄이 사탄을 쫓아낸다면 내분이 일어난 것인데, 어떻게 그 나라가 지속되리라 생각하느냐? 만약 내가 바알세불과 협력하여 귀신을 쫓아낸다면, 너희 아들들이 귀신을 쫓아낼 때는 누구와 협력한 것이냐? 그들에게 물어보면 너희 의문은 풀릴 것이다. 그러나 만약 내가 하나님의 성령으로 귀신을 쫓아낸다면, 하나님의 나라가 이미 너희에게 강력하게 임한 것이다!

힘이 장사인 사람의 집에 들어가 재산을 훔치려면 먼저 그를 묶어 놓아야 하지 않겠느냐? 그렇게 한 다음에야 집을 샅샅이 뒤질 수 있다.

내 편이 아닌 사람은 나를 반대하는 사람이고, 나와 함께 모으지 않는 사람은 사실 흩뜨리는 사람이다.

그래서 너희에게 말한다. 모든 죄와 신성모독은 용서받을 수 있지만, 성령을 모독하면 용서받지 못한다. 인자를 반대하는 말을 하는 사람은 용서받을 수 있지만, 성령을 반대하는 말을 하는 사람은 누구든 이 세상에서도 오는 세상에서도 용서받지 못한다.

너희는 좋은 열매가 열리는 좋은 나무를 선택할지 썩은 열매가 열리는 썩은 나무를 선택할지 결정해야 한다. 열매를 보면 곧바로 나무를 알 수 있기 때문이다. 뱀 새끼들아, 너희 마음이 그렇게 악한데 어떻게 선한 말을 할 수 있겠느냐? 사람은 마음에 가득한 것을 말하게 되어 있다. 선한 사람은 마음에 선을 쌓아서 선한 것을 내놓고, 악한 사람은 마음에 악을 쌓아놓고 악한 것을 내놓는다.

너희에게 말한다. 사람들은 심판 날에 자기가 한 온갖 경솔한 말에 대해 해명해야 할 것이다. 너희가 한 말에 따라 유죄 선고를 받거나 무죄 선고를 받을 것이다."

그때 율법학자와 바리새인들이 "선생님, 우리는 선생님의 표징을 보고 싶습니다" 하고 말했다. 그러나 예수는 그들에게 이렇게 말했다. "악하고 믿음 없는 세대는 표징을 갈구하지만, 예언자 요나의 표징 외에는 어떤 표징도 보지 못할 것이다. 요나가 사흘 밤낮을 큰 바다 괴물의 배 속에 있었던 것과 똑같이, 인자도 사흘 밤낮을 땅 속에 있을 것이다. 심판 때 니느웨 사람들이 이 세대와 함께 일어서서 이 세대를 책망할 것이다. 니느웨 사람들은 요나의 설교를 듣고 회개했지만, 지금 너희는 요나의 설교보다 뛰어난 설교를 듣고 있기 때문이다! 심판 때에 남방의 여왕이 이 세대와 함께 일어서서 이 세대를 책망할 것이다. 여왕은 솔로몬의 지혜를 듣기 위해 땅 끝에서 왔지만, 지금 너희는 솔로몬의 지혜보다 뛰어난 지혜를 듣고 있기 때문이다!

귀신이 어떤 사람에게서 나와서 물 없는 곳을 헤매며 쉴 곳을 찾아다니다 찾지 못했다. 그러자 귀신은 '내가 나온 집으로 돌아가야겠다'라고 말했다. 귀신이 가 보니 집은 비어 있었지만 깨끗했고 잘 정돈되어 있었다. 그래서 귀신은 나가서, 함께 지내기 위해 자기보다 더 악한 귀신 일곱을 모아서, 집에 들어가 편안히 지냈다. 그 사람의 나중 상황은 처음보다 당연히 더 나빠졌다. 이 악한 세대가 그런 꼴을 당할 것이다."

예수의 형제들

예수가 무리에게 말하고 있는 중에, 마침 예수의 어머니와 형제들이 예수와 이야기를 나누고 싶어서 밖에 서 있었다. 누군가가 예수에게 말했다. "보세요. 선생님의 어머니와 형제들이 선생님과 이야기를 하려고 밖에서 기다립니다." 그러나 예수는 그 말을 한 사람에게 "누가 나의 어머니며, 누가 나의 형제입니까?" 하고 대답했다. 그런 다음 제자들을 가리키며 이어서 말했다. "내 어머니와 형제가 여기 있습니다! 하늘에 계신 아버지의 뜻을 행하는 이는 모두 내게

171

형제요 자매요 어머니입니다."

밀과 잡초의 비유

그런 다음 예수는 무리에게 다른 비유를 들려주었다. "하늘나라는 자기 밭에 좋은 씨를 뿌린 사람과 같습니다. 그러나 그의 종들이 자는 사이에 원수가 와서 밀 사이에 잡초를 뿌리고 도망갔습니다. 밀이 자라고 익기 시작했을 때 잡초들도 같이 자랐습니다. 그러자 종들이 주인에게 와서 말했습니다. '주인님, 밭에 좋은 씨를 뿌리지 않으셨습니까? 이 잡초들은 어디서 온 것입니까?' 주인은 '내 원수가 그렇게 했구나'라고 대답했습니다. 종들은 '그러면 가서 잡초를 다 뽑을까요?'라고 말했습니다. 주인은 다시 이렇게 답했습니다. '아니다. 지금 잡초를 뽑으면 밀도 뽑힐 것이다. 추수할 때까지 함께 자라도록 두어라. 추수할 때가 되면 내가 추수꾼들에게 말하여, 먼저 잡초를 다 거두어 단으로 묶어 태우고, 밀은 거두어 내 곳간에 넣어 두라고 할 것이다.'"

그 후에 예수가 무리를 떠나 집 안으로 들어가자, 제자들이 가서 말했다. "밭의 잡초 비유를 설명해 주세요." 예수가 대답했다. "좋은 씨를 뿌리는 이는 인자이고, 밭은 온 세상이다. 좋은 씨는 그 나라의 아들들이다. 반면, 잡초는 악한 자의 아들들이다. 잡초들을 뿌린 원수는 마귀이고, 추수때는 이 세상의 끝이며, 추수꾼은 천사들이다. 잡초를 모아

172

불에 태우듯이, 이 세상의 끝에 그런 일이 있을 것이다. 인자가 천사들을 보내면, 천사들은 그 나라를 망치는 모든 것과 그 나라 법을 무시하며 사는 모든 이를 그 나라에서 몰아내어 활활 타는 불에 던질 것이다. 그들은 눈물을 흘리고 쓰라린 후회를 할 것이다. 그때 선한 이들은 아버지의 나라에서 해와 같이 빛날 것이다. 귀가 있는 이들은 들어라!"

하나님 나라에 대한 더 많은 비유

"하늘나라는 어떤 여인이 밀가루 서 말에 넣어 모두 부풀어 오르게 한 누룩과 같습니다."…

"또 하늘나라는 밭에 묻힌 보물과 같다. 보물을 발견한 사람은 다시 묻어두고 기뻐하며 돌아가서 자기 소유를 다 팔아 그 밭을 산다.

또 하늘나라는 좋은 진주를 찾아다니는 상인과 같다. 상인은 값진 진주 하나를 발견하면, 가서 자기 소유를 다 팔아 진주를 산다.

또 하늘나라는 바다에 던져 각종 물고기를 잡는 큰 그물과 같다. 그물이 가득 차면 어부들은 그물을 물가로 끌어다 놓고 앉아서, 싱싱한 것은 골라 통에 담고 상한 것은 버린다. 세상 끝에 그런 일이 있을 것이다. 천사들이 나가서 선한 이들 사이에서 악한 이들을 골라내어 활활 타는 불에 던질 것이다. 그들은 눈물을 흘리고 쓰라린 후회를 할 것이다."

"다 이해했지?" 제자들은 "예" 하고 대답했다. 예수가 다시 말했다. "그러므로 율법을 알고 또 하늘나라의 제자이기도 한 모든 이들은 사기 장고에서 새것과 오래된 깃을 다 꺼내 올 수 있는 집주인과 같은 줄 너희가 알았을 것이다."

세례 요한의 참수

예수의 명성이 널리 퍼지자 세례자 요한이 다시 살아나서 초자연적인 능력을 보인다는 세간의 말이 헤롯의 귀에 들어갔다. 예수가 엘리야라고 주장하는 이들도 있었고, 옛 예언자 하나가 다시 돌아왔다고 주장하는 이들도 있었다. 그러나 헤롯은 이 모든 말을 듣고 말했다. "내가 목을 벤 요한이 다시 살아난 것이 틀림없다!"

헤롯이 동생 빌립의 아내 헤로디아의 일로, 요한을 체포하여 옥에 가두었기 때문이다. 헤롯은 결국 헤로디아와 결혼했다. 요한은 헤롯에게 "동생의 아내를 취하는 것은 옳지 않습니다"라고 계속 말했다. 헤로디아도 이 때문에 요한에게 원한을 품고 그를 처형하고 싶었지만, 그렇게 할 수 없었다. 요한이 정의롭고 거룩하다는 것을 아는 헤롯이 그를 깊이 존경하며 계속 보호했기 때문이다. 헤롯은 요한의 말을 듣고 아주 심란했지만, 그의 말을 즐겨 들었다.

그러던 어느 날 헤로디아에게 좋은 기회가 왔다. 헤롯

은 대신들과 군대장관들, 갈릴리의 주요 인사들을 초대해 생일잔치를 열었다. 헤로디아의 딸이 들어가 춤을 추자, 헤롯과 손님들은 아주 기뻐했다. 왕은 소녀에게 말했다. "원하는 것은 뭐든 말해 봐라. 너에게 주겠다!" 그리고 맹세도 했다. "나라의 절반을 달라고 해도 주겠다!" 그러자 소녀는 어머니에게 가서 말했다. "무엇을 달라고 할까요?" 어머니가 말했다. "세례자 요한의 머리를 달라고 해라!" 소녀는 급히 왕에게 돌아가서 청했다. "지금 당장 세례자 요한의 머리를 접시에 담아 주셨으면 합니다!" 헤롯은 깜짝 놀랐지만, 손님들 앞에서 한 자신의 맹세 때문에 소녀의 요청을 거절하고 싶지 않았다. 그래서 곧바로 사형 집행인을 보내어 요한의 머리를 가져오게 했다. 집행인은 감옥으로 가 요한의 목을 베어서 그 머리를 접시에 담아 돌아와 소녀에게 주었고, 소녀는 그 머리를 어머니에게 건넸다. 요한의 제자들이 참수 소식을 듣고, 요한의 시신을 가져다가 무덤에 안장했다.

베데스다 못가에서 일어난 치유

얼마 후 유대인의 명절을 맞아 예수는 예루살렘에 올라갔다. 예루살렘에는 양의 문 근처에 회랑 다섯 개로 둘러싸인 연못이 하나 있었다. 연못의 히브리 이름은 베데스다였다. 회랑들 아래에는 아주 많은 환자들이 누워 있곤 했다. 일부는 눈이 멀었고, 일부는 다리를 절었으며, 일부는 사지가 말라 가고 있었다. (그들은 '물이 흔들리는 것'을 기다렸다. 가끔씩 천사가 연못으로 내려와서 물을 휘젓곤 했는데, 흔들리는 물에 처음 들어가는 사람은 어떤 병에 걸렸든지 나았기 때문이다.) 어떤 사람이 삼십팔 년 동안 아픈 채로 그곳에 있었다. 예수가 누워 있는 그를 보고는, 오랫동안 누워 있는 줄 알고 그에게 말했다. "다시 건강해지고 싶은가?" 그 병자가 대답했다. "선생님, 물이 흔들릴 때 나를 연못에 넣어 줄 사람이 하나도 없습니다. 제가 들어가려고 하는 동안 다른 사람이 먼저 들어갑니다." 예수가 말했다. "일어나 침상을 들고 걸어 보게!" 그는 즉시 회복되어 자기 침상을 들고 걷기 시작했다.

그날은 안식일이었다. 이로 인해 유대인들은 나은 그 사람에게 계속 말했다. "오늘은 안식일입니다. 침상을 들고 다니면 안 됩니다." 그 사람이 대답했다. "나를 고쳐 주신 분이 내게 '침상을 들고 걸어라'라고 하셨습니다." 그러자 그들이 물었다. "누가 당신에게 그렇게 하라고 말했소?" 그러나 병이 나은 사람은 그가 누구인지 몰랐다. 예수가 밀집한 군중 사이로 빠져나갔기 때문이다. 그 후 예수가 성전에서 그 사람을 만나 말했다. "이보게. 그대는 이제 건강해졌네. 다시는 죄를 짓지 말게. 그러지 않으면 그대에게 더 나쁜 일이 생길 걸세." 그러자 그 사람은 유대인들에게 가서, 자기를 치료한 사람이 예수라고 알렸다.

예수가 안식일에 그런 일을 했기 때문에 유대인들이

그를 박해했다. 그러나 예수는 그들에게 이렇게 대답했다. "내 아버지께서 아직도 일하고 계시므로 나도 일한다." 이 말로 인해 유대인들은 오히려 예수를 더 죽이려고 결심했다. 그가 안식일을 어겼을 뿐 아니라, 하나님을 아버지라고 불러서 자신을 하나님과 동등하게 여겼기 때문이다.

그래서 예수는 그들에게 이렇게 말했다. "내가 분명히 엄중하게 말한다. 아들은 아무것도 마음대로 할 수 없다. 오직 아버지께서 하시는 것을 본 대로 할 뿐이다. 아버지께서 하시는 일이 무엇이든 아들도 똑같이 행하기 때문이다. 아버지께서 아들을 사랑하셔서 자신이 하는 일을 아들에게 다 보여 주시기 때문이다. 아버지께서는 이것보다 훨씬 더 놀라운 일들을 보여 주셔서, 너희로 경이감에 사로잡히게 하실 것이다. 아버지께서 죽은 자들을 일으켜 살리신 것같이, 아들도 자기가 택한 이는 누구든 살릴 것이다. 아버지께서는 사람의 심판자가 아니다. 심판은 전적으로 아들의 손에 맡기셨다. 이는 모든 사람이 아버지를 공경하는 것과 똑같이 아들을 공경하도록 하기 위해서다. 아들을 공경하지 않는 사람은 아들을 보내신 아버지를 공경하지 않는 것이다. 너희는 성경에서 영원한 삶을 찾으리라 생각하고 성경을 자세히 연구한다. 그러나 성경이 줄곧 나를 증언하는데도 너희는 진짜 생명을 얻기 위해 내게 오려 하지 않는구나!

나는 사람들의 칭찬이 필요하지 않지만, 너희 마음에

하나님에 대한 사랑이 없음을 나는 알 수 있다. 나는 내 아버지의 이름으로 왔지만 너희는 나를 받아들이지 않을 것이다. 그러나 다른 사람이 그저 자기 이름으로 온다면 그를 받아들일 것이다. 너희는 항상 서로 인정받기를 바라지만, 한 분 하나님이 주시는 영광은 바라지 않는다. 그러니 너희가 어떻게 믿을 수 있겠느냐? 내가 아버지 앞에서 너희를 고발하러 왔다고 생각하지 마라. 너희를 고발하는 사람은 따로 있다. 바로 너희가 전적으로 신뢰하는 모세다! 너희가 정말 모세를 믿었다면 나를 믿어야 할 것이다. 그가 나에 대해 썼기 때문이다. 그러나 그가 쓴 것을 믿지 않는다면 어떻게 내가 하는 말을 믿겠느냐?"

오천 명을 먹이시다

그 후에 예수가 갈릴리(혹은 디베랴) 호수를 건너가자, 아주 큰 무리가 예수를 따라갔다. 예수가 병자들을 고치는 표징들을 보았기 때문이다. 예수는 산으로 올라가 제자들과 함께 그곳에 앉았다. 유대인의 명절인 유월절이 가까운 때였다. 예수는 눈을 들어 큰 무리가 오는 것을 보고 빌립에게 말했다. "이 사람들이 먹을 음식을 어디서 살 수 없을까?" (예수는 자기가 할 일을 알았으므로 빌립에게 한 말은 일종의 시험이었다.) 빌립이 대답했다. "일곱 달을 일해서 받은 품삯으로 빵을 사도, 아주 조금씩 먹기에도 모자랄 것입니다." 그러자 시몬의 형제 안드레가 끼어들었다. "여기 한 소년이 보리빵 다섯 개와 물고기 두 마리를 가지고 있습니다. 하지만 사람이 이렇게 많은데 무슨 소용이 있을까요?" 그때 예수가 말했다. "사람들에게 앉으라고 해라." 그곳에는 풀밭이 넓어서, 약 오천 명쯤 되는 남자들이 앉았다. 그러자 예수가 빵을 들고 감사 기도를 드리고, 풀밭에 앉은 사람들에게 빵을 나누어 주었다. 또 물고기도 똑같이 나누어 주었다. 그들이 원하는 만큼 주었다. 그들이 배불리 먹고 나자, 예수가 제자들에게 말했다. "남은 조각들을 버리지 말고 다 모아라." 그래서 제자들은 예수가 말한 대로 사람들이 먹고 남은 보리빵 다섯 개의 부서진 조각들을 모아 열두 바구니를 채웠다.

예수가 물 위를 걸으시다

이 일 직후에 예수는 제자들에게 배를 타고 건너편으로 가라고 이르고, 그동안 무리를 흩어 집으로 보냈다. 그들을 보낸 후 예수는 홀로 산에 올라 기도했다. 예수는 늦게까지 그곳에 홀로 있었고, 그동안 호숫가에서 멀어진 배는 거세게 부는 파도와 싸우고 있었다. 한밤중에 예수가 호수를 걸어서 그들에게로 갔다. 제자들은 예수가 물 위로 걸어오는 모습을 보고는 겁에 질렸다. 그들은 무서워서 "유령이다!" 하고 비명을 질렀다. 그러자 예수가 즉시 그들에게 말했다. "괜찮아! 나야. 겁내지 마!"

베드로는 "주님, 정말 주님이시면, 저에게 물 위를 걸어서 주님께 오라고 말씀해 주십시오" 하고 말했다. 예수는 "그래, 와라" 하고 대답했다. 베드로는 배에서 내려 물 위를 걸어서 예수에게 갔다. 그러나 광풍이 불자 극심한 공포에 사로잡혀 물에 빠지기 시작했다. 그때 그는 "주님, 살려 주세요!"라고 외쳤다. 예수가 즉시 손을 뻗어 그를 잡고 "믿음이 적은 사람 같으니! 뭐가 그렇게 겁났어?" 하고 말했다. 그들이 함께 배에 타자 바람이 잦아들었다. 배에 탄 이들이 모두 예수 앞에 꿇어앉아 외쳤다. "선생님은 과연 하나님의 아들입니다!"

생명의 빵

이튿날 호수 건너편에 남아 있던 무리는, 그곳에 배가 한 척만 있었고, 예수는 제자들과 함께 그 배를 타지 않았으며, 제자들끼리만 간 사실을 알아챘다. 마침 디베랴에서 온 작은 배 몇 척이, 사람들이 음식을 먹고 주께서 감사 기도를 드렸던 곳 가까이에 도착했다. 무리는 예수도 제자들도 그곳에 없는 줄 알아차리고는 배에 올라타 예수를 찾아 가버나움으로 갔다. 그들은 호수 건너편에서 예수를 만나 말했다. "랍비님, 언제 이곳에 오셨습니까?" 예수가 대답했다. "내가 장담하며 말합니다. 여러분은 표징을 보았기 때문이 아니라, 음식을 마음껏 먹었기 때문에 지금 나를 찾고 있습니다. 오래가지 못할 음식을 위해 일하지 말고, 영원한 생명에 이를 때까지 남아 있을 음식을 위해 일하십시오. 이는 인자가 여러분에게 줄 음식이며, 그는 하나님 아버지의 도장을 받은 이입니다." 이로 인해 그들이 예수에게 물었다. "하나님의 일을 하려면 우리가 무엇을 해야 합니까?" 예수가 대답했다. "여러분에게 하나님의 일이란, 그분이 보내신 이를 믿는 것입니다."

그러자 그들이 예수에게 물었다. "그렇다면 선생님을 믿을 만한 표징을 보여 주실 수 있습니까? 선생님은 무슨 일을 하고 계십니까? 성경이 말하듯, 우리 조상들은 광야에서 만나를 먹었습니다. '그는 그들이 먹도록 하늘에서 빵이 내리게 했다.'" 이 말에 예수가 대답했다. "그것은 정말 사실이지만, 중요한 것은 모세가 하늘에서 빵을 내려서 여러분에게 주었다는 것이 아니라, 내 아버지께서 하늘에서 진짜 빵을 여러분에게 내려 주신다는 것입니다. 하늘에서 내려오는 하나님의 빵은 세상에 생명을 줍니다." 이로 인해 그들이 예수에게 말했다. "주님, 그 빵을 지금 그리고 항상 우리에게 주십시오!" 그러자 예수가 그들에게 말했다. "내가 생명의 빵입니다. 내게 오는 사람은 절대 배고프지 않을 것이고, 나를 믿는 사람은 절대 목마르지 않을 것입니다. 그러나 나는, 여러분이 나를 보고도 믿지 않는다고 이미 말했습니다. 내 아버지께서 내게 주시는 것은 다 내게 올 것이고, 나는 내게 오는 이는 누구든 절대 거부하지 않을 것입니다.…나는 하늘에서 온 살아 있는 빵이다. 누구든 이 빵을 먹으면 영원히 살 것이다. 내가 줄 빵은 내 몸이며, 나는 세상의 생명을 위해 내 몸을 줄 것이다."

이로 인해 유대인들은 격렬한 논쟁을 벌였다. 몇몇이 말했다. "이 사람이 어떻게 우리에게 자기 몸을 먹으라고 줄 수 있나?" 그래서 예수가 그들에게 말했다. "너희가 인자의 몸을 먹지 않고 그 피를 마시지 않으면, 분명히 말하건대, 너희는 살아 있는 것이 아니다. 내 살을 먹고 내 피를 마시는 사람이 영생을 얻고, 마지막 날에 내가 그를 살릴 것이다. 내 몸이 진짜 음식이며 내 피가 진짜 음료이기 때문이다. 내 몸을 먹고 내 피를 마시는 사람은 내 생명을 공유하고 나도 그의 생명을 공유한다."

불결함의 의미

바리새인들과 예루살렘에서 온 율법학자들이 예수에게 갔다. 예수의 제자들이 '불결한' 손으로 식사를 하는 것을 보았기 때문이다. 제자들은 손을 씻는 정결 예식을 행하지 않았다. (사실 바리새인뿐 아니라, 유대인 모두 전통 규례에 따라 특정 방식으로 손을 씻지 않고는 절대 음식을 먹지 않는다. 시장에서 사온 것도, 먼저 '물 뿌림'을 하지 않으면 먹으려 하지 않는다. 이외에도 컵과 주전자와 그릇을 씻듯이 그들이 중요하게 여기는 것들이 많다.) 그래서 바리새인들과 율법학자들은 예수에게 물었다. "어째서 당신 제자들은 오래된 전통을 따르려 하지 않고 '불결한' 손으로 빵을 먹나요?" 예수가 대답했다. "위선자들아, 이사야가 너희를 아주 잘 묘사한 글이 있다. '이 백성이 말로는 나를 공경한다고 하지만, 마음은 멀리 있다. 그들의 예배는 헛짓이고, 인간의 가르침을 교리라고 가르친다.' 너희는 인간의 전통을 지키느라 바빠서 하나님의 계명을 내버린다!"

예수가 계속해서 말했다. "너희가 전통을 지키려고 하나님의 계명을 제쳐두는 모습을 보면 참으로 충격이다! 모세는 '네 부모를 공경해라' 했고, '아버지나 어머니를 욕하는 사람은 사형에 처해라' 했다. 그러나 너희는, 아버지나 어머니에게 ('내가 부모에게 드려야 할 것을 하나님께 드립니다'라는 의미로) '고르반'이라고 말하면, 아버지나 어머니를 위해 손가락 하나 까닥하지 않아도 된다고 말한다. 이렇게 전통을 지키려고 하나님의 말씀을 무력하게 만든다. 이것이 너희의 전형적인 행동이다."

그러고 나서 무리를 다시 가까이 불러 말했다. "이제 여러분 모두 내 말을 잘 듣고 이해하십시오. 밖에 있는 것이 안으로 들어가 사람을 '불결하게' 할 수는 없습니다. 안에서 나오는 것이 사람을 '불결하게' 합니다!"

그 후 예수가 무리를 떠나 집 안으로 들어갔을 때 제자들이 그 비유에 관해 물어보았다.

예수는 이렇게 말했다. "아, 너희도 그들처럼 우둔한 것이냐? 밖에서 사람 속으로 들어가는 것이 사람을 '불결하게', 즉 더럽게 할 수 없는 줄 알지 못하느냐? 음식은 마음속으로 들어가는 것이 아니라 배로 들어가서 모두 배설되기 때문에 모두 아주 깨끗하다. 그러나 사람에게서 나오는 것, 그것이 사람을 '불결하게', 즉 더럽게 한다. 악한 생각들은 안에서, 사람 마음과 머리에서 나오기 때문이다. 곧 욕정, 도둑질, 살인, 간음, 탐욕, 악함, 속임수, 음탕함, 질투, 비방, 교만, 어리석음이다! 이 모든 악한 것이 사람 속에서 나와 사람을 더럽힌다!"

예수와 수로보니게 여인

예수는 일어나 그곳을 떠나 두로 근처로 갔다. 그는 아무도 모르게 어느 집에 있고 싶었다. 그러나 숨어 있는 것은 불가능했다. 예수가 그곳에 도착하자마자, 예수의 소문을 들은 여인이 찾아와서 엎드렸기 때문이다. 그 여인의 딸은 귀신 들려 있었다. 그 여인은 수로보니게 출신의 그리스인으로, 딸에게서 귀신을 쫓아내 달라고 예수에게 간구했다. 예수가 여인에게 말했다. "자녀들부터 먼저 배불리 먹어야 합니다. 알다시피 자녀들이 먹을 음식을 개들에게 던져 주는 법은 없습니다." 그러나 여인은 대답했다. "그렇습니다, 주님. 저도 압니다. 하지만 개들도 식탁 아래서 자녀들이 남긴 부스러기들을 먹습니다." 그러자 예수가 그 여인에게 말했다. "그렇게 대답할 수 있다면, 집에 가도 좋습니다! 귀신이 그대의 딸에게서 떠나갔습니다." 여인이 집에 돌아와 보니, 아이는 조용히 침대에 누워 있고 귀신은 떠나고 없었다.

귀먹은 사람을 고치시다

예수는 한 번 더 두로 근처를 떠나 시돈을 거쳐 갈릴리 호수 쪽을 향해, 열 성읍 지역을 가로질러 갔다. 사람들이 귀먹고 말이 어눌한 사람을 예수에게 데리고 와서 손을 얹어 주기를 간청했다. 예수는 그를 데리고 따로 멀리 가서, 손가락을 그 사람의 귀에 넣고, 그의 혀에 침을 묻혔다. 그러고 나서 하늘을 보며 숨을 깊이 내쉬고 아람어로 그에게 말했다. "열려라!" 그러자 귀가 열리고, 그 즉시 그의 혀를 묶고 있던 것이 풀려 말을 아주 분명하게 했다. 예수는 그들에게 이 일을 아무에게도 말하지 말라고 당부했다. 그러나 예수가 그렇게 말할수록, 그들은 그 소식을 더 널리 알렸다. 사람들은 깜짝 놀라 계속해서 이런 말을 했다. "이분이 하시는 일은 정말 멋지다! 귀먹은 이는 듣게 하시고, 말 못하는 이는 말하게 하신다."

눈먼 사람을 고치시다

그들이 벳새다에 이르자, 사람들이 눈먼 사람을 예수에게 데려와 손을 대 달라고 간청했다. 예수는 그 눈먼 사람의 손을 잡고 마을 밖으로 나갔다. 그런 다음 그의 눈을 침으로 적신 다음, 그에게 손을 얹고 물었다. "뭐가 보여요?" 그 사람이 쳐다보며 말했다. "사람들이 보입니다. 그런데 그저 나무 같은 것이 걸어 다니는 것 같습니다." 예수가 다시 그의 눈에 손을 대자 그의 시야가 또렷해지며 시력이 회복되어 모든 것을 뚜렷하고 선명하게 보았다. 예수는 다음과 같이 말하며 그를 집으로 보냈다. "마을로는 들어가지 마세요."

베드로의 고백

예수가 가이사랴 빌립보 지역에 이르렀을 때 제자들에게 한 가지를 물었다. "사람들이 인자를 누구라고 하느냐?" 제자들이 예수께 말했다. "세례자 요한이라고도 하고, 엘리야라고도 하고, 예레미야 혹은 예언자라고도 합니다." 예수가 그들에게 말했다. "그러면 너희는 어떠냐? 너희는 나를 누구라고 하느냐?" 시몬 베드로가 대답했다. "선생님이요? 선생님은 그리스도이고, 살아 계신 하나님의 아들입니다." 예수가 말했다. "요나의 아들 시몬아, 너는 정말 복 받은 사람이다! 이 진리를 너 스스로 알아낸 것이 아니라 하늘에 계신 아버지께서 네게 계시해 주셨기 때문이다! 잘 들어라. 너는 베드로 곧 반석이다. 내가 그 반석 위에 내 교회를 세우겠다. 사망의 권세에도 결코 무너지지 않을 것이다. 내가 네게 하늘나라의 열쇠를 주겠다. 그러면 네가 땅에서 잠그는 것이 무엇이든 하늘에서도 잠겨 있고, 네가 땅에서 여는 것은 무엇이든 하늘에서도 열려 있다!" 그러고 나서 예수는 제자들에게 자신이 그리스도임을 누구에게도 발설하지 말라고 강조했다.

예수가 고난받으실 것을 예언하시다

그때부터 예수는 제자들에게, 자신이 예루살렘에 가서 장로와 대제사장과 율법학자들에게 심한 고난을 받고 끝내 죽지만 사흘째 되는 날 다시 살아날 거라고 설명했다. 그러자 베드로가 예수를 한쪽으로 모시고 가서 항변했다. "무슨 당치 않은 말씀입니까? 선생님께 그런 일이 일어나서는 절대 안 됩니다!" 그러자 예수가 돌아서며 베드로에게 말했다. "사탄아, 썩 비켜라! 베드로야, 하나님의 생각을 하지 못하고 사람의 생각을 한다면, 네가 내 길을 막는 셈이 된다."

그때 예수가 제자들에게 말했다. "누구든 내 발자취를 따라오려면, 자신의 권리를 다 버리고, 자기 십자가를 지고 나를 좇아야 한다. 자기 목숨을 건지려는 사람은 잃겠지만, 나를 위해 자기 목숨을 버리는 사람은 목숨을 되찾을 것이다. 그러니 진짜 목숨을 잃고 온 세상을 얻은들, 그것이 무슨 소용이냐? 진짜 목숨을 잃고 나면, 무엇으로 목숨을 되살 수 있겠느냐? 인자가 아버지의 영광을 입고 천사들과 함께 와서, 모든 사람에게 각자 행한 대로 갚아 줄 것이다. 장담하건대, 오늘 이 자리에는 죽기 전에 인자가 왕으로 오는 모습을 볼 사람들도 있다."

변화산

엿새 후 예수는 베드로와 야고보와 요한을 아무도 없는 아주 높은 산으로 데려갔다. 예수는 그들의 눈앞에서 모습이 완전히 변했다. 그의 옷은 하얗게, 정말 눈부실 정도로 하얗게 되었다. 세상 어떤 표백제로도 그렇게 하얗게 만들 수 없었다. 엘리야와 모세가 제자들 앞에 나타나 예수와 서서 대화를 나누었다. 베드로가 갑자기 예수에게 소리를 질렀다. "선생님, 우리가 여기 있으니 참 좋네요! 오두막을 세개 지을까요? 하나는 선생님을 위해, 하나는 모세를 위해, 하나는 엘리야를 위해서요." 사실 베드로는 무슨 말을 해야 할지 몰랐다. 그들은 너무 두려웠다. 구름이 하늘을 덮었고, 구름 속에서 어떤 음성이 들렸다. "이는 내가 아주 사랑하는 아들이다. 그의 말을 들어라!" 그때 그들은 문득 주위를 둘러보았다. 그런데 그들 곁에는 예수 외에는 아무도 없었다.

예수는 산을 내려가면서 그들에게 '인자가 죽었다가

다시 살아날 때'까지는 산에서 본 것을 아무에게도 말하지 말라고 경고했다. 그들은 이 말이 아주 인상적이어서, '죽었다가 다시 살아나는 것'이 무슨 의미인지 그들끼리 알아내려 했다. 그들은 예수에게 이런 질문을 했다. "어째서 율법학자들은 엘리야가 그리스도보다 먼저 와야 한다고 말합니까?" 예수가 그들에게 말했다. "사실이다. 엘리야가 먼저 오고 만물의 회복이 시작된다. 그러나 성경이 인자에 관해 어떻게 말하지? 그는 고난을 많이 겪고 멸시를 받아야 한다고 말한다! 내가 너희에게 말한다. 성경이 말하는 그대로, 엘리야가 먼저 왔을 뿐 아니라 사람들은 자기들이 하고 싶은 대로 그를 대했다."

귀신 들린 소년을 고치시다

그들이 다른 제자들이 있는 곳으로 돌아왔을 때, 제자들은 큰 무리에 둘러싸여 율법학자들과 언쟁을 하고 있었다. 사람들은 예수를 보자마자 흥분하여 반갑게 달려갔다. 예수가 그들에게 물었다. "무슨 일입니까?" 무리에서 한 사람이 대답했다. "선생님, 제 아들이 말 못하는 귀신이 들려 선생님께 데려왔습니다. 아이는 귀신에 사로잡혀서 어디서든 땅에 뒹굴고, 입에 거품을 물고 이를 갑니다. 그러면 아이는 녹초가 됩니다. 선생님의 제자들에게 그 귀신을 쫓아내 달라고 말했지만 그들에게는 그럴 능력이 없었습니다."

예수가 그들에게 말했다. "아, 너희가 믿음이 없구나! 내가 얼마나 너희와 함께 있어야 하며, 얼마나 오래 참아야 하느냐? 그 아이를 이리로 데려와라." 그들은 그 아이를 예수에게 데려왔다. 귀신 들린 아이는 예수를 보자마자 경련을 일으키고, 바닥에 쓰러져서 입에 거품을 물고 몸부림을 쳤다. 예수는 아이의 아버지에게 물었다. "이렇게 된 지 얼마나 됐나요?" "어릴 때부터 그랬습니다. 귀신은 아이를 죽이려고 여러 번 불 속에도 밀어 넣고 물속에도 빠뜨렸습니다. 하지만 선생님이 뭐라도 하실 수 있으면, 우리를 불쌍히 여겨서 도와주십시오." 예수는 대답했다. "내가 '뭐라도 할 수 있으면'이라고요! 믿는 자에게는 모든 것이 가능합니다." 아이의 아버지가 갑자기 소리를 질렀다. "믿습니다. 더 잘 믿게 도와주십시오!" 예수는 순식간에 무리가 모이는 것을 보고, 그 귀신에게 단호하게 말했다. "귀먹고 말 못하는 귀신아, 내가 네게 명령한다. 이 아이에게서 나오고 절대 다시 들어가지 마라!" 귀신은 날카로운 비명을 지르며 지독한 경련을 일으킨 뒤에 아이를 떠나갔다. 아이가 송장처럼 누워 있자, 구경꾼들 대부분이 "아이가 죽었다"라고 말했다. 그러나 예수가 아이의 손을 붙잡고 일으키자, 아이는 일어섰다.

예수가 집에 가자 제자들이 따로 예수에게 물었다. "어째서 우리는 귀신을 쫓아내지 못했습니까?" 예수는 "기도하지 않고는 이런 귀신은 쫓아낼 수 없다"라고 대답했다.

성전세를 내시다

그들이 가버나움에 이르렀을 때 성전세 징수원들이 베드로를 찾아가서 말했다. "당신네 선생은 성전세를 내지 않으시죠?" 베드로는 "아닙니다. 내십니다!" 하고 대답했다. 베드로가 집에 들어오자, 그가 하려는 말을 예수가 예상하고 말했다. "시몬아, '네' 생각은 어때? 이 세상의 왕들이 관세와 조세를 누구에게 걷을까? 가족일까, 다른 사람들일까?" 베드로는 "다른 사람들입니다" 하고 대답했다. 예수가 그에게 말했다. "그러니 가족은 세금을 내지 않지. 그러나 그들을 불쾌하게 만들고 싶지는 않으니, 호수로 가서 낚싯바늘을 던져라. 처음 잡힌 고기의 입 안을 보면 은화가 있을 거야. 그 은화로 너와 나의 성전세를 내고 와라."

하나님 나라에서 가장 높은 자

제자들이 예수에게 질문했다. "실제로 하늘나라에서는 누가 가장 높습니까?" 예수는 어린아이 하나를 곁으로 불러서 그들 가운데 세우고 말했다. "장담하건대, 너희 관점을 송두리째 바꾸어 어린아이처럼 되지 않으면, 절대 하늘나라에 들어가지 못한다. 이 어린아이처럼 순수한 사람이 하늘나라에서 가장 높은 사람이다. 나를 위해 어린아이 하나를 맞아들이는 사람은 누구든 나를 맞아들이는 것이다. 그러나 누구든 나를 믿는 어린아이 하나를 미혹하면, 그는 목에 맷돌을 매고 바다 깊이 빠지는 편이 나을 것이다! 이런 함정이 있는 세상이 가엾구나! 세상살이에 함정이 있을 수밖에 없다지만, 함정을 파는 사람이 가엾구나!"

책망과 화해

"그러나 형제가 네게 잘못한 일이 있다면, 즉시 가서 말해라. 당사자에게만 말해라. 그가 네 말을 들으면, 너는 형제를 되찾게 되겠지. 그러나 그가 네 말을 듣지 않으면 한두 사람을 더 데리고 가라. 그래야 모든 말을 두세 증인이 뒷받침할 것이다. 그런데도 그가 여전히 귓등으로 듣는다면, 그 문제를 교회에 맡겨라. 그가 만약 교회의 말도 듣지 않으면, 그를 이방인이나 세금 징수원처럼 대해라!

장담하건대, 네가 땅에서 잠그는 것이 무엇이든 하늘에서도 잠겨 있고, 네가 땅에서 여는 것은 무엇이든 하늘에서도 열려 있다.

내가 너희에게 다시 말한다. 땅에서 두 사람이 마음을 같이해서 무엇이든 구하면 하늘에 계신 아버지께서 주실 것이다. 어디서든 두세 사람이 내 이름으로 모이면, 나는 바로 그들 사이에 있다!"

베드로가 예수에게 다가가 물었다. "선생님, 형제가 계속해서 내게 잘못을 저지르면 그를 몇 번까지 용서해야 할까요? 일곱 번이면 될까요?" 예수가 대답했다. "아니. 일곱 번이 아니라, 일흔 번씩 일곱 번이라도 용서해야지!"

무자비한 종의 비유

"하늘나라는 종들의 빚을 정산하기로 마음먹은 왕과 같다. 왕이 정산을 시작하자, 수십억 원 빚진 사람이 끌려왔다. 그가 빚을 갚을 방법이 없었기 때문에, 주인은 그 종을 노예로 팔고 아내와 아이들과 소유도 다 팔아 그 돈으로 빚을 갚으라고 명령했다. 이 말을 들은 종은 주인 앞에 무릎을 꿇고 '조금만 기다려 주십시오! 동전 하나까지 다 갚겠습니다!' 하고 소리쳤다. 그러자 주인은 불쌍한 마음이 들어 그를 놓아주고 빚을 탕감해 주었다. 그런데 이 종이 주인 앞에서 물러나자마자, 자기에게 몇백 원 빚진 동료를 만났다. 그는 그 동료를 붙잡아 멱살을 잡고 '내 돈 갚아!' 하고 소리쳤다. 이 말을 들은 동료는 그의 발 앞에 엎드려 간청했다. '조금만 기다려 줘. 마지막 한 푼까지 다 갚을게!' 그러나 그는 거절하고 밖으로 나가, 동료가 빚을 다 갚을 때까지 감옥에 가두었다. 다른 종들이 그 일을 보고 충격을 받아, 주인에게 가서 사건의 전말을 고했다. 그러자 주인이 그를 불러들였다. 주인이 말했다. '악한 종아! 내가 네 간청대로 빚을 다 탕감하지 않았느냐? 주인인 내가 너를 불쌍히 여겼듯이 너도 같은 처지에 있는 종을 똑같이 불쌍히 여겼어야 하지 않느냐?' 주인은 화가 나서, 그가 빚을 모두 갚을 때까지 교도관에게 넘겨주었다. 너희가 각각 진심으로 네 형제를 용서하지 않으면, 하늘에 계신 내 아버지께서 너희를 이렇게 대하실 것이다."

우리 편이 아닌 사람

그때 요한이 끼어들었다. "선생님, 어떤 사람이 선생님의 이름으로 귀신들을 쫓아내는 것을 보았는데, 그가 선생님을 따르는 우리 무리에 속해 있지 않아서, 하지 못하게 했습니다." 예수가 그에게 말했다. "막지 마라. 너희를 반대하지 않는 사람은 너희 편이다."

5장

예루살렘으로 가는 길

돌아보지 마십시오

예수가 하늘로 돌아갈 날이 다가오자 예루살렘에 가기로 단호히 결단하고,…

일행이 많지 않은 그들이 길을 가고 있을 때 한 사람이 예수에게 말했다. "저는 선생님이 어디를 가시든 따라가겠습니다." 그러자 예수가 대답했다. "여우에게도 굴이 있고, 새들에게도 둥지가 있지만, 인자는 머리 둘 곳이 없다." 그러나 또 다른 사람에게는 이렇게 말했다. "나를 따라오게." 그러자 그가 대답했다. "먼저 가서 아버지 장례를 치르도록 해 주십시오." 그러나 예수가 그에게 말했다. "죽은 자들의 장례는 죽은 자들에게 맡기고 자네는 하나님 나라를 전하게." 또 다른 사람이 예수에게 말했다. "주님, 저는 주님을 따라가겠습니다. 그러나 먼저 식구들에게 가서 작별 인사를 하게 해 주십시오." 그러나 예수가 그에게 말했다. "손에 쟁기를 잡고 나서 뒤를 보는 사람은 누구든, 하나님 나라에 쓸모가 없다."

예수가 제자를 더 많이 세우시다

그 후에 예수가 제자 일흔 명을 따로 선발해, 직접 가려 했던 모든 마을과 지역에 둘씩 짝을 지어 선발대로 보냈다. 예수가 그들에게 말했다. "추수할 것은 많은데, 일할 사람이 몇 안 되는구나. 그러므로 추수의 주인인 하나님께 추수할 일꾼들을 더 보내 달라고 기도해라. 이제 떠나거라. 나는 늑대 사이로 양을 보내듯 너희를 보낸다. 지갑도, 가방도, 양말도 가지고 다니지 말고, 길에서 누구를 만나든 인사하려고 멈추지 마라. 어떤 집에 들어가면 먼저 '이 집에 평화가 있기를 빕니다!' 하고 말해라. 그곳에 평화를 사랑하는 사람이 있으면 너희의 축복의 말을 받을 것이고, 그렇지 않으면 그 말은 너희에게 돌아올 것이다. 한 집에서 묵으면서 그들이 무엇을 주든 먹고 마셔라. 일꾼이 자기 품삯을 받는 것은 마땅하다."

그 후 일흔 명이 아주 기뻐하며 돌아왔다. 그들은 "주님, 우리가 주님의 이름을 말하면 귀신들도 우리에게 복종했습니다!" 하고 말했다. 예수가 대답했다. "그렇다. 나는 사탄이 번갯불처럼 하늘에서 떨어지는 것을 보았다! 진실로 나는 너희에게 뱀과 전갈을 밟고 모든 원수의 세력을 이길 능력을 주었으므로, 너희에게 해를 입힐 수 있는 것은 아무것도 없다. 그러나 너희는, 귀신들을 제어하는 능력 때문이 아니라, 너희 이름이 하늘에 기록된 사실로 인해 그렇게 기뻐해야 한다."

그런 다음 제자들에게로 몸을 돌려 조용히 말했다. "너희가 보고 있는 것을 보는 너희는 얼마나 다행이냐! 내가 너희에게 말한다. 많은 예언자와 왕들이 너희가 보고 있는 것을 보고자 했지만 보지 못했고, 너희가 듣고 있는 것을 듣고

자 했으나 듣지 못했다."

선한 사마리아인의 비유

한번은 율법 전문가 중 하나가 예수를 시험하려고 말했다. "선생님, 영원한 삶을 확신하려면 제가 무엇을 해야 합니까?" 예수는 "율법이 무엇이라 말하며, 당신은 그것을 읽고 무엇을 깨달았습니까?"라고 말했다. 그가 대답했다. "율법은 '네 마음을 다하고, 네 혼을 다하고, 네 힘을 다하고, 네 지성을 다하여 주 너의 하나님을 사랑하고 또 너 자신을 사랑하듯 네 이웃을 사랑해라'라고 말합니다." 예수는 "맞습니다. 그렇게 하면 영원히 살 것입니다"라고 말했다.

그러나 그 사람은 자신이 옳음을 보여 주고 싶어서 계속 말했다. "그런데 누가 내 '이웃'입니까?" 그러자 예수가 다음과 같은 답을 그에게 주었다. "어떤 사람이 예루살렘에서 여리고로 내려가고 있었습니다. 그런데 그만 강도들에게 붙잡혔습니다. 강도들은 그의 옷을 벗기고 때려 반쯤 죽이고는 그대로 내버려 두고 갔습니다. 마침 한 제사장이 그 길로 내려가다가 그를 보았지만, 다른 쪽으로 지나갔습니다. 어떤 레위인도 현장에 와서 그를 보았지만, 역시 다른 쪽으로 지나갔습니다. 그러나 그때 한 사마리아인 여행자가 그가 쓰러진 곳에 도착했는데, 그를 보고 불쌍한 마음이 들었습니다. 그래서 그에게로 가서 상처에 기름과 포도주를 붓고 싸매어 주었습니다. 그런 다음 그를 자기 노새에 태워 여관으로 데리고 가서 그를 위해 할 수 있는 일을 해 주었습니다. 다음 날 그는 여관 주인에게 은화 두 개를 주면서 이렇게 말했습니다. '이 사람을 돌봐 주시겠습니까? 돈이 더 들면 돌아오는 길에 이리로 와서 갚겠습니다.' 당신은 이 세 사람 중 누가 강도 피해자의 이웃 같습니까?" 그는 "그를 실제로 도운 사람입니다"라고 대답했다. 예수가 다시 말했다. "그러면 당신도 가서 똑같이 도우십시오."

마리아와 마르다의 집에서

그들이 계속 여행을 하다가 예수가 한 마을에 들어가자, 마르다라는 여인이 예수를 자기 집으로 맞아들였다. 마르다에게는 마리아라는 여동생이 있었는데, 마리아는 주의 발 앞에 자리를 잡고 앉아 예수가 하는 말을 듣고 있었다. 그러나 마르다는 정성을 다해 준비하느라 너무 애가 타서 갑자기 끼어들어 말했다. "주님, 제 동생이 저 혼자 일을 다 하도록 내버려 두고 있는데, 아무렇지 않으십니까? 가서 저를 도와주라고 동생한테 말해 주십시오!"

그러나 주가 마르다에게 대답했다. "사랑하는 마르다야, 너는 아주 많은 것들을 준비하느라 애태우며 신경 쓰고 있구나. 그러나 정말 필요한 것은 하나뿐이다. 마리아는 가장 좋은 쪽을 택했으니 그것을 빼앗아서는 안 된다!"

199

끈질긴 친구의 비유

그런 다음 이렇게 말씀하셨다. "너희 가운데 누가, 한밤중에 친구에게 가서 '사랑하는 친구, 빵 세 개만 빌려주게. 내 친구가 막 여행을 마치고 왔는데 그 친구에게 내놓을 음식이 없네'라고 말한다고 하자. 그러면 그는 집 안에서 '자네 문제로 나를 귀찮게 하지 말게. 현관문은 잠겼고 아이들과 나는 잠자리에 들었네. 지금 일어나서 자네에게 무언가를 줄 수는 없네!'라고 대답할 것이다. 그러나 내가 너희에게 말한다. 그가 그저 친구라는 이유만으로는 일어나 친구가 원하는 것을 주지 않는다 해도, 만약 끈질기게 계속 청한다면 정신을 차리고 일어나 친구에게 필요한 것을 다 줄 것이다.

바리새인들에게 경고하시다

예수가 말하고 있을 때, 바리새인 하나가 예수를 저녁 식사에 초대했다. 그래서 예수는 그 집에 들어가 식탁에 앉았다. 바리새인은 예수가 식사 전에 씻지 않는 것을 보고 깜짝 놀랐다. 그러나 주가 그에게 말했다. "너희 바리새인들은 컵과 접시의 겉은 깨끗이 닦지만, 너희 속에는 탐욕과 악독이 가득하다! 모르겠느냐? 겉을 만드신 이가 속도 만드신 분임을 깨닫지 못하느냐? 그 속의 내용물을 궁핍한 이들에게 줘서 속을 깨끗이 하면, 당연히 겉도 깨끗해질 것이다!

그러나 가엾은 바리새인들아, 너희는 박하와 운향과 각종 작은 풀들의 십일조는 드리면서, 하나님의 정의와 사랑은 보지 못하고 있다. 덜 중요한 의무들을 행하지 말라는 뜻이 아니라, 그것들에 관심을 가져야 한다는 말이다.

가엾은 바리새인들아, 너희는 회당에서 앞자리를 좋아하고, 사람들이 공개적으로 너희들에게 머리를 조아리는 것을 좋아한다!

가엾은 너희들, 너희는 무덤 표시가 없는 무덤 같다. 사람들은 그곳에 무덤이 있는지도 모르고 부패한 너희 위로 걸어 다닌다."

그때 율법 전문가 한 사람이 예수에게 와서 말했다. "선생님, 선생님이 이같이 말씀하시면 우리도 모욕하시는 것입니다." 그러자 예수가 대답했다. "그렇다. 율법 전문가들인 너희도 책망한다! 너희는 아주 무거운 짐을 사람들에게 지우면서, 정작 너희는 그 짐을 드는 데 손가락 하나도 까딱하지 않기 때문이다.

가엾은 너희들, 너희는 예언자들을 기념하는 무덤을 만들지만, 그 예언자들은 너희 조상이 죽인 사람들이다. 이를 통해 너희가 조상들의 행동에 찬성하고 있음이 분명히 드러났다. 그들은 죽이고 너희는 기념비를 세웠다.

그러므로 하나님의 지혜가 말했다. '내가 그들에게 예언자들과 사도들을 보낼 것이다. 그러나 그들이 몇몇은 죽이고 몇몇은 박해할 것이다!' 따라서 아벨부터 제단과 성소 사이에서 죽은 사가랴까지, 창세 때부터 흘린 모든 예언자의 피에 대해 이 세대에게 책임을 물어야 할 것이다. 너희에게 말한다. 이 세대가 그 모든 것을 책임져야 한다!

가엾은 율법 전문가들아, 너희는 지식의 열쇠를 없애 버렸다. 그래서 너희도 들어가지 못하고, 문 앞에 서 있는 다른 모든 사람도 들어가지 못하게 한다!"

그러고 나서 예수가 그곳을 떠날 때, 율법학자들과 바리새인들은 예수를 향한 격렬한 증오를 키우기 시작했고, 아주 많은 주제에 대해 질문하면서, 죄가 될 만한 발언이 나오면 걸고넘어지려고 기다렸다.

어리석은 부자의 비유

그때 무리 가운데서 어떤 사람이 예수에게 말했다. "선생님, 내 형에게 나와 유산을 나누라고 말해 주십시오." 그러나 예수가 대답했다. "친구여, 누가 나를 그대 사건의 재판관이나 중재자로 임명했는가?" 그런 다음 제자들을 향해 말했다. "어떤 모양이나 형태든 탐욕을 조심하고 주의해라. 사람의 진짜 생명은 소유물의 양에 달려 있지 않기 때문이다." 그런 다음 그들에게 다음과 같은 비유를 들어 주었다. "옛날에 어떤 부자가 자기 농지에서 많은 소출을 얻었다. 그래서 속으로 생각했다. '곡식을 보관할 곳이 없으니 어떻게 하지?' 그러고 나서 이렇게 말했다. '그렇지, 알겠어. 곳간들을 허물고, 내 곡식과 물건들을 다 보관할 수 있는 더 큰 곳간을 짓는 거야. 그러면 내 영혼에게, "영혼아, 여기 좋은 것들을 많이 보관해 두었으니 앞으로 몇 년은 편히 쉬고, 먹고 마시고 즐거운 시간을 보내자"라고 말할 수 있어.' 그러나 하나님께서 그에게 말씀하셨다. '어리석은 자여, 바로 오늘 밤 내가 네 영혼을 찾아올 것이다! 그러면 네가 마련한 모든 것이 누구의 소유가 되겠느냐?' 이것이 자기를 위해 재물을 비축하지만 하나님 보시기에는 부유하지 못한 사람에게 일어나는 일이다."

회개의 필요성

바로 이때 어떤 사람들이 와서 예수에게 갈릴리 사람들에 관한 이야기를 해 주었다. 빌라도가 그 갈릴리 사람들의 피를 그들이 바친 희생 제물의 피와 섞었다는 것이다. 예수가 그들에게 이런 대답을 해 주었다. "여러분은 그 갈릴리인들이 여느 갈릴리 사람들보다 더 악한 죄인들이라서 그런 일을 당했다고 생각하십니까? 여러분에게 분명히 말하건대, 그렇지 않습니다. 여러분도 마음을 돌이키지 않으면 모두 비참하게 죽을 것입니다! 실로암에서 탑이 무너져서 죽은 열여덟 사람을 기억하십니까? 여러분은 그들이 예루살렘에 살던 다른 사람들보다 더 악한 죄인이라 생각하십니까? 여러분에게 분명히 말하건대, 그렇지 않습니다. 여러분도 인생관을 전부 바꾸지 않으면 모두 비참하게 죽을 것입니다!"

열매 맺지 않는 무화과나무의 비유

그러고 나서 그들에게 이런 비유를 들어 주었다. "옛날에 어떤 사람이 정원에서 무화과나무를 키웠습니다. 그런데 무화과를 기대하며 가 보았지만 열매가 하나도 없었습니다. 그래서 정원사에게 말했습니다. '내가 삼 년이나 이 무화과나무에서 열매가 열리기를 기다렸지만 하나도 보지 못했다. 이 나무는 잘라 버리는 편이 낫겠다. 귀한 땅만 버릴 이유가 있겠느냐?' 그러자 정원사가 대답했다. '주인님, 올해까지만 건드리지 마십시오. 그러면 제가 그 둘레를 파서 거름을 좀 주겠습니다. 그렇게 해서 이 나무가 열매를 맺으면 좋을 것입니다. 그러나 그러지 못하면 그때 잘라 버리십시오.'"

허리 굽은 여인을 고치시다

마침 예수가 안식일에 회당에서 가르치고 있었다. 그런데 회중 가운데 어떤 심리적인 요인으로 십팔 년 동안 병을 앓고 있는 여인이 있었다. 그 여인은 허리가 굽어서 똑바로 펼 수가 없었다. 예수가 그 여인을 주목해 보더니, 불러서 말했다. "그대는 병에서 해방되었소!" 그러고 나서 예수가 그 여인에게 손을 얹자, 그 즉시 똑바로 서서 하나님을 찬양했다. 그러나 회당장은 예수가 안식일에 병을 고친 것에 짜증이 나서 회중에게 공표했다. "사람이 일할 수 있는 엿새가 있습니다. 엿새 중 하루에 와서 고침을 받고, 안식일에는 그렇게 하지 마십시오!" 그러나 주가 그에 대응해 말했다. "위선자들아, 너희도 모두 안식일에 외양간에서 소나 나귀를 풀어 끌고 가서 물을 먹인다! 그렇다면, 아브라함의 딸인 이 여인, 너희 모두가 알다시피 십팔 년 동안이나 사탄에게 매여 있던 이 여인도 마땅히 안식일에 그 매인 데서 풀려나야 한다!" 이 말씀은 반대자들을 부끄럽게 만들었지만, 무리는 예수가 보여 준 모든 영광스러운 일들로 인해 감격했다.

헤롯에 대한 경고

바로 그때 바리새인들 몇이 와서 예수에게 말했다. "여기서 바로 빠져나가셔야 합니다. 헤롯이 선생님을 죽이려 합니다." 예수는 이렇게 대답했다. "가서 그 여우에게 이렇게 전해라. '오늘과 내일은 내가 귀신을 쫓아내고 병 고치는 일을 계속하다가 사흘째 되는 날에 일을 다 마치는 것을 누구든 볼 수 있을 것이다.' 그러나 나는 오늘과 내일, 그리고 그다음 날에도 계속 길을 가야 한다. 예언자가 예루살렘 밖에서 죽음을 맞이해서는 안 되기 때문이다!"

"아, 예루살렘아, 예루살렘아! 너는 네게 보낸 예언자들을 죽이고 전령들을 돌로 쳤다! 새가 새끼들을 자기 날개 아래로 모아들이듯이, 내가 몇 번이나 네 자녀들을 모으고자 열망했더냐. 그러나 너는 원하지 않았다. 이제 네가 남긴 것은 네 집뿐이다. 내가 네게 말한다. 네가 '주의 이름으로 오시는 이여, 복을 받으소서!'라고 외치는 날까지 나를 다시 보지 못할 것이다."

수종병 걸린 사람을 고치시다

어느 안식일에 예수가 유력한 바리새인의 집에 식사를 하러 들어갔다. 그들은 예수를 주시하고 있었다. 예수 바로 앞에는 수종병에 걸린 사람이 있었다. 예수가 율법학자들과 바리새인들에게 물었다. "안식일에 병을 고치는 것이 옳은가, 아닌가?" 그러나 대답이 없었다. 그래서 예수가 그 사람을 고쳐서 돌려보냈다.

겸손의 필요성

그때 예수가 가장 좋은 자리를 고르는 손님들을 보고, 날카로운 조언을 했다. 예수가 그들에게 말했다. "결혼 피로연에 초대받으면, 가장 좋은 자리에 앉지 마십시오. 당신보다 더 중요한 사람이 초대받았을 수도 있습니다. 그러면 주인이 '죄송하지만 이분에게 자리를 양보해 주셔야겠습니다'라고 말할 것입니다. 그때 당신은 아주 쑥스러워하며 가장 낮은 자리에 앉아야 할 것입니다. 초대를 받으면, 눈에 잘 띄지 않는 자리에 앉으십시오. 그러면 주인이 와서 '친구여, 이리 오십시오. 여기 훨씬 좋은 자리에 앉으십시오'라고 말할 것입니다. 그렇게 해야 다른 손님들이 당신을 중요한 사람으로 여길 것입니다! 스스로 중요하다 여기는 사람은 모두 덜 중요해지지만, 스스로 덜 중요하다 여기는 사람은 자신이 중요한 줄 알게 될 것입니다."

그런 다음 예수가 주인에게 말했다. "그대는 점심이나 저녁 연회를 베풀 때, 친구나 형제나 친척이나 부유한 이웃들을 초대하지 마십시오. 그들은 그대를 다시 초대할 수 있고, 그러면 그대는 보답을 다 받기 때문입니다. 연회를 베풀 때, 가난한 이들, 신체장애인들, 다리 저는 이들, 눈이 먼 자들을 초대하십시오. 그래야 그대가 진짜 행복합니다. 그들은 그대에게 보답할 길이 없으므로, 그대는 부활 때 곧, 선한 사람들이 상을 받을 때 보답을 받을 것입니다."

성대한 연회의 비유
그때 손님 하나가 예수의 이 말을 듣고 말했다. "하나님 나라에서 식사를 하는 사람은 정말 행복한 사람입니다!" 그러나 예수가 그에게 말했다. "옛날에 어떤 사람이 성대한 저녁 연회를 마련하고 아주 많은 사람을 초대했습니다. 연회 시간이 되어 그 사람은 종들을 보내어 초대받은 사람들에게 전했습니다. '오세요. 이제 준비가 다 되었습니다.' 그러나 그들은 모두 하나같이 핑계를 댔습니다. 첫 번째 사람이 그에게 말했습니다. '제가 땅을 조금 샀습니다. 그래서 가봐야 합니다. 부디 양해해 주십시오.' 다른 사람이 말했습니다. '나는 황소를 다섯 쌍 샀는데 일도 시켜 보고 소도 어떤지 보러 가는 중입니다. 부디 내 사과를 전해 주십시오.' 또 다른 사람이 말했습니다. '나는 막 결혼을 했습니다. 분명 내가 갈 수 없다는 것을 이해해 주실 것입니다.' 그래서 종이 돌아가 주인에게 이 모든 내용을 보고했습니다. 주인은 심히 노하여 종에게 말했습니다. '이제 시내의 거리와 골목으로 서둘러 가서 가난한 이들과 신체장애가 있는 이들과 눈먼 이들과 다리 저는 이들을 이리로 데려와라.' 그렇게 하고 나서 종이 말했습니다. '주인께서 말씀하신 대로 했지만, 아직도 빈자리가 있습니다.' 그러자 주인이 대답했습니다. '이제 큰길과 산울타리로 가서 사람들을 들어오게 하여 내 집을 가득 채워라. 내가 네게 말한다. 내가 초대한 사람들은 하나도 내 만찬을 맛보지 못할 것이다.'"

제자도의 대가
예수가 계속 길을 갈 때 큰 무리가 예수와 동행했다. 예수가 돌아서서 그들에게 말했다. "누구든 내게 올 때 아버지와 어머니와 아내와 자녀와 형제와 자매 그리고 자기의 목숨까지 '미워하지' 않으면 내 제자가 될 수 없습니다. 자기 십자가를 지고 내 발자취를 따르지 않을 사람은 내 제자가 될 수 없습니다. 만약 여러분 가운데 누군가가 고층 건물을 지으려 한다면, 먼저 앉아서 건물을 완성할 수 있을지 비용을 계산해 보지 않겠습니까? 그렇게 하지 않으면, 기초는 놓았지만 건물을 완성하지 못해서, 보는 사람이 다 비웃으며 말할 것입니다. '공사를 시작해 놓고 완성하지 못한 사람이 여기 있네!' 혹은 전쟁을 하려는 왕이 있다면, 만 명 군사로 상대 왕의 이만 명 군사와 싸울 수 있을지 먼저 심사숙고하지 않겠습니까? 만약 전쟁을 할 수 없다고 결정한다면, 상대 왕이 아직 멀리 떨어져 있을 때 사신을 보내어 화친을 청할 것입니다. 여러분도 마찬가지입니다. 자신의 모든 소유와 작별한 사람만이 내 제자가 될 수 있습니다."

잃어버린 양의 비유

세금 징수원과 '버림받은 자'들이 다 예수가 하는 말을 들으려고 주변에 몰려들었다. 바리새인들과 율법학자들이 불평하며 말했다. "이 사람이 죄인들을 맞아들이고, 그들과 함께 식사도 하는구나." 그래서 예수가 이런 비유를 사용해 그들에게 말했다. "너희 가운데 한 사람이 양 백 마리를 기르다가 그중 하나를 잃어버리면 아흔아홉 마리를 밖에 두고 잃어버린 양 하나를 찾을 때까지 뒤쫓지 않겠느냐? 그래서 그 양을 찾으면 아주 기뻐하며 어깨에 메고 집에 오자마자 친구들과 이웃들을 불러 모아 놓고, '같이 기뻐해 주십시오. 잃어버렸던 내 양을 찾았습니다'라고 말할 것이다. 너희에게 말한다. 하늘에서도 이와 같다. 회개할 필요 없는 의인 아흔아홉보다 그 마음을 돌이킨 죄인 한 사람으로 인해 더 기뻐한다."

잃어버린 동전의 비유

"혹은 은화 열 개를 소유한 어떤 여인이 하나를 잃어버리면 등불을 들고 집 안을 쓸며 동전을 찾을 때까지 구석구석 뒤지지 않겠느냐? 그래서 그 동전을 찾으면 친구들과 이웃들을 불러 모아 놓고, '같이 기뻐해 주세요. 잃어버렸던 동전을 찾았습니다'라고 말할 것이다. 너희에게 말한다. 하늘에서도 이와 같다. 마음을 돌이킨 죄인 한 사람으로 인해 하나님의 천사들이 기뻐한다."

탕자의 비유

그런 다음 계속 말씀을 이어 갔다. "어떤 사람에게 아들이 둘 있었다. 작은아들이 아버지에게 말했다. '아버지, 제가 상속받을 재산을 주십시오.' 그래서 아버지는 재산을 두 아들에게 나누어 주었다. 얼마 지나지 않아 작은아들은 자기 재산을 다 모아 먼 나라로 떠났고, 거기서 방탕하게 살며 재산을 다 허비했다. 가진 돈을 다 써 버렸을 무렵, 그 나라에 지독한 흉년이 들어 그는 돈에 쪼들리기 시작했다. 그래서 그 나라에 사는 어떤 사람을 찾아가서 일거리를 얻었다. 그 사람은 그를 들로 보내어 돼지를 치게 했다. 그는 돼지가 먹는 곡물 겉껍질로 배를 채우고 싶은 지경까지 갔지만, 누구도 그에게 먹을 것을 주지 않았다. 그제야 그는 제정신이 들어 큰 소리로 외쳤다. '아버지의 일꾼 수십 명은 먹고도 남을 양식이 있는데 나는 여기서 굶어 죽는구나! 일어나 아버지에게 돌아가, "아버지, 나는 하늘과 아버지 앞에서 몹쓸 짓을 했습니다. 나는 더 이상 아들 자격이 없으니 나를 아버지의 일꾼으로 삼아 주세요"라고 말해야겠다.' 그래서 그는 일어나 아버지에게 갔다. 그가 아직 멀리 있는데도 아버지가 그를 보고 가여운 마음이 들어 달려가 목을 껴안고 입을 맞추었다. 그러나 아들은 말했다. '아버지, 나는 하늘과 아버지 앞에서 몹쓸 짓을 했습니다. 나는 더 이상 아들 자격이 없으니….' 아버지는 종들에게 큰 소리로 말했다. '서둘러라! 가장 좋은 옷을 가져와서 이 아이에게 입혀라! 손가락에 반지를 끼우고 발에 신을 신겨라. 살진 송아지를 잡아라. 우리는 축하 잔치를 할 것이다! 이 아이는 내 아들이다. 죽었다가 다시 살아온 아들이다. 잃어버렸다가 이제 다시 찾았다!' 그래서 그들은 잔치를 벌이기 시작했다.

그런데 그의 큰아들이 밭에 나가 있다가 집에 가까이 왔을 때쯤, 음악 소리와 춤추는 소리를 들었다. 그래서 종 하나를 불러 무슨 일인지 물어보았다. '동생분이 돌아왔습니다. 동생분이 다시 무사히 집에 돌아와서 주인께서 살진 송아지를 잡으셨습니다' 하고 종이 대답했다. 그러나 큰아들은 몹시 화가 나서 집 안으로 들어가려 하지 않았다. 그래서 아버지가 밖으로 나와서 간청했다. 그러자 그가 갑자기 소리를 질렀다. '제가 몇 년 동안이나 아버지를 위해 종처럼 일하고 아버지의 명령은 단 하나도 어긴 적이 없는데, 아버지는 제가 친구들과 연회를 하도록 염소 새끼 하나 주신 일이 없지 않습니까? 그런데 아버지의 작은아들, 창녀들에게 아버지의 돈을 다 써 버린 작은아들이 돌아왔다고 살진 송아지를 잡으시다니요!' 그러나 아버지가 대답했다. '사랑하는 아들아, 너는 늘 나와 함께 있었고, 내가 가진 모든 것이 네 것이다. 그러나 우리는 축하하고 기뻐해야 한다. 이 아이가 네 동생이니 말이다. 네 동생은 죽었다가 살아왔다. 우리가 잃어버렸다가 이제 다시 찾았다!'"

불의한 청지기의 비유

그러고 나서 예수가 제자들에게 이런 이야기를 해 주었다. "어떤 부자가 있었는데, 관리인이 그의 재산을 잘못

관리한다는 말을 들었다. 그래서 관리인을 불러서 말했다. '내가 자네에 관해 들은 말이 대체 무슨 소린가? 자네가 내 재산을 어떻게 관리해 왔는지 다 설명하게. 자네는 더 이상 내 살림을 맡아 관리할 수 없네.' 이 말을 들은 관리인은 속으로 말했다. '주인이 이 관리 업무를 못 하게 하려 하는구나. 이제 어쩌지? 밭을 갈 힘도 없고, 구걸할 정도로 바닥으로 갈 수도 없고…. 아, 뭘 해야 할지 알겠어. 그렇게 하면 내가 직장을 잃어도 사람들이 나를 자기 집으로 맞아들여 줄 거야!' 그래서 그는 주인의 채무자들을 하나씩 불러, 먼저 온 사람에게 이렇게 말했다. '내 주인에게 얼마를 빚졌습니까?' 그는 '기름 백 통입니다' 하고 대답했다. 그러자 관리인은 '여기 당신의 청구서를 가지고 앉아서 빨리 오십 통이라고 쓰십시오' 하고 말했다. 그런 다음 다른 사람에게 '당신의 빚은 어느 정도요?' 하고 물었다. 그는 '밀 천 포대입니다' 하고 대답했다. 관리인은 '당신의 청구서를 가지고 가서 팔백 포대라고 쓰십시오' 하고 말했다. 그러자 주인은 이 교활한 관리인을 칭찬했다. 그가 아주 철저하게 자기 미래를 준비했기 때문이다.

현 시대를 상대하는 면에서는 세상의 자녀들이 빛의 자녀들보다 훨씬 더 능숙하다. 이제 너희를 향한 내 조언은, 돈이 오염되긴 했지만 친구를 사귀는 데 '돈'을 쓰라는 것이다. 그래야 끝 날이 올 때 그들이 너희를 영원한 집으로 맞아들일 것이다."

이혼과 독신에 관해서

그때 바리새인들이 예수를 시험할 질문을 가지고 찾아왔다. 그들이 물었다. "남자가 어떤 이유로든 아내와 이혼하는 것이 옳을까요?" 예수가 대답했다. "태초에 그들을 창조하신 분이 그들을 남자와 여자로 만드시면서 '이 때문에 남자는 자기 아버지와 어머니를 떠나 아내와 연합해야 한다. 둘이 한 몸이 되어야 한다'라고 하신 것을 읽지 못했느냐? 따라서 그들은 더 이상 독립된 두 사람이 아니라 하나다. 그러므로 하나님이 합치신 것을 사람이 갈라놓아서는 안 된다." 그들은 "그렇다면 왜 모세는 서면으로 된 이혼 증서를 주고 아내를 내쫓으라고 명령했을까요?" 하고 따져 물었다. "너희가 사랑의 의미를 잘 모르니, 모세가 아내와 이혼하는 것을 허용했던 것이다! 그러나 근본 원리는 그렇지 않다. 너희에게 말한다. 외도 외에 어떤 이유로든 아내와 이혼하고 다른 여자와 결혼하는 사람은 누구든 간음을 범하는 것이다."

제자들이 예수에게 말했다. "아내를 대하는 남편의 위치가 그렇다면 아예 결혼하지 않는 편이 낫겠습니다!" 예수는 이렇게 대답했다. "모든 남자가 이 원리를 받아들일 수 있는 것은 아니다. 특별한 은사가 있는 사람만이 가능하다.

날 때부터 결혼할 수 없는 사람도 있고, 사람들의 조처로 그리된 사람도 있고, 하늘나라를 위해 스스로 그리된 사람도 있다. 내 말을 받아들일 수 있는 사람은 받아들여라.”

부자와 나사로의 비유

“옛날에 보라색 옷과 좋은 삼베옷을 즐겨 입고 날마다 호화로운 생활을 하던 부자가 있었다. 그 집 대문 앞에는 나사로라는 가난한 사람이 버려져 있었다. 그의 몸은 상처투성이었다. 나사로는 부자의 상에서 나오는 음식 찌꺼기라도 먹었으면 하는 마음이 간절했다. 개들이 와서 그의 상처를 핥곤 했다. 가난한 나사로가 죽자 천사들이 그를 아브라함의 품으로 데리고 갔다. 부자도 죽어 땅에 묻혔다. 부자가 죽은 자들이 있는 곳에서 고통스러워하며 올려다보니 저멀리 아브라함이 보였고 그의 품에 나사로가 있었다. 그가 소리쳤다. ‘아브라함 조상님, 부디 나를 불쌍히 여겨 주십시오! 나사로의 손가락 끝에 물을 적셔 내 혀를 시원하게 해주십시오. 나는 이 불길 속에서 심히 고통스럽습니다.’ 그러나 아브라함이 대답했다. ‘아들아, 기억해라. 나사로가 고통스럽게 지내는 동안 너는 평생 좋은 것들을 누리며 살았다. 그래서 그는 여기서 위로를 받고, 너는 심한 고통을 받는 것이다. 더구나 너와 우리 사이에는 크고 깊은 수렁이 있어, 이쪽에서 너에게 가고 싶어도 갈 수 없고 너희 쪽에서도 우리에게 올 수 없다.' 이 말을 듣고 그가 말했다. '그러면 조상님, 나사로를 내 아버지 집으로 보내 주시기를 간청합니다. 내게는 다섯 형제가 있습니다. 나사로가 그들에게 경고하면 그들은 고통이 극심한 이곳에 오지 않을 것입니다.' 그러나 아브라함은 말했다. '그들에게는 모세와 예언자가 있다. 그들은 그들의 말을 들으면 된다.' 그는 '아닙니다. 아브라함 조상님, 죽은 자가 가서 말해야 그들이 완벽하게 돌이킬 것입니다'라고 말했다. 그러나 아브라함은 그에게 말했다. '모세와 예언자의 말을 듣지 않는다면, 죽은 자가 살아난다 해도 그들은 믿지 않을 것이다.'"

신실한 종의 비유

"너희에게 밭을 갈거나 양을 보살피는 종이 있다면, 너희는 그가 밭에서 돌아왔을 때 '어서 와서 밥부터 먹어라'라고 말할 것 같으냐? 오히려 이렇게 말하지 않겠느냐? '내 저녁 준비를 하거라. 옷을 갈아입고, 내가 먹고 마시는 동안 내 시중을 들어라. 그런 다음 너는, 내가 다 먹고 나면 먹어라.' 너희는 너희 종이 시키는 대로 했다고 해서 고마워하느냐? 나는 그렇게 생각지 않는다. 너희도 마찬가지다. 너희가 들은 대로 다 행해도, 너희는 '우리는 부족한 종입니다. 우리는 해야 할 일을 했을 뿐입니다'라고 말해야 한다."

나병 환자 열 명을 고치시다

예수가 예루살렘으로 가는 길에 사마리아와 갈릴리 경계를 지나고 있었다. 예수가 한 마을에 가까이 갔을 때 나병 환자 열 명을 만났다. 그들은 일정한 거리를 두고 큰 소리로 말했다. "예수님, 선생님, 우리를 불쌍히 여겨 주십시오!" 예수가 그들을 보고 말했다. "가서 제사장들에게 그대들의 몸을 보여 주게." 그래서 그들은 가는 길에 고침을 받았다. 그들 중 한 명은 자신이 나은 것을 알고 되돌아와서 목소리를 높여 하나님을 찬양한 다음, 예수 앞에 엎드려서 감사를 드렸다. 그는 사마리아인이었다. 이 말을 듣고 예수가 말했다. "열 명이 낫지 않았소? 나머지 아홉은 어디에 있소? 이 이방인 외에는 돌아와서 하나님을 찬양하려 한 사람이 아무도 없는 것이오?" 그러고 나서 예수가 그 사람에게 말했다. "이제 일어나 가게. 그대의 믿음이 그대를 낫게 했네."

인자의 날

그 후에 바리새인들이 예수에게 하나님 나라가 언제 오느냐고 묻자, 예수는 그들에게 이렇게 대답했다. "하나님 나라는 그 나라의 표징을 찾는다고 해서 얻을 수 있는 것이 아니다. 사람들이 '보아라, 여기 있다'라거나 '저기 있다'고 말할 수 없다. 하나님 나라는 너희 안에 있기 때문이다."

그때 예수가 제자들에게 말했다. "너희가 인자의 날을

단 하루라도 다시 보기를 열망할 때가 오겠지만, 너희는 보지 못할 것이다. 사람들이 너희에게 '보아라, 저기 있다'라거나 '보아라, 여기 있다'고 말할 것이다. 그러나 너희는 너희가 있는 그곳에 그대로 있고 그들을 따라가지 마라! 인자의 날은 번개가 하늘 끝에서 다른 끝까지 번쩍이는 것 같을 것이기 때문이다. 그러나 그 일이 일어나기 전에 인자가 많은 고난을 겪고 이 세대에게 철저하게 버림을 받아야 한다.

인자가 오는 때에 삶은 노아의 때와 같을 것이다. 노아가 방주로 들어간 그날까지, 사람들은 먹고 마시고 장가가고 시집가고 있었다. 그런 다음 홍수가 와서 그들을 다 말살시켰다. 그때는 롯의 때와도 같을 것이다. 사람들은 먹고 마시고, 사고팔고, 심고 세웠지만, 롯이 소돔을 떠나던 날, 하늘에서 불과 유황이 비처럼 내려 그들을 다 말살시켰다. 인자가 나타나는 날에도 그러할 것이다.

그날이 오면, 지붕 위에 있는 사람은 재산이 집 안에 있더라도 그것들을 가지러 내려가지 마라. 밭에 나가 있는 사람은 무언가를 가지러 되돌아오지 마라. 롯의 아내에게 어떤 일이 있었는지 기억해라. 자기 생명을 보존하고자 하는 이는 누구든 잃을 것이고, 생명을 잃을 준비가 되어 있는 이는 보존할 것이다.

내가 너희에게 말한다. 그 밤에 한 침대에서 두 사람이 자고 있어도, 한 사람은 데려가고 다른 한 사람은 남을 것이다. 두 여인이 함께 맷돌을 갈고 있어도, 한 여인은 데려가고 다른 한 여인은 남을 것이다." 그들이 예수에게 물었다. "그런데, 주님, 어디에서 그런 일이 일어납니까?" 예수는 "시체가 있는 곳마다 독수리들이 모인다"라고 대답했다.

불의한 판사의 비유

그러고 나서 예수는 항상 기도하고 절대 낙담하지 말아야 한다며 실례를 들어 주었다. "옛날에 어떤 도시에 하나님도 두려워하지 않고 동료들도 존중하지 않는 판사가 있었다. 그 도시에 한 과부가 살았는데, 판사를 계속 찾아가서 '제발 저를 파멸시키려 하는 사람에게서 저를 보호해 주십시오'라고 말했다. 판사는 과부의 요청을 오랫동안 거절했다. 그러나 한참 뒤에 속으로 이렇게 말했다. '내가 하나님도 두려워하지 않고 사람들도 존중하지 않지만, 이 여자가 이렇게 성가시게 하니 이 여자를 위해 판결을 내려야겠다. 그러지 않으면 이 여자가 계속 찾아와서 내가 죽을 것 같다!'" 그런 다음 주가 말했다. "이 불성실한 판사가 어떻게 행동했는지 눈여겨보아라. 하나님이 아무리 참을성이 있다 해도, 자신이 택한 백성들이 밤낮으로 호소하는데, 정의를 행하시지 않을 것 같으냐? 너희에게 분명히 말한다. 하나님은 지체하지 않고 정의를 행하실 것이다. 그러나 인자가 올 때 땅에서 그를 믿는 사람들을 찾을 수 있겠느냐?"

바리새인과 세금 징수원의 비유

그러고 나서 예수는, 자기들은 선하다고 믿으며 다른 사람들을 업신여기는 이들에게 실례를 들어 주었다. "두 사람이 성전에 기도하러 올라갔는데, 한 사람은 바리새인이고 다른 사람은 세금 징수원이었다. 바리새인은 서서 혼자 이렇게 기도했다. '오, 하나님, 제가 다른 사람들, 곧 탐욕스럽고 부정직하고 순결하지 못한 사람들과 같지 않아서, 더욱이 저쪽에 있는 저 세금 징수원과 같지 않아서 감사합니다. 저는 매주 두 번씩 금식하고, 제 수입의 십일조를 드립니다.' 그러나 세금 징수원은 멀리 떨어진 구석에 서서 감히 하늘을 올려다보지도 못하고 몸으로 절망을 표현하며 말했다. '하나님, 저 같은 죄인을 긍휼히 여겨 주십시오.' 너희에게 분명히 말한다. 하나님 앞에서 의롭다고 인정을 받은 사람은 다른 사람이 아닌, 바로 그였다. 스스로를 대단하다 여기는 사람은 모두 보잘것없는 사람이 되고, 스스로를 보잘것없다고 여기는 사람은 대단한 사람이 될 것이다."

예수가 아이들을 축복하시다

그때 몇몇이 어린아이들을 데려와 예수가 어루만져 주기를 바랐다. 제자들이 그들을 막으려 했다. 예수는 제자들의 모습을 보고 화를 내며 말했다. "어린아이들이 내게 오도록 두어라. 막지 마라! 하나님 나라는 이런 자들의 것이다.

진실로 너희에게 분명히 말한다. 어린아이처럼 하나님 나라를 받아들이지 않는 사람은 절대 그 나라에 들어가지 못한다." 그러고 나서는 아이들을 안고 그들에게 손을 얹고 축복했다.

부자 청년

예수가 다시 길을 떠날 때 한 남자가 달려와 발 앞에 엎드려서 물었다. "선한 선생님, 영원한 삶을 확신하려면 무엇을 해야 하는지 제발 알려 주십시오." 예수가 대답했다. "왜 그대는 나를 선하다고 하나요? 선한 사람은 아무도 없습니다. 오직 하나님만 선합니다. 그대는 이런 계명들을 알고 있습니다. '살인하지 마라. 간음하지 마라. 도둑질하지 마라. 위증하지 마라. 속이지 마라. 네 부모를 공경해라.'" 그가 대답했다. "선생님, 저는 아주 어렸을 때부터 이 모든 계명을 정성을 다해 지켰습니다." 예수는 따뜻한 마음으로 그를 똑바로 바라보았다. 예수가 말했다. "그대에게 아직 부족한 것이 하나 있습니다. 가서 그대가 가진 모든 것을 팔아 그 돈을 가난한 자들에게 주세요. 그러면 하늘에서 부유하게 될 겁니다. 그런 다음 나를 따르세요." 아주 부자였던 그는 이 말을 듣자 어두운 얼굴로, 깊이 고뇌하며 돌아갔다.

선두에 있는 많은 이가 꼴찌가 될 것이다

예수는 제자들을 둘러보며 말했다. "가진 것이 아주 많은 사람은 하나님 나라에 들어가기가 정말 어렵다!" 제자들은 깜짝 놀랐지만 예수는 계속 말했다. "얘들아, 하나님 나라에 들어가기가 얼마나 어려운지 모른다. 부자가 하나님 나라에 들어가는 것보다는 낙타가 바늘귀를 통과하는 것이 더 쉬울 것이다." 이 말에 제자들은 무한정 놀라 서로 말했다. "그렇다면 누가 구원을 받을 수 있을까?" 예수는 그들을 똑바로 바라보며 말했다. "인간적으로 말하면 불가능한 일이다. 그러나 하나님께는 그렇지 않다. 하나님께는 모든 것이 가능하다."

베드로가 소리쳤다. "그러나 보십시오. 우리는 모든 것을 버리고 선생님을 따랐습니다!" 예수는 말했다. "내가 너희에게 약속한다. 나와 기쁜 소식을 위해 집이든 형제든 자매든 어머니든 아버지든 자녀든 땅이든 버린 사람은, 이생에서 박해를 받아도, 집과 형제와 자매와 어머니와 자녀와 땅의 백배를 돌려받을 것이다. 또한 다음 세상에서 영원한 삶도 받을 것이다. 그러나 지금 선두에 있는 많은 이들이 그때 꼴찌가 되고, 지금 꼴찌가 그때 선두가 될 것이다."

그때 세베대의 두 아들 야고보와 요한이 예수에게 말했다. "선생님, 꼭 들어주셨으면 하는 청이 있습니다." "원하는 것이 무엇이냐?" "선생님께서 영광스럽게 다스리실 때 우리를 선생님 양편에 앉게 해 주십시오." "너희가 무엇을 구하는지 모르는구나. 너희는 내가 마셔야 하는 잔을 마실 수 있겠느냐? 내가 견뎌야 하는 세례를 받을 수 있겠느냐?" "네, 할 수 있습니다." "너희는 정말 내가 마시는 잔을 마시고, 내가 견뎌야 할 세례를 받을 것이다! 그러나 내 양편에 앉는 일은, 내가 허락할 일이 아니다. 그 자리는 임자가 있다."

열 제자는 그 말을 듣고 야고보와 요한에게 심하게 화를 냈다. 그래서 예수는 그들을 모두 불러서 말했다. "너희도 알듯이 소위 이교도의 통치자들은 사람들 위에 군림하고, 최고 권력자들은 절대 권력을 가지고 있다. 그러나 너희는 달라야 한다. 너희 중에 누구든 높은 사람이 되고 싶으면 너희 모두의 종이 되어야 한다. 너희 중에 누구든 으뜸이 되고 싶으면, 너희 모두의 노예가 되어야 한다! 인자는 섬김을 받으러 온 것이 아니라 섬기러 왔고, 많은 이들을 해방하려고 자기 생명을 주러 왔기 때문이다."

눈먼 거지를 고치시다

그들은 여리고에 도착했다. 예수가 제자들과 큰 무리와 함께 그곳을 떠날 때 바디매오(즉, 디매오의 아들)라는 눈먼 거지가 길가에 앉아 있었다. 그는 나사렛 예수가 왔다는 말을 듣고 소리치기 시작했다. "다윗의 자손 예수여, 불쌍히 여겨 주십시오!" 수많은 사람이 그에게 조용히 하라고 야단 쳤지만, 그는 더 크게 소리쳤다. "다윗의 자손이여, 저 좀 불쌍히 여겨 주십시오!" 예수는 꼼짝도 하지 않고 서서 말했 다. "그를 이리로 부르십시오." 그래서 그들이 그 눈먼 사람 을 불러 말했다. "이제 괜찮소. 일어나요. 그가 당신을 부릅 니다!" 그는 겉옷을 내버리고 벌떡 일어나 예수에게 갔다. 예수는 "내가 그대에게 무엇을 해 주기를 원하나요?" 하고 물었다. 눈먼 사람이 대답했다. "선생님, 다시 보고 싶습니 다!" 예수가 말했다. "이제 가세요. 그대의 믿음이 그대의 병 을 낫게 했습니다." 그가 즉시 시력을 회복하고, 예수가 가 는 길을 따라갔다.

예수와 삭개오

예수가 여리고로 들어가 그곳을 지나고 있었다. 그곳 에는 세무서장인 삭개오라는 부자가 있었는데, 그는 예수 가 어떤 사람인지 보고 싶었다. 그러나 키가 아주 작아서 무 리에 둘러싸인 예수를 볼 수 없었다. 그래서 예수가 지나갈 길을 앞서 달려가서 무화과나무 위로 올라갔다. 예수가 그 곳에 도착해 올려다보며 그에게 말했다. "삭개오, 빨리 내려 오게. 내가 오늘 그대의 손님으로 가야겠네." 그래서 삭개오 는 재빨리 내려와서 기쁘게 예수를 맞아들였다. 그러나 구 경꾼들은 못마땅해하며 불평했다. "이제 그가 진짜 죄인의 집에 묵으러 가는구나." 그러나 삭개오는 서서 주에게 말했다. "보십시오, 주님. 제 재산의 절반을 가난한 이들에게 주겠습니다. 또 누구에게든 사취한 일이 있다면 네 배로 갚겠습니다." 예수가 그에게 말했다. "오늘 구원이 이 집에 이르렀다! 삭개오는 아브라함의 자손이며, 인자는 잃어버린 자를 찾아 구원하러 왔다."

돈의 비유

그때 무리가 여전히 주의를 집중해 듣고 있을 때, 예수가 그들에게 계속 이런 비유를 들려주었다. 예수가 예루살렘에 가까이 왔으므로 그들은 하나님 나라가 곧 나타나리라고 생각했기 때문이다. "옛날에 명문가에 속한 한 사람이 왕위를 받아 오려고 외국으로 가게 되었습니다. 그는 종 열 명을 불러 각각 천만 원씩 주며 말했습니다. '내가 돌아올 때까지 이 돈으로 사업을 해라.' 그러나 시민들은 그를 몹시 싫어해서, 뒤따라 대표단을 보내어 말했습니다. '우리는 이 사람을 우리 왕으로 삼지 않을 겁니다.' 그러고 나서 그는 왕위를 받고 돌아와서, 돈을 맡겼던 종들을 불렀습니다. 그들이 이익을 얼마나 냈는지 알아보려는 것이었습니다. 첫 번째 종이 그 앞에 와서 말했습니다. '폐하, 제게 주신 천만 원으로 일억 원을 벌었습니다.' 그는 '정말 훌륭하구나, 착한 종아, 이 적은 돈으로 네가 믿을 만함을 증명했으니, 너에게 도시 열 개를 맡기겠다' 하고 말했습니다. 두 번째 종이 와서 말했습니다. '폐하, 주신 천만 원으로 오천만 원을 벌었습니다.' 그러자 그가 종에게 말했습니다. '잘했다. 너를 다섯 도시를 다스리는 자로 임명한다.' 마지막 종이 와서 말했습니다. '폐하, 여기 주신 천만 원이 있습니다. 저는 그것을 보자기로 잘 싸서 보관해 두었습니다. 저는 두려웠습니다. 폐하께서는 아무것도 없는 데서 무언가를 얻고, 심지 않은 데서 거두시는, 엄한 분임을 알기 때문입니다.' 그 말에 그가 대답했습니다. '불한당 같으니라고. 너는 너의 말대로 책망을 받을 것이다! 너는 내가 아무것도 없는 데서 무언가를 얻고, 심지 않은 데서 거두는 엄한 사람인 줄 잘 알고 있었단 말이지? 그렇다면 왜 내 돈을 은행에 맡기지 않았느냐? 그러면 내가 돌아왔을 때 그 돈과 이자를 돌려받을 수 있었을 텐데.' 그가 옆에 서 있는 사람들에게 말했습니다. '그의 천만 원을 빼앗아 일억 원을 가진 이에게 주어라.' '그러나 폐하, 그에게는 이미 일억 원이 있습니다' 하고 그들이 왕에게 말했습니다. 그가 대답했습니다. '그렇다. 내가 너희에게 말한다. 가진 사람은 더 받을 것이다. 그러나 아무것도 없는 사람은 그 "없는 것"마저 빼앗길 것이다. 내가 왕이 되는 것을 반대한 원수들을 이리로 끌어내어, 내 앞에서 그들을 처형해라.'"

포도원 일꾼의 비유

하늘나라는 포도원에서 일할 일꾼들을 고용하려고 아침 일찍 나가는 집주인과 같다. 그는 일당을 은화 하나로 합의하고, 그들을 포도원으로 보냈다. 아홉 시쯤 시장에 나가 보니, 할 일 없이 서성이는 사람들이 보였다. 주인은 그들에게 '당신들도 포도원으로 가시오. 그러면 적정한 임금을 드리겠소' 하고 말했다. 그래서 그들도 일하러 갔다. 주인은 정오쯤, 그러고 다시 오후 세 시쯤 나가서도 그렇게 했다. 그러고 나서 다섯 시쯤에 나가 보니, 서성이는 사람들이 더 있었다. 주인은 그들에게 '당신들은 왜 하루 종일 일도 하지 않고 서성거리고 있소?' 하고 물었다. 그들은 '아무도 우리를 써 주지 않아서 그렇습니다' 하고 대답했다. 그러자 주인은 '그러면 당신들도 포도원으로 가시오' 하고 말했다. 저녁이 되자, 포도원 주인이 감독에게 말했다. '일꾼들을 불러, 나중에 온 이들부터 시작해서 맨 처음 온 이들까지 일당을 주시오.' 그래서 먼저 다섯 시부터 일한 이들이 나와서 각각 은화 하나씩을 받았다. 그러자 맨 처음부터 일한 이들은 자기가 더 받으리라 생각했지만 그들 역시 각각 은화 하나씩 받았다. 그들은 돈을 받고 나서 집주인에게 불평하며 말했다. '마지막에 온 사람들은 겨우 한 시간 일했는데, 온갖 힘든 일과 한낮의 열기도 견딘 우리를 그들과 똑같이 대우하시다니요!' 그러나 주인이 그들 중 하나에게 답했다. '친구여, 나는 당신을 부당하게 대우하지 않았습니다. 우리는 일당을 은화 하나로 정하지 않았소? 당신이 받은 돈을 가지고 집으로 가세요. 늦게 온 사람에게도 당신이 받은 만큼 주는 것은 내 뜻입니다. 내 것을 내 마음대로 쓰지도 못한단 말입니까? 내가 너그러운 것을 보고 질투하는 것입니까?' 그러므로 지금 꼴찌인 많은 이들이 그때 첫째가 되고, 첫째는 꼴찌로 밀려날 것이다."

예수에 대해 의견이 엇갈리다

그러나 명절 중간에 예수는 성전에 올라가 가르치기 시작했다. 유대인들이 놀라서 말했다. "이 사람이 이걸 다 어떻게 알지? 배운 적도 없는 사람인데?" 예수가 그들에게 대답했다. "참된 분이 나를 보내셨는데, 여러분은 그분을 모릅니다! 나는 그분을 압니다. 나는 그분에게서 왔고 그분이 나를 이곳으로 보내셨기 때문입니다." 그들이 예수를 체포하려 했지만, 실제로는 아무도 그에게 손가락 하나 대지 않았다. 아직 때가 오지 않았기 때문이다. 많은 무리가 예수를 믿었고 계속 이렇게 말했다. "그리스도가 오시면 이 사람보다 더 놀라운 표징을 보여 주실 수 있을까?"

바리새인들은 무리가 예수에 대해 이렇게 속삭이는 것을 듣고, 대제사장들과 합세하여 예수를 체포하도록 관리들을 보냈다. 그때 예수가 말했다. "나는 잠시 동안만 더 너희와 함께 있다가, 나를 보내신 분께로 갈 것이다. 너희는 그때 나를 찾으려 하겠지만 찾아내지 못할 것이다. 너희는 내가 있을 곳에 올 수 없다." 이로 인해 유대인들이 서로 말했다. "그가 어디로 가기에 우리가 찾아낼 수 없는 거지? 설마 그리스인들 사이에 흩어져 사는 우리 동족에게 가겠다는 말인가? 그곳에서 그리스인들을 가르치겠다는 말은 아니겠지? '너희는 나를 찾으려 하겠지만 찾아내지 못할 것이다. 너희는 내가 있을 곳에 올 수 없다'라는 말이 무슨 뜻이지?"

명절의 절정인 마지막 날에 예수가 일어나 외쳤다. "누구든 목마르면 내게로 와서 마실 수 있습니다! 나를 믿는 사람은, 성경이 말하듯, 그 마음속 깊은 데서 생수의 강이 흘러나올 것입니다!" (예수는 여기서 그를 믿는 사람들이 받을 성령에 대해 말했다. 예수가 아직 영광을 받지 않았기 때문에 그들도 아직 성령을 받지 않았다.)

이 말씀을 듣고, 몇 사람이 말했다. "이 사람은 정말 그 예언자다." 또 다른 사람들은 "이 사람은 그리스도다!"라고 말했다. 그러나 어떤 사람들은 이렇게 말했다. "그리스도가 갈릴리 출신인가? 성경은 그리스도가 다윗의 후손일 것이며, 다윗이 살았던 마을 베들레헴에서 태어날 것이라고 말하지 않았나?" 이렇듯 사람들은 예수에 대해 의견이 엇갈렸다. 몇 사람은 예수를 체포하고 싶었지만, 누구도 그에게 손을 대지 않았다.

관리들이 바리새인들과 대제사장들에게 돌아오자, 이들이 관리들에게 말했다. "어째서 당신들은 그를 데려오지 못했소?" 그들이 대답했다. "지금까지 이 사람처럼 말하는 사람은 없었습니다!" 바리새인들이 대답했다. "그가 당신들도 속였소? 권세자들이나 바리새인들 중에서 누가 그를 믿나요? 그러나 율법을 모르는 이 무리는 저주받은 이들이오!" 그들 가운데 하나인 (이전에 예수를 만나러 갔던) 니고데모가 그들에게 말했다. "그러나 우리 율법에 따르면, 먼저 고발당한 이의 말을 듣고 그의 행동을 알아보고 나서, 판결해야 하는 것 아닌가요?" 그들이 대답했다. "당신도 갈릴리 사람이오? 한번 찾아보시오. 갈릴리에서 예언자가 나온다는 말은 찾지 못할 테니까!"

간음하다 잡힌 여인과 예수

그래서 그들은 모임을 끝내고 집으로 돌아갔다. 예수는 올리브산으로 떠났다. 이튿날 아침 일찍 예수가 성전으로 돌아가자, 무리 전체가 예수에게 나아왔다. 예수는 앉아서 그들을 가르치기 시작했다. 그러나 율법학자들과 바리새인들이, 간음하다 잡힌 여인을 예수에게 데리고 왔다. 그들은 여인을 앞에 세운 다음, 예수에게 말했다. "선생님, 이 여자가 간음하다 현장에서 잡혔습니다. 율법에 따르면, 모세는 간음한 여자들은 돌로 쳐서 죽이라고 명령했습니다. 선생님은 어떻게 말씀하시겠습니까?" 그들은 예수를 시험하여, 고소할 좋은 빌미를 잡고자 이렇게 말했다. 그러나 예수는 허리를 굽히고, 손가락으로 흙바닥에 무언가를 쓰기 시작했다. 그러나 그들이 집요하게 질문을 해 대자, 몸을 일으켜 그들에게 말했다. "당신들 중에서 한 번도 죄를 짓지 않은 사람이 먼저 여인에게 돌을 던지시오." 그러고 나서 다시 허리를 굽히고 손가락으로 땅에 무언가를 계속 썼다. 그들은 예수의 말을 듣고 양심의 가책을 받아, 나이가 가장 많은 사람부터 하나씩 떠나갔다. 예수만 홀로 남았고, 여인은 그들이 세워 놓은 곳에 가만히 서 있었다. 그래서 예수가 일어나 여인에게 말했다. "사람들이 다 어디에 있는가? 그대에게 죄가 있다고 한 사람이 하나도 없는가?" "아무도 없습니다. 선생님." 예수가 여인에게 말했다. "나도 그대에게 유죄 판결을 내리지 않겠네. 이제 가서 다시는 죄를 짓지 말게."

세상의 빛

그 후에 예수가 다시 사람들에게 말했다. "나는 세상의 빛입니다. 나를 따르는 사람은 절대 어둠 속에서 걷지 않고 빛 가운데서 살 것입니다." 이로 인해 바리새인들이 예수에게 말했다. "당신이 당신 자신에 대해 증언하는 것이니, 당신의 증언은 효력이 없습니다." 예수가 대답했다. "내가 나 자신에 대해 증언한다 해도 내 증언은 효력이 있다. 나는 내가 어디에서 왔는지, 어디로 갈지 알기 때문이다. 그러나 너희는 내가 어디에서 왔고, 또 어디로 갈지 모른다. 나는 너희에 대해 할 말도 많고, 정죄할 것도 많다. 그러나 나를 보내신 분이 참되므로 나는 그분께 들은 것을 이 세상에 전할 뿐이다."

그들은 예수가 아버지에 대해 말하고 있는 줄 알아채지 못했다. 그래서 예수가 다시 말했다. "너희가 인자를 들어 올릴 그때, '내가 곧 그'라는 말을 깨달을 것이고, 내가 내 마음대로는 아무것도 하지 않고 다만 내 아버지께서 가르치신 것만 말한 줄 깨달을 것이다. 나를 보내신 분은 지금도 나와 함께하신다. 아버지께서는 절대 나를 혼자 버려두지 않으신다. 나는 항상 아버지께서 기뻐하시는 일을 하기 때문이다." 예수가 이 말을 하는 동안에도, 많은 사람이 예수를 믿었다.

진리가 너희를 자유롭게 할 것이다

그래서 예수는 자기를 믿는 유대인들에게 말했다. "내가 한 말을 충실하게 지키면, 너희도 참으로 내 제자다. 또한 진리를 알게 되며 진리가 너희를 자유롭게 할 것이다!" 그들이 대답했다. "그러나 우리는 아브라함의 자손이고, 다른 사람의 종으로 살았던 적이 없습니다. 어떻게 선생님은 우리에게 '너희가 자유롭게 될 것이다'라고 말씀하실 수 있습니까?" 예수가 대답했다. "내가 장담하며 너희에게 말한다. 죄를 범하는 사람은 모두 종이다. 종은 가족의 영원한 일원이 아니지만, 아들은 영원한 일원이다. 그렇다면 아들이 너희에게 자유를 주면, 너희는 참으로 자유롭게 된다!"

아브라함이 있기 이전에 내가 있었다

"나도 너희가 아브라함의 자손임을 알지만, 너희 중 몇은 내 말을 참을 수 없어서 나를 죽일 방도를 찾고 있다. 나는 내 아버지와 같이 본 것을 너희에게 말하고…내가 진리를 말하기 때문에 너희는 나를 믿지 않을 것이다. 너희 가운데 누가 내가 유죄임을 증명할 수 있느냐? 내가 만약 진리를 말한다면, 어째서 나를 믿지 않느냐? 하나님께서 낳으신 사람은 하나님의 말씀을 들을 수 있으므로, 너희가 하나님의 말씀을 들을 수 없는 이유는 오로지 너희가 하나님의 아들이 아니기 때문이다."

유대인들이 반박했다. "당신을 사마리아 사람이라 하고, 미쳤다고 한 우리가 옳았다!" 예수가 대답했다. "아니, 나는 미치지 않았다. 나는 내 아버지께 영광을 돌리고 있는데, 너희는 나를 모욕하고 있다. 그러나 나는 내 영광에 관심이 없다. 내 영광에 관심이 있는 분은 따로 계시며, 그분이 진짜 재판관이다. 내가 장담하며 너희에게 말한다. 누구든 내 말을 받아들이면, 절대 죽지 않을 것이다."

유대인들이 대답했다. "이제 우리는 네가 미친 줄 알겠다. 아브라함도 죽었고 예언자들도 죽었는데, '누구든 내 말을 받아들이면, 절대 죽지 않을 것이다!'라고 말하다니. 네가 우리 조상 아브라함보다 위대하다는 말인가? 그는 죽었고 예언자들도 죽었다. 네가 뭔데 그들보다 더 뛰어나다고 하느냐?"

예수가 대답했다. "내가 나 자신에게 영광을 돌리면 그런 영광은 쓸모가 없을 것이다. 그러나 나를 영광스럽다고 하시는 분은 내 아버지다. 너희가 너희의 하나님이라고 하는 바로 그분이다. 그러나 너희는 절대 그분을 모르는 반면, 나는 그분을 안다. 내가 그분을 모른다고 하면 나는 너희처럼 거짓말쟁이다! 그러나 나는 그분을 알고 그분의 말씀을 충실하게 지킨다. 너희의 조상 아브라함이 가장 기뻐했을 일은, 내가 오는 것을 보는 것이었다. 이제 아브라함이 그것을 보고 아주 기뻐하고 있다." 유대인들이 예수에게 말했다. "이봐, 너는 아직 오십도 안 됐는데, 아브라함을 본 거야?" 예수가 대답했다. "내가 진실로 엄중하게 말한다. 아브라함이 있기 이전에 내가 있었다." 그들은 이 말을 듣고 예수에게 던지려고 돌을 들었지만, 어디에서도 예수가 보이지 않았다. 그렇게 그는 성전 밖으로 빠져나갔다.

태어날 때부터 눈먼 자를 고치시다

그 후에 예수가 걸어가다가, 태어날 때부터 눈이 먼 사람을 보았다. 제자들이 물었다. "랍비님, 이 사람이 눈이 먼 것은 누구의 죄 때문입니까? 자기 죄 때문입니까, 아니면 부모의 죄 때문입니까?" 예수가 대답했다. "그가 태어날 때부터 눈이 먼 것은, 자기의 죄나 부모의 죄 때문이 아니다. 다만 그 안에서 일하시는 하나님의 능력을 보여 주기 위해서다. 우리는 낮이 계속되는 동안 나를 보내신 분의 일을 해야 한다. 아무도 일할 수 없는 밤이 오고 있다. 내가 세상에 있는 한, 나는 세상의 빛이다."

예수가 이 말을 하고 나서, 땅에 침을 뱉어 진흙을 만들었다. 그러고는 그 사람의 눈에 바르고 말했다. "실로암 못으로 가서 씻게." (실로암은 '보냄받은 이'라는 뜻이다.) 그 사람은 가서 씻고 다시 보게 되어 돌아왔다.

그의 이웃과, 거지였던 그를 가끔 보았던 사람들이 말했다. "앉아서 구걸하던 사람 맞아?" 몇몇 사람들이 "맞아, 그 사람인데"라고 말했다. 다른 사람들은 "아니야, 아주 닮은 사람이야"라고 말했다. 그러나 그가 직접 "내가 바로 그 사람입니다"라고 말했다. 그들은 "그렇다면 어떻게 시력을 되찾았소?"라고 물었다. 그는 이렇게 대답했다. "예수라는 사람이 진흙을 조금 개어 내 눈에 바른 다음, '실로암 못으로 가서 씻게'라고 말했소. 그래서 가서 씻었더니 다시 보게 되었소!" 그들이 물었다. "그는 지금 어디 있소?" "나는 모릅니다."

그래서 그들은 눈이 멀었던 사람을 바리새인들에게 데리고 갔다. (예수께서 안식일에 진흙을 개어 그를 다시 보게 했음에 특히 주의해야 한다.) 바리새인들은 어떻게 볼 수 있게 되었는지, 그에게 다시 질문을 퍼부었다. 그는 대답했다. "그가 내 눈에 진흙을 발라 주었고, 내가 그것을 씻었더니, 볼 수 있었습니다. 그게 다입니다." 바리새인들 몇이 말했다. "이 사람이 안식일을 지키지 않았으니, 하나님께서 보내신 사람일 수 없다." 그러자 다른 사람들이 이의를 제기했다. "그러나 죄인이 어떻게 이런 놀라운 기적을 행할 수 있지?" 예수에 대한 그들의 의견이 엇갈렸다. 결국 그들은 눈먼 사람에게 다시 물었다. "그러면 당신은 그에 대해 어떻게 말하겠소? 그 사람 덕분에 다시 보게 되었으니 말이오." 그가 대답했다. "나는 그분이 예언자라고 믿습니다."

급기야 유대인들이 그의 부모를 불렀는데, 그때까지도 눈이 나았다는 그의 말을 믿지 않았다. 그들이 그 부모에게 물었다. "이 사람이 태어날 때부터 눈이 멀었던 당신 아들이 맞나요? 어떻게 해서 지금은 볼 수가 있죠?" 그의 부모가 대답했다. "이 아이는 우리 아들이고, 태어날 때부터 눈이 멀었습니다. 그러나 지금 어떻게 해서 볼 수 있는지, 누가 볼 수 있게 했는지는 모릅니다. 그 아이에게 물어보세요. 다 큰 어른이니 직접 말해 줄 겁니다." 그의 부모가 이렇게 말한 까닭은, 누구든지 예수를 그리스도라고 인정하는 사람은 유대인들이 파문하겠다고 이미 결의한 터라 두려웠기 때문이다. 그래서 그 부모는 '그에게 물어보세요. 다 큰 어른이니까요'라고 말했다.

그래서 다시 한 번 그들은, 태어날 때부터 눈이 멀었던 사람을 불러 놓고 말했다. "당신은 당신에게 일어난 일로 하나님께 영광을 돌려야 하오. 우리는 그 사람이 죄인이라는 것을 알고 있소." 그 사람이 대답했다. "나는 그가 죄인인지 아닌지는 모릅니다. 그러나 내가 확신하는 한 가지는, 나는 눈이 멀었었는데 지금은 볼 수 있다는 것입니다!" 그들이 계속 말했다. "그가 당신에게 어떻게 했소? 어떻게 했기에 당신 눈이 떠졌소?" 그가 대답했다. "이미 당신들에게 말했습니다. 듣지 않으셨습니까? 왜 다시 듣고 싶어 하십니까? 당신들도 그의 제자가 되고 싶은 겁니까?" 이 말을 듣고 그들은 격분하여 그를 공격했다. "당신이나 그 사람 제자지! 우리는 모세의 제자야. 우리는 하나님이 모세에게 말씀하셨다는 것은 알지만, 이 사람에 대해서는 어디서 왔는지조차 모른다."

그가 반박했다. "기이한 일이군요. 당신들이 어디서 왔는지도 모르는 그 사람이 내게 시력을 선물로 줬습니다. 누구나 알듯이 하나님은 죄인의 말은 듣지 않으십니다. 그러나 하나님을 제대로 공경하고 하나님이 원하는 일을 하는 사람의 말은 하나님이 들어주십니다. 세상이 생긴 이래로, 나면서부터 눈이 먼 사람이 눈을 떴다는 말은 누구도 들어본 적이 없습니다. 하나님께서 이 사람을 보내시지 않았다면 그는 아무것도 할 수 없었을 것입니다!" 그들은 그에게 욕을 퍼부었다. "태생이 비천한 놈 같으니라고! 우리를 가르치려 드는 것이냐?" 그러고는 그를 내쫓았다.

그 소식을 들은 예수가 그를 찾아가 말했다. "그대는 인자를 믿는가?" 그 사람이 대답했다. "선생님, 인자가 누구입니까? 알려 주시면, 제가 믿겠습니다." 예수가 대답했다. "그대는 이미 그를 보았소. 지금 그대와 말하고 있는 이가 바로 그 사람이요." 그는 "주님, 제가 믿습니다"라고 말하며 예수를 경배했다.

그러자 예수가 말했다. "내가 이 세상에 온 것 자체가 심판입니다. 보지 못하는 사람은 눈을 뜨고, 볼 수 있다고 생각하는 사람은 눈이 멀게 되니 말입니다." 가까이 있던 바리새인들 몇이 이 말을 엿듣고는 말했다. "그래서 우리 역시 눈이 멀었다는 것입니까?" 예수가 대답했다. "차라리 너희 눈이 멀었다면 누구도 너희를 비난할 수 없겠지. 하지만 '우리는 볼 수 있다'라고 너희가 주장하니 너희 죄가 그대로 남아 있는 것이다."

선한 목자

"내가 장담하며 여러분에게 말합니다. 양 우리를 문으로 들어가지 않고 다른 데로 넘어서 들어가는 이는 누구든 도둑이요 사기꾼입니다. 문으로 들어가는 이가 양 떼의 목자입니다. 문지기는 목자에게 문을 열어 주고, 양은 목자의 목소리를 알아듣습니다. 그리고 목자는 자기 양들의 이름을 불러 양들을 우리 밖으로 이끌고 나갑니다. 양 떼를 밖으로 다 끌고 나가면, 그가 양들을 앞서갑니다. 그러면 양들은 그의 목소리를 알기 때문에 그를 따라갑니다. 양들은 절대 낯선 사람을 따라가지 않을 것입니다. 오히려 낯선 사람에게서 도망칠 것입니다. 낯선 목소리를 알아듣지 못하기 때문입니다.

도둑은 오로지 훔치고, 죽이고, 파멸시키러 오지만, 나는 풍성한 삶을 주기 위해 왔습니다. 나는 선한 목자입니다. 선한 목자는 자기 양들을 위해 생명을 바칩니다. 그러나 목자가 아닌 고용된 일꾼은, 그 양들이 자기 양이 아니라서, 늑대가 오는 것을 보면 양들을 버리고 도망갑니다. 그러면 늑대가 양 떼를 공격하고 양들은 흩어집니다. 고용된 일꾼은 고용되었을 뿐이고 양들에게 관심이 없기 때문에 도망갑니다.

나는 선한 목자이며, 내가 소유한 양들을 알고 내 양들도 나를 압니다. 아버지께서 나를 아시고 내가 아버지를 아는 것처럼 말입니다. 나는 양을 위해 내 생명을 바칩니다. 내게는 이 우리 안에 없는 다른 양들도 있습니다. 나는 이들도 인도해야 하며, 그 양들도 내 목소리를 들을 것입니다. 그래서 한 양 떼가 되어, 한 목자를 따를 것입니다.…그들을 내게 주신 내 아버지는 만물보다 크시다. 누구도 아버지의 손에서 그 무엇도 강탈할 수 없다. 나와 아버지는 하나다."

그러자 다시 그들이 예수를 체포하려 했지만, 예수는 그들의 손을 벗어나 피했다.

나사로를 살리시다

그러고 나서 예수는 다시 요단강을 건너, 요한이 처음 세례를 베풀었던 곳에 가서 머물렀다. 아주 많은 사람이 예수에게 가서 말했다. "요한은 우리에게 아무런 표징도 보여 주지 않았지만, 이 사람에 대해 그가 한 말은 다 사실입니다." 그곳에서 많은 사람이 예수를 믿었다.

나사로라는 사람이 중병에 걸렸다. 그는 마리아, 마르다 자매가 사는 마을 베다니에 살고 있었다. (나사로는, 주의 발에 향유를 붓고 머리카락으로 닦았던 마리아의 오빠였다.) 그래서 두 자매는 예수에게 "주님, 주님의 친구가 많이 아픕니다"라고 소식을 전했다. 소식을 들은 예수가 말했다. "이 병은 죽을병이 아니라 하나님께 영광을 돌릴 병이다. 그 병으로 하나님의 아들의 영광이 나타나기 때문이다." 예수는 마르다, 마리아 자매와 나사로를 사랑했다. 그런데 나사로가 아프다는 소식을 듣고도, 머무르던 곳에 이틀을 더 있었다.

그러고 나서야 제자들에게 "유대로 돌아가자"라고 말했다. 제자들이 대답했다. "랍비님! 며칠 전에도 유대인들이 선생님을 돌로 쳐 죽이려 했습니다. 다시 그곳에 가시려고요?" 예수가 대답했다. "매일 열두 시간은 해가 떠 있지? 낮에 걸어 다니면 햇빛이 환해서 볼 수 있으니 넘어지지 않는다. 그러나 밤에 걸어 다니면 빛이 없어서 넘어진다."

예수가 이 말을 한 다음에 잠시 멈추었다가 그들에게 말했다. "우리 친구 나사로가 잠이 들었다. 내가 그를 깨워야겠다." 이 말을 듣고 제자들이 말했다. "주님, 그가 잠이 들었으면 괜찮을 겁니다." 사실 예수는 나사로가 죽었다는 뜻으로 말한 것인데, 제자들은 나사로가 정말로 자고 있다는 말로 알아들었다. 그래서 예수가 그들에게 아주 분명하게 말했다. "나사로는 죽었다. 그러나 내가 그곳에 있지 않아서 다행이다. 너희를 위해서다. 너희가 믿음을 배울 것이다. 이제 나사로에게 가자." 그러자 (쌍둥이로 알려진) 도마가 동료 제자들에게 말했다. "자, 우리도 주님과 함께 죽으러 가자!"

예수가 도착해서 보니, 나사로가 무덤에 묻힌 지 이미 나흘이나 지났다. 베다니는 예루살렘에서 아주 가까워서 3킬로미터도 채 되지 않았다. 많은 유대인이 마르다와 마리

241

아를 보러 와서, 그들 오빠의 죽음을 애도했다. 마르다가 예수가 온다는 말을 듣고 나가서 예수를 만나는 동안, 마리아는 집에 있었다.

마르다가 말했다. "주님, 주님이 여기 계시기만 했어도, 오빠가 안 죽었을 텐데요. 지금이라도 주님께서 하나님께 무엇이든 구하면 하나님께서 주실 것입니다." 예수가 마르다에게 대답했다. "그대의 오빠는 다시 살아날 걸세." 마르다가 말했다. "오빠가 마지막 날 부활 때 다시 살아나리라는 것은 압니다." 예수가 마르다에게 말했다. "내가 부활이고, 생명이다. 나를 믿는 사람은 죽는다 해도 살 것이고, 살아서 나를 믿는 이는 누구든 절대 죽지 않을 것이다. 이것을 믿을 수 있겠느냐?" 마르다가 대답했다. "네, 주님, 주님은 그리스도이고, 하나님의 아들이고, 세상에 오신 분임을 믿습니다."

마르다는 이렇게 말하고 나서, 돌아가서 마리아를 불러 조용히 말했다. "선생님이 여기 오셨어. 너를 부르셔." 마리아는 이 말을 듣고 벌떡 일어나서 예수에게 갔다. 예수는 아직 마을에 도착하지 않았고, 마르다를 만났던 곳에 있었다. 그래서 집에서 마리아를 위로하던 유대인들은 마리아가 재빨리 일어나 나가는 것을 보고, 무덤으로 가서 통곡하는 줄로 생각하고 마리아를 따라갔다.

마리아는 예수를 만나자, 예수를 바라보고 나서 그 발 앞에 엎드렸다. 그러고는 "주님, 주님이 여기 계시기만 하셨어도 오빠가 죽지 않았을 텐데요"라고 말했다. 예수는 마리아가 우는 것과 마리아를 따라온 유대인들이 눈물을 흘리는 것을 보고는, 너무 마음이 아파서 괴로워하는 모습이 역력했다. 예수가 물었다. "나사로를 어디에 묻었느냐?" 그들은 "주님, 가서 보십시오"라고 대답했다. 이 말을 듣고 예수가 울었다. 유대인들이 말했다. "그가 나사로를 얼마나 사랑했는지 보세요!" 그러나 그들 중 몇이 물었다. "그가 눈먼 사람의 눈을 뜨게 할 수 있다면, 이 사람을 죽지 않게는 할 수 없었을까?"

　　예수가 다시 너무 마음 아파하며 무덤으로 갔다. 무덤은 돌로 입구를 막은 동굴이었다. 예수는 "돌을 치우세요"라고 말했다. 죽은 사람의 누이인 마르다가 말했다. "그러나 주님, 죽은 지 나흘이나 되었습니다. 지금쯤이면 시신이 썩고 있을 겁니다… ." 예수가 대답했다. "그대가 믿으면 하나님이 행하시는 기적을 볼 것이라고 내가 말하지 않았느냐?" 그러자 그들은 돌을 치웠고, 예수는 눈을 들어 말했다. "아버지, 내 말을 들어주셔서 감사합니다. 나는 아버지께서 항상 내 말을 들으시는 것을 알지만, 아버지께서 나를 보내셨다는 것을 여기 서 있는 사람들이 믿도록 이 말을 합니다."

　　예수가 이렇게 말하고 나서, 큰 소리로 외쳤다. "나사로야, 나오너라!" 그러자 죽었던 사람이 밖으로 나왔다. 손과 발은 수의로 묶여 있었고, 얼굴은 수건으로 감겨 있었다.

예수가 그들에게 말했다. "이제 풀어 주고 집에 가게 해 주세요."

대제사장의 예언

이 일 후에 예수가 한 일을 마리아와 함께 본 유대인들 다수가 예수를 믿었다. 그러나 몇몇은 바리새인들에게 가서 예수가 한 일을 말했다.

그러자 대제사장들과 바리새인들이 공의회를 소집해 말했다. "우리가 무엇을 할 수 있을까요? 이 사람은 분명 놀라운 기적을 많이 보여 줍니다. 그가 이런 일들을 계속하게 내버려 두면 모두 그를 믿을 것입니다. 그러면 로마인들이 쳐들어올 것이고, 우리 민족과 성지는 망할 것입니다!" 그러나 그들 중에 있던, 그해의 대제사장 가야바가 회중에게 말했다. "여러분은 일이 어떻게 돌아가는지 모르는 게 분명합니다. 민족 전체가 망하는 것보다는, 한 사람이 백성을 위해 죽는 것이 우리에게 더 좋은 일인 줄 여러분은 깨닫지 못하고 있습니다." (그는 자의적으로 이 말을 한 것이 아니라, 그해의 대제사장으로서 영감을 받아, 예수가 민족을 위해 죽을 것이라고 말한 것이다. 사실 민족만을 위한 죽음이 아니라 세상 곳곳에 흩어져 있는 하나님의 자녀를 모두 한 가족으로 모으기 위한 죽음이기도 하다.) 그날부터 그들은 예수를 죽일 계획을 세웠다.

6장

십자가로 가는 길

승리의 입성

예수는…예루살렘을 향해 앞장서 올라갔다. 그때 예수가 올리브산 인근 벳바게와 베다니에 이르렀을 때, 제자 둘을 보내며 말했다. "바로 앞에 보이는 마을로 들어가면, 아직 아무도 타지 않은 새끼 나귀 한 마리가 줄에 묶여 있을 것이다. 그 새끼 나귀를 풀어서 이리로 가져와라. 누가 너희에게 '왜 나귀를 푸는 거요?' 하고 물으면 그저 '주께서 쓰신답니다'라고 말하면 된다." 그래서 먼저 보낸 몇 사람이 마을에 들어가서 예수가 말한 대로 그것을 찾았다. 또한 실제로 그들이 새끼 나귀의 줄을 풀고 있을 때 주인들이 '왜 나귀를 푸는 거요?'라고 말했고, 그들은 '주께서 쓰신답니다'라고 대답했다.

그렇게 그들이 새끼 나귀를 예수에게 데려와서 등에 겉옷을 걸쳤고, 예수는 나귀 등에 올라탔다. 예수가 새끼 나귀를 타고 가자, 사람들이 겉옷을 벗어서 길에 펼쳐 놓았다. 예수가 그 도성 가까이, 곧 올리브산에서 내려오는 길에 이르자, 제자들 무리 전체가 기뻐하며 그들이 본 온갖 놀라운 일들로 인해 하나님께 큰 소리로 찬양을 드렸다. 그들은 이렇게 소리쳤다.

"하나님, 주의 이름으로 오시는 왕에게 복을 주소서!
하늘에는 평화, 높은 곳에는 영광!"

무리 가운데 있던 바리새인들이 예수에게 말했다. "선생님, 당신의 제자들을 자제시키세요!"

그 말에 예수가 대답했다. "너희에게 말한다. 그들이 조용하면 길의 돌들이 환호성을 지를 것이다!"

예수가 그 도성에 훨씬 더 가까이 왔을 때 그 도성을 보고 슬피 울며 말했다. "아, 너의 평화가 어디에 달려 있는지, 이 마지막 기회에라도 알았더라면 좋았을 텐데. 그런데 너는 그것을 알지 못하는구나. 너의 원수가 성벽을 둘러싸고, 너를 포위하고, 사방에서 너를 에워쌀 것이다. 또 그들이 너와 네 자녀들을 모두 땅에 내던질 것이다. 그들은 쌓여 있는 돌 하나 없게 할 것이다. 이는 하나님이 너를 찾아오셨는데도 네가 알아보지 못했기 때문이다!"

성전을 깨끗하게 하시다

예루살렘에 들어간 예수는 성전으로 가서 그 안에서 일어나는 일을 둘러보았다. 그러고 나서, 이미 날이 저물어 열두 제자와 함께 베다니로 나갔다.

이튿날 그들이 베다니를 떠날 때 예수는 배가 고팠다. 예수가 저 멀리 잎이 무성한 무화과나무가 있는 것을 보고 열매가 있는지 보려고 다가갔다. 그러나 아직 무화과 철이 아니었기 때문에 잎만 무성하고 아무것도 없었다. 예수는 나무를 향해 말했다. "영원토록 누구도 네 열매를 먹을 수 없을 것이다!" 제자들이 그 말을 들었다.

그들은 예루살렘으로 들어갔고, 예수는 성전 안으로 들어가서 그곳에서 사고파는 이들을 몰아냈다. 돈 바꾸는 이들의 탁자와 비둘기 파는 이들의 의자를 뒤집어엎고, 물항아리 같은 것을 나를 때 누구라도 성전을 가로지르는 것을 허용하지 않았다. 그러고는 그들을 가르쳤다. "성경에도 이렇게 쓰여 있다. '내 집은 모든 민족을 위해 기도하는 집이라 불릴 것이다.' 그런데 너희는 이 집을 도둑의 소굴로 바꿔 버렸다!" 대제사장들과 율법학자들은 예수의 말을 듣고 그를 없앨 방도를 찾았다. 그러나 그들은 사실 예수가 두려웠다. 그의 가르침이 사람들의 관심을 끌었기 때문이다. 저녁이 되면 매번 그들은 성을 떠났다.

어느 날 아침 그들은 길을 걷다가 뿌리째 말라 버린 무화과나무를 보았다. 베드로가 기억하고 말했다. "선생님, 보세요. 선생님이 저주했던 무화과나무가 말라 죽었습니다!" 예수가 그들에게 대답했다. "하나님을 믿어라. 내가 너희에게 말한다. 누구든 이 산을 향해 '일어나 바다로 뛰어들어라' 하고 말하고, 마음에 어떤 의심도 없이 말한 대로 일어나리라 믿으면 그대로 될 것이다! 그러므로 내가 너희에게 말한다. 너희가 무엇을 기도하고 구하든, 받은 줄로 믿으면 받을 것이다.

권한에 대한 질문

예수가 성전에 들어가 가르칠 때, 대제사장들과 유대 장로들이 다가와 말했다. "당신은 무슨 권한으로 이런 일을 하나요? 누가 당신에게 이런 권한을 주었나요?" 예수가 그들에게 대답했다. "나도 질문을 하나 하겠다. 너희가 대답하면 나도 무슨 권한으로 이런 일을 하는지 말하겠다. 자, 요한의 세례가 하늘에서 온 것이냐, 아니면 순전히 사람에게서 나온 것이냐?" 그들은 답을 찾느라 논쟁을 벌였다. "우리가 '하늘에서 온 것'이라고 하면 그는 '그러면 너희는 왜 그를 믿지 않느냐?'라고 할 것이고, 반대로 '순전히 사람에게서 나온 것'이라고 하면, 사람들이 모두 요한을 예언자로 여기고 있으니 백성들이 어떻게 나올지가 두렵다." 그래서 그들은 예수에게 "모르겠는데요"라고 대답했다. 예수가 대답했다. "그러면 나도 무슨 권한으로 이런 일을 하는지 너희에게 말하지 않겠다!"

두 아들의 비유

"그러면 이 이야기는 어떻게 생각하느냐? 어떤 사람에게 아들이 둘 있었다. 그가 큰아들에게 가서 '아들아, 오늘 내 포도원에서 일해라' 하고 말했다. 그러자 큰아들은 '싫습니다' 하고 말했다. 그러나 후에 마음을 바꾸어 포도원에 갔다. 그러고 나서 아버지가 작은아들에게 다가가 똑같이 부탁했다. 작은아들은 '네, 알겠습니다' 하고 말했지만 가지 않았다. 두 아들 중 누가 아버지가 원하는 바를 한 것이냐?" 그들은 "큰아들이지요" 하고 대답했다. 그러자 예수가 되받아쳤다. "맞다. 그래서 너희에게 말한다. 세금 징수원과 매춘부들이 너희보다 먼저 하나님 나라에 들어갈 것이다! 요한이 진실로 선한 사람으로 너희에게 왔지만 너희는 그를 믿지 않았다. 그러나 세금 징수원과 창녀들은 믿었다! 너희는 그것을 보고 나서도 마음을 돌이키지 않고 믿지 않았다."

악한 소작농의 비유

"또 다른 비유를 잘 들어 보아라. 한 지주가 포도원을 세우고, 울타리를 치고, 땅에 포도즙 짜는 틀을 파고, 망대를 세웠다. 그런 다음 농부들에게 세를 주고 외국으로 떠났다. 포도 수확기가 다가오자 그는 자기 몫의 소출을 받으려고 종들을 보냈다. 그러나 농부들은 종들을 붙잡아, 하나는 때리고, 또 하나는 죽이고, 또 다른 하나는 돌로 쳤다. 그러자 주인은, 지난번보다 종들을 더 많이 보냈다. 그러나 그들도 똑같은 변을 당했다. 마지막으로 주인은 '그들이 내 아들은 존중하겠지' 싶어서 자기 아들을 보냈다. 그러나 농부들은 아들이 나타나자 서로 의논했다. '이 녀석이 장차 주인이 될 거야. 어서 그를 죽이자. 그러면 그가 가질 것들이 모두 우리 몫이 될 거야!' 그래서 그들은 아들을 붙잡아 포도원 밖으로 내동댕이쳐서 죽였다. 그러면 포도원 주인이 돌아와서 그 농부들에게 어떻게 하겠느냐?" 그들이 대답했다. "그런 악한 농부들이라면 무자비하게 죽이겠죠. 그리고 제때에 소출을 넘겨줄 다른 소작농들에게 포도원을 맡길 것입니다." 예수가 그들에게 말했다. "너희는 성경에서 이런 말씀을 읽지 못했느냐? '건축자들이 버린 돌, 그 돌이 모퉁이의 머릿돌이 되었다. 이는 주께서 하신 일이요, 우리 눈에는 경탄할 만한 일이 아닌가?' 너희에게 말한다. 그래서 너희는 하나님 나라를 빼앗기고, 제대로 열매 맺을 사람이 그 나라를 받을 것이다."

대제사장들과 바리새인들은 예수의 비유가 자기들을 가리키는 줄 알았다. 그래서 예수를 붙잡고 싶은 마음이 간절했지만, 예수를 예언자로 여기는 무리가 두려웠다.

혼인 잔치의 비유

예수가 그들에게 다시 비유로 말했다. "하늘나라는 아들을 위해 혼인 잔치를 연 왕과 같습니다. 왕은 종들을 보내서 잔치에 초대받은 이들을 불렀지만, 그들은 가지 않겠다고 했습니다. 그러자 왕은 '초대받은 이들에게 가서 잔치 준비가 다 되었고, 황소와 살진 소도 잡고 모든 준비를 마쳤으니 혼인 잔치에 오라고 말해라' 하고 분부하며 다시 종들을 더 많이 보냈습니다. 그러나 그들은 왕의 말을 무시하고 가버렸습니다. 한 사람은 자기 밭으로, 또 다른 사람은 장사하러 갔습니다. 남은 사람들은 종을 붙잡아 모욕하고, 끝내 죽였습니다. 이에 왕은 머리끝까지 화가 나서 군대를 보내어 그 살인자들을 죽이고 도시를 불태웠습니다. 그러고 나서 왕은 종들에게 말했습니다. '혼인 잔치 준비가 다 되었지만, 초대받은 사람들은 참석할 자격이 없었다. 그러니 이제 길모퉁이마다 가서 거기서 만나는 사람을 다 잔치에 초대해라.' 그래서 종들은 거리로 나가서, 악인이든 선인이든 만나는 사람들을 모두 데리고 왔습니다. 연회장에는 하객이 가득했습니다.

그런데 왕이 손님들을 살피러 들어가 보니, 격식에 맞지 않는 옷을 입은 사람이 보였습니다. 왕은 그에게 '친구여, 어떻게 혼인 잔치에 이런 옷을 입고 여기 들어왔소?' 하고 말했습니다. 그러자 그는 아무 말도 하지 못했습니다. 왕은 안내원들에게 '그를 묶어서 바깥 어두운 데로 내던져라. 거기서 울면서 땅을 치며 후회할 것이다'라고 지시했습니다. 초대받은 사람은 많지만 선택받은 사람은 적습니다."

황제의 것은 황제에게 바치라

그 후에 그들은 논쟁거리로 예수를 함정에 빠트리기 위해 바리새인 몇과 헤롯 당원 몇을 보냈다. 그들이 예수에게 가서 말했다. "선생님은 정직한 분이고, 사람들 의견에 흔들리지 않습니다. 선생님은 분명 사람의 칭찬에 연연하지 않고, 하나님의 도를 진리로 확신하고 가르치십니다. 자, 그러면 황제에게 공물을 바치는 것이 옳습니까, 옳지 않습니까? 우리가 바쳐야 합니까, 바치지 말아야 합니까?" 그러나 예수는 그들의 위선을 간파했다. "어찌 나에게 이런 속임수를 쓰느냐? 동전을 하나 가져와서 내게 보여라." 그래서 그들은 동전을 가져왔다. 예수가 물었다. "여기에 누구의 얼굴이 있으며 누구의 이름이 새겨져 있느냐?" 그들은 "황제입니다"라고 대답했다. 예수가 말했다. "그러면 황제의 것은 황제에게 바치고 하나님의 것은 하나님께 드려라!" 그들은 그 대답을 듣고 깜짝 놀랐다.

부활에 관한 질문

(부활이 없다고 주장하는 당파인) 사두개인 몇이 예수에게 이런 질문을 했다. "선생님, 모세는 만약 어떤 사람의 형이 죽어 그 부인이 홀로 되었는데 자식이 없으면, 그 사람이 형수와 결혼하여 형을 위해 자식을 키워야 한다고 가르쳤습니다. 여기 일곱 형제가 있었는데, 첫째가 결혼하여 자식을 낳지 못하고 죽었습니다. 그런 다음 그 여인과 결혼한 둘째도 자식을 남기지 못하고 죽었습니다. 셋째도 마찬가지고, 실로 일곱 형제 모두 자식을 전혀 남기지 못하고 죽었습니다. 결국 그 여인도 죽었습니다. 그러면 '부활' 때 곧 남자들

이 다시 살아났을 때, 그 여인은 누구의 아내가 됩니까? 그 여인이 일곱 형제 모두의 아내였으니 말입니다." 예수가 대답했다. "그 질문에서 너희가 어디에서 잘못되었는지, 또 얼마나 성경과 하나님의 능력을 이해하지 못하는지가 드러나지 않느냐? 사람들은 죽었다가 살아나면 장가도 가지 않고 시집도 가지 않는다. 그들은 하늘에서 천사처럼 산다.

그러나 죽은 자가 살아나는 문제에 관해, 너희는 모세의 책, 떨기나무 대목에서 하나님이 '나는 아브라함의 하나님이며, 이삭의 하나님이며 야곱의 하나님이다'라고 말씀하신 부분을 읽지 못했느냐? 하나님은 죽은 자의 하나님이 아니라 살아 있는 이들의 하나님이다! 너희는 이 부분에서 큰 실수를 하고 있다."

가장 중요한 두 계명

그때 한 율법학자가 예수에게 다가왔다. 토론을 계속 듣고 있던 그는 예수의 대답이 빼어남을 보고는 이렇게 물었다. "어떤 계명을 가장 중요하게 여겨야 합니까?" 예수가 대답했다. "으뜸으로 중요한 계명은 이것이다. '아, 이스라엘아, 들으라. 주 우리 하나님은 한 분이다. 그러므로 네 마음을 다하고, 네 혼을 다하고, 네 지성을 다하고, 네 힘을 다하여 주 너의 하나님을 사랑해라.' 둘째는 이것이다. '너 자신을 사랑하듯 네 이웃을 사랑해라.' 이보다 더 중요한 계명

254

은 없다." 율법학자가 대답했다. "훌륭한 답변입니다, 선생님. 하나님은 한 분이고 그분 외에 다른 하나님은 없다고 하신 선생님의 말씀은 전적으로 옳습니다. 그리고 마음을 다하고 지성을 다하고 힘을 다하여 그분을 사랑하는 것과, 자신을 사랑하듯 이웃을 사랑하는 것은 모든 번제와 희생 제사보다 훨씬 더 중요합니다." 예수가 그의 지혜로운 대답을 듣고 말했다. "그대는 하나님 나라에서 멀리 있지 않다!"

다윗의 자손에 관한 질문

그때 예수가 모여 있는 바리새인들에게 물었다. "그리스도에 대한 너희 생각은 어떠냐? 그가 누구의 자손이냐?" 그들은 "다윗의 자손입니다" 하고 대답했다. 예수가 다시 질문했다. "그렇다면 다윗은 어째서 성령의 감동을 받아 그를 주라 불렀느냐? 그는 이렇게 말했다. '주께서 내 주께 말씀하셨다. 내가 네 원수들을 네 발아래 둘 때까지 너는 내 오른편에 앉아 있어라.' 다윗이 그를 주라 불렀다면 그가 어떻게 다윗의 자손일 수 있겠느냐?" 아무도 이 질문에 답할 수 없었고, 그날부터 누구도 감히 예수에게 더 이상 질문하지 못했다.

과부의 동전

예수는 성전 헌금함 맞은편에 앉아 사람들이 헌금하는

것을 지켜보았다. 거금을 헌금하는 부자들이 아주 많았다. 그런데 가난한 과부가 나타나 작은 동전 두 개를 넣었다. 천 원쯤 되는 돈이었다. 예수는 제자들을 곁으로 불러서 말했다. "장담하건대, 이 가난한 과부가 누구보다 헌금을 많이 했다. 그들은 여윳돈을 넣었지만, 궁핍하고 가난한 이 여인은 생활비 전부를 드렸다!"

마지막에 관한 경고

예수가 성전을 떠날 때 한 제자가 말했다. "보십시오, 선생님. 얼마나 멋진 석조물입니까! 이 건물들 크기 좀 보세요!" 예수가 대답했다. "큰 건물들이 보이니? 제자리에 쌓인 돌 하나 없이 다 무너질 것이다!"

예수가 올리브 산기슭에서 성전을 마주보고 앉아 있을 때 베드로와 야고보와 요한과 안드레가 따로 예수에게 물었다. "말씀해 주십시오. 이런 일들이 언제 일어납니까? 이 모든 일이 끝난다는 징조는 무엇입니까?"

예수가 말했다. "누구에게도 속지 않도록 특별히 조심해라. 많은 이들이 내 이름으로 나타나 '내가 그다'라고 말하며 수많은 사람을 잘못된 방향으로 이끌 것이다. 전쟁의 소식과 풍문을 듣더라도 놀라지 마라. 그런 일들이 일어나야 하지만 아직 끝은 아니다. 민족과 민족이, 나라와 나라가 맞서 싸울 것이다. 여러 곳에서 지진이 일어나고 기근도 닥칠 것이다. 그러나 이것은 고통의 시작일 뿐이다.

정신을 차리고 있어라. 사람들이 너희를 공의회에 넘겨 회당에서 매질을 할 것이다. 너희는 나 때문에 통치자와 왕 앞에 서서 증언을 해야 할 것이다. 끝이 오기 전에 온 민족이 기쁜 소식을 들어야 하기 때문이다. 그러나 그들이 너희를 법정으로 끌고 갈 때 무슨 말을 할지 미리 염려하지 마라. 때가 될 때 그저 너희에게 주시는 말을 해라. 말하는 이는 사실 너희가 아니라 성령이기 때문이다. 형제가 형제를, 아비가 자녀를 배신하고 죽일 것이다. 자녀가 부모를 대적하고 사형을 요구할 것이다. 훗날 너희는 나를 따르는 자로 알려져서 온 세상의 미움을 받을 것이다. 그러나 끝까지 견디는 사람은 구원을 받는다.

그러나 '거룩한 곳을 황폐하게 하는 혐오스러운 물건'이 있어서는 안 될 곳에 있는 것을 보면(읽는 이들은 다음에 주목해야 한다), 유대에 있는 이들은 산으로 가거라! 지붕에 있는 사람은 내려가지도 말고, 무언가를 가지러 집 안으로 들어가지도 마라. 밭에 있는 사람은 겉옷을 가지러 되돌아가지 마라. 그때 임신한 여인들이 가엾구나! 젖먹이가 있는 여인들이 가엾구나! 그런 일이 겨울에 일어나지 않게 기도해라. 하나님의 창조 때부터 지금까지 없었던, 또한 다시는 없을 아주 극심한 고난이 닥치기 때문이다. 실제로 주께서 그 시기를 줄여 주시지 않으면, 누구도 살아남지 못할 것이다.

그러나 주께서 택하신 이들을 위하여 그 시기를 줄여 주실 것이다.

그때 누군가가 너희에게 '보아라, 그리스도가 여기 있다'거나, '보아라, 그리스도가 저기 있다'고 말해도 믿지 마라! 거짓 그리스도들과 거짓 예언자들이 일어나 표징과 기적을 일으키며, 할 수만 있다면 하나님이 택하신 사람들까지 속이려 할 것이다. 너희는 정신을 차려라! 나는 이 모든 일이 일어나기 전에 너희에게 미리 경고한다.

그러나 그때 그 고난이 지나가면,

해의 빛이 어두워지고

달이 빛을 비추지 못하고,

별들이 하늘에서 떨어지고

하늘에서 힘을 발하던 것들이 그 기초부터 흔들릴 것이다.

그때 사람들은 인자가 권력을 잡고 영광스럽게 구름 속에서 나타나는 것을 볼 것이다. 그런 다음 인자가 천사들을 보내어 땅 가장 먼 곳에서 하늘 가장 높은 데까지 사방에서 택한 이들을 모두 모을 것이다.

무화과나무의 실례를 보아라. 그 가지가 부드러워지고 잎이 나면 너희는 여름이 가까움을 안다. 그러므로 너희도 이런 일들이 일어나는 것을 보면 인자가 가까이에, 바로 문 앞에 있는 줄 알아야 한다! 내가 너희에게 말한다. 이 세대가 끝나기 전에 이 모든 일이 이루어질 것이다. 땅과 하늘은 없어지지만 내가 너희에게 한 말은 절대 없어지지 않는다! 그러나 이런 일들이 일어날 날이나 시는 아무도 모른다. 하늘의 천사들도 모르고, 아들도 모르고, 오직 아버지만 아신다.

정신을 차려라. 경계를 게을리하지 마라. 너희는 그때가 언제일지 모르기 때문이다. 그것은 마치 해외여행을 가는 사람이 종들에게 집 관리를 맡기는 것과 같다. 그는 각자에게 할 일을 주고 문지기에게 경계를 게을리하지 말라고 명령한다. 이처럼 너희도 계속 경계를 게을리하지 마라. 너희의 집주인이 언제 올지 모르기 때문이다. 집주인이 저녁 늦게 나타날지, 한밤중이나 새벽 혹은 이른 아침에 도착할지 알 수 없다. 경계를 게을리하면 너희가 깊이 잠들어 있을 때 갑자기 나타날 것이다. 내가 너희에게 하는 말은 모든 사람에게 하는 말이다. 경계를 게을리하지 마라!"

착한 종과 나쁜 종의 비유

"그렇다면 누가 신실하고 현명한 종일까? 길 떠나는 주인이 누구에게 살림을 맡겨 음식을 제때에 차려내고 관리하도록 시킬까? 주인이 돌아온 날 성실히 임무를 다하면서 주인을 맞는 종은 당연히 복을 받을 것이다! 장담하건대, 주인은 전 재산을 그에게 맡길 것이다. 그러나 '주인은 천천히 돌아올 거야'라고 생각하는 나쁜 종이라면, 그래서 동료 종들을 때리고, 주정뱅이들과 먹고 마신다면, 주인은 그 종이 예상치 못한 날, 불시에 돌아와서 그를 엄하게 벌하고, 신실하지 못한 이들이 형벌을 받는 곳, 곧 눈물과 쓰라린 후회가 있는 곳으로 내칠 것이다!"

열 처녀의 비유

"그때 하늘나라는 등불을 들고 신랑을 맞이하러 나간 신부 들러리 열 사람과 같을 것이다. 다섯은 어리석었고 다섯은 현명했다. 어리석은 이들은 등만 가져오고 기름은 전혀 챙기지 않았다. 그러나 현명한 이들은 기름통도 함께 가져왔다. 신랑이 아주 늦게 오는 바람에 모두 잠이 들었는데, 한밤중에 '일어나. 신랑이 왔어! 나가서 신랑을 맞이해!' 하고 외치는 소리가 났다. 그러자 신부 들러리들은 모두 일어나 자기 등을 점검했다. 어리석은 이들이 현명한 이들에게 말했다. '우리 등불이 꺼져 가요. 기름 좀 나눠 주세요.' 현명한 이들은 '이런, 같이 나눠 쓰기에는 부족할 것 같아요. 가게에 가서 기름을 좀 사세요'라고 답했다. 그러나 그들이 기름을 사러 나간 사이에 신랑이 도착했고, 준비하고 있던 신부 들러리들이 신랑과 함께 잔치에 들어간 뒤 문은 닫혔다. 나중에 나머지 신부 들러리들이 와서 말했다.

'우리도 들어가도록 제발 문을 열어 주세요!' 그러나 신랑은 '내가 너희에게 말한다. 나는 너희를 모른다!' 하고 대답했다. 그러니 정신을 바짝 차려야 한다. 그 일시를 너희가 모르기 때문이다."

양과 염소의 비유

"인자는 모든 천사를 대동하고 빛나는 모습으로 와서 영광스러운 보좌에 앉을 것이다. 모든 민족이 그 앞에 모이면, 그는 양과 염소를 나누는 목자처럼 사람들을 가를 것이다. 양은 오른쪽에 염소는 왼쪽에 세울 것이다. 그러고 나서 왕은 오른쪽에 있는 이들에게 말할 것이다. '내 아버지의 복을 받은 이들아! 이리 와서, 창세부터 너희를 위해 예비한 나라를 상속받아라! 너희는 내가 배고팠을 때 음식을 주었다. 내가 목말랐을 때 마실 것을 주었다. 내가 낯선 사람으로 나타났을 때 나를 맞아들여 주었다. 헐벗었을 때 옷을 입혀 주었다. 아팠을 때에는 문병하고 보살펴 주었다. 감옥에 있었을 때 면회하러 와 주었다.' 그러면 오른쪽의 진실한 사람들은 그에게 대답할 것이다. '주님, 우리가 언제 주님께서 배고프신 것을 보고 음식을 드렸습니까? 언제 주님께서 목마르신 것을 보고 마실 것을 드렸습니까? 우리가 언제 주님께서 낯선 사람으로 나타나신 것을 보고 맞아들였으며, 주님께서 헐벗으신 것을 보고 옷을 입혀 드렸으며, 주님께서 아프신 것을 보고 혹은 감옥에 계신 것을 보고 보러 갔습니까?' 그러면 왕은 이렇게 대답할 것이다. '너희에게 분명히 말한다. 너희가 내 형제 중 가장 보잘것없는 이에게 한 것이 다 내게 한 것이다.' 그런 다음 왕은 왼쪽에 있는 이들에게 말할 것이다. '저주받은 이들아, 내 앞에서 물러나, 마귀와 그의 사자들을 위해 준비한 영원한 불 속으로 들어가거라! 내가 배고팠을 때 너희는 먹을 것을 주지 않았다. 내가 목말랐을 때 마실 것을 주지 않았다. 내가 낯선 사람으로 나타났을 때 나를 맞아들이지 않았다. 내가 헐벗었을 때 옷을 입혀주려고 하지 않았다. 내가 아팠을 때 또 감옥에 있었을 때 너희는 나를 찾아올 마음조차 없었다.' 그때 그들 역시 왕에게 대답할 것이다. '주님, 우리가 언제 주님께서 배고프신 것, 목이 마르신 것, 낯선 사람으로 나타나신 것, 헐벗으신 것, 혹은 아프신 것이나 감옥에 계신 것을 보고도 주님을 보살피지 않았단 말입니까?' 그때 왕이 그들에게 이렇게 대답할 것이다. '너희에게 분명히 말한다. 너희가 내 형제 중 가장 보잘것없는 이에게 하지 않은 것은 다 내게 하지 않은 것이다.' 그러니 이들은 영원한 형벌에 들어갈 것이지만, 진실한 이들은 영원한 삶에 들어갈 것이다."

7장

수난과 부활

대제사장이 예수를 모함하다

예수가 모든 가르침을 마치고 제자들에게 말했다. "이틀 후 유월절이 시작되면 인자가 배반당하여 십자가에 못 박히는데, 실감이 나느냐?"

바로 그때 대제사장들과 백성의 장로들이 대제사장 가야바의 관저에 모여 예수를 잡아 죽일 계책을 함께 논의하고 있었다. 그러나 그들은 계속 이렇게 말했다. "명절 기간에는 안 됩니다. 폭동이 일어날지도 모릅니다."

베다니에서 향유를 부은 여인

예수가 베다니로 돌아가 나병 환자 시몬의 집에 머무는 동안, 한 여인이 제일 비싼 향유가 든 옥합을 가지고 나아와, 식사하고 있는 예수의 머리에 부었다. 제자들은 이를 보고 분개하여 말했다. "무슨 생각으로 이렇게 쏟아 버린 거야? 비싼 값에 팔았으면 가난한 사람들을 도울 수 있었잖아?" 예수가 그들이 하는 말을 알고는 이렇게 말했다. "어째서 이 여인을 불편하게 하느냐? 이 여인은 내게 소중한 일을 했다. 가난한 이들은 항상 너희와 함께 있지만, 나는 항상 함께 있지는 못한다. 이 여인이 내 몸에 향유를 부은 것은, 내 장례를 준비한 것이다. 내가 너희에게 분명히 말한다. 세상 어디든 기쁜 소식이 전파되는 곳이면, 이 여인이 나를 추모하여 한 일도 전해질 것이다."

예수가 자신의 죽음을 예언하다

명절에 예배드리러 온 사람들 중에는 그리스인들이 있었다. 그들은 (고향이 갈릴리 벳새다인) 빌립에게 다가가 물었다. "선생님, 우리가 예수를 만나고 싶습니다." 그래서 빌립이 안드레에게 말하고, 안드레는 빌립과 함께 예수에게 가서 말했다. 예수가 그들에게 말했다. "인자가 영광스럽게 될 때가 왔다. 진실로 너희에게 말한다. 밀알 하나가 땅에 떨어져 죽지 않으면, 밀알은 밀알 하나로 남는다. 그러나 죽으면 많은 소출을 낸다. 자기 목숨을 사랑하는 사람은 목숨을 잃을 것이고, 이 세상에서 자기 목숨을 미워하는 사람은 영원히 살도록 목숨을 보존할 것이다. 내가 하는 일에 동참하고 싶다면, 내 길을 따라오너라. 내가 있는 곳에 내 종도 있을 것이다. 내가 하는 일에 동참하는 사람은 모두 내 아버지께서 영예롭게 해 주실 것이다.

지금 내 마음이 찢어질 것 같으니, 무슨 말을 해야 할까? '아버지, 이 시간에서 벗어나게 해 주십시오'라고 할까? 아니다. 나는 바로 이 일 때문에 이때에 왔다. '아버지, 아버지의 이름을 영광스럽게 하옵소서!'" 이때 하늘에서 음성이 들렸다. "내가 영광스럽게 했고, 또 영광스럽게 할 것이다." 구경하던 무리가 그 음성을 듣고 천둥이 쳤다고 말했지만, 몇몇은 "천사가 그에게 말했다"고 했다. 그러자 예수가 말했다. "그 음성은 나를 위한 것이 아니라 여러분을 위한 것입니다. 이제 세상은 심판을 받습니다. 이제 이 세상을 다스리는 영은 쫓겨납니다. 내가 땅에서 들려 올라가면 모든 사람을 내게로 이끌 것입니다." (예수는 자신이 어떻게 죽을지 보여주기 위해 이렇게 말했다.)

마지막 식사

이 일 후에, 열두 제자 가운데 하나인 가룟 유다가 대제사장들과 접촉했다. 그는 그들에게 "내가 그를 넘겨주면 무엇을 주겠소?" 하고 말했다. 그들은 은화 삼십 개에 합의했고 그때부터 가룟 유다는 예수를 배반할 적당한 기회를 노렸다.무교절 첫날 제자들이 예수에게 물었다. "우리가 어디에서 선생님의 유월절 식사를 준비하면 좋겠습니까?" 예수가 대답했다. "시내로 들어가 그곳에 있는 어떤 사람에게 '선생님께서 "내 때가 가까우니, 당신의 집에서 내 제자들과 유월절을 지키겠다"고 하십니다'라고 말해라." 제자들은 예수의 지시대로 유월절을 준비했다.

저녁 식사 때…예수는 아버지께서 모든 것을 자기 손에 맡기신 것과 자신이 아버지께로부터 와서 아버지께로 갈 것을 잘 알고, 저녁 식탁에서 일어나 겉옷을 벗고 수건을 허리에 둘렀다. 그런 다음 대야에 물을 부어, 제자들의 발을 씻기고 허리에 두른 수건으로 닦기 시작했다.

예수가 시몬 베드로에게 갔을 때 베드로가 예수에게

말했다. "주님, 제 발을 씻기려고요?" "지금은 내가 무엇을 하는지 모를 거다. 그러나 나중에는 깨닫게 될 거야." "내 발은 절대 못 씻기십니다!" "베드로야, 네 발을 씻기지 못하게 하면 너는 진짜 나의 동역자가 될 수 없다." "그러면 주님, 부디 내 발뿐 아니라 손과 얼굴도 씻겨 주세요!"

"목욕한 사람은 발만 씻으면 다 깨끗해진다. 너희는 깨끗하다. 그러나 다 그런 것은 아니다." (예수는 자신을 배반할 자를 알았기 때문에 "그러나 다 그런 것은 아니다"라고 말했다.)

예수는 그들의 발을 씻기고 나서 옷을 입은 다음, 다시 앉아 그들에게 말했다. "내가 방금 너희에게 무슨 일을 했는지 알겠니? 너희가 나를 '선생님', '주님'이라 부르는 것은 마땅한 일이다. 나는 너희의 선생이고 주이기 때문이다. 그러나 너희의 선생이고 주인 내가 너희 발을 씻겼다면, 너희도 서로 발을 씻길 각오를 해야 한다. 나는 너희가 나를 따라 하도록 본을 보였다. 장담하건대, 종은 주인보다 높지 않고, 전달자는 그를 보낸 이보다 높지 않다. 너희가 이것을 깨닫고 나면, 그렇게 행동할 때 행복할 것이다.

내가 너희 모두에게 말하는 것은 아니다. 나는 내가 택한 사람들을 안다. 그러나 다음의 성경 말씀이 이루어져야 한다. '내 빵을 먹는 그가 나를 발로 찰 것이다.' 지금부터 나는 앞으로 일어날 일을 미리 말하려 한다. 그 일이 일어나면, 너희는 내가 나에 대해 주장했던 것을 믿을 것이다. 내가 진실로 너희에게 말한다. 내가 보낸 이를 받아들이는 사람은 누구든 나를 받아들이는 것이고, 나를 받아들이는 사람은 누구든 나를 보내신 이를 받아들이는 것이다."

예수는 이 말을 한 후에, 마음이 너무 괴로워 엄중하게 덧붙였다. "내가 너희에게 분명히 말한다. 너희 중에 나를 배반할 자가 있다."

이 말을 들은 제자들은, 예수가 누구를 두고 하는 말인지 몰라 심히 어리둥절하여 서로 뚫어져라 쳐다보았다. 마침 예수가 사랑했던 제자가 예수 아주 가까이에 앉아 있었다. 그래서 시몬 베드로가 그에게 고갯짓을 하며 말했다. "누구를 말씀하신 것인지 여쭤 봐." 그러자 그가 예수의 어깨 쪽으로 몸을 기울이며 물었다. "주님, 그 사람이 누구입니까?" 그러자 예수가 대답했다. "내가 이 빵 조각을 적셔서 그에게 주겠다." 그러고 나서 예수가 빵 한 조각을 들어 접시에 적신 다음, 시몬의 아들 가룟 유다에게 주었다. 그가 빵 조각을 받고 나자 사탄이 그의 마음에 들어갔다. 예수가 그에게 말했다. "네가 할 일을 빨리 해라!" 식탁에 앉은 어느 누구도, 예수가 그에게 한 말의 뜻을 알지 못했다. 사실 몇몇은 유다가 지갑을 맡고 있었으므로, 그에게 명절에 필요한 것을 사 오라거나 가난한 자들에게 무언가를 주라는 말씀으로 생각했다. 그래서 유다는 빵 조각을 받고 재빨리 밖으로 나가 밤 속으로 사라졌다.

식사하는 도중에, 예수가 빵 한 덩이를 들고 축복한 다음 빵을 여러 조각으로 떼어 제자들에게 나눠 주었다. 예수는 "이것을 먹어라. 내 몸이다" 하고 말했다. 그런 다음 잔을 들고 하나님께 감사 기도를 드린 다음, 그들에게 잔을 주며 말했다. "모두 이 잔을 마셔라. 이는 많은 사람을 죄에서 풀어 주기 위해 흘리는 내 피, 새 언약의 피다. 내가 너희에게 말한다. 아버지의 나라에서 너희와 함께 신선한 포도주를 마실 때까지 나는 더 이상 포도주를 마시지 않겠다."

그런 다음 그들은 함께 찬송을 불렀고 올리브산으로 갔다. 거기서 예수가 그들에게 말했다. "오늘 밤 너희 모두가 나에 대한 믿음을 잃을 것이다. 성경에서 '내가 목자를 칠 것이고, 양떼는 사방으로 흩어질 것이다'라고 말하기 때문이다. 그러나 나는 살아난 후에 너희보다 먼저 갈릴리로 가겠다!" 이 말씀을 듣고 베드로가 소리쳤다. "모두 주님을 믿지 않더라도 저는 주님을 믿겠습니다." 예수가 대답했다. "베드로야, 오늘 밤 수탉이 울기 전에 네가 나를 세 번 부인할 거야."

길과 진리와 생명

"너희는 괴로워하지 마라. 하나님을 굳게 믿고 또 나를 굳게 믿어라. 내 아버지 집에는 방이 아주 많다. 그렇지 않다면 내가 너희가 있을 곳을 준비하러 간다고 말했겠느냐?

내가 너희가 있을 곳을 준비하러 가는 것도 사실이지만, 너희가 나 있는 곳에 있도록 너희를 내 집으로 맞이하러 내가 다시 온다는 것도 사실이다. 너희는 내가 어디로 가는지 알고, 내가 가는 길을 알고 있다." 도마가 항의했다. "주님, 우리는 주님께서 어디로 가시는지 모릅니다. 주님께서 가실 길을 우리가 어떻게 알 수 있습니까?" 예수가 대답했다. "내가 곧 길이고, 진리이고, 생명이다. 나를 통하지 않고는 누구도 아버지께 가지 못한다.

너희가 내가 누구인지 알았다면, 내 아버지도 알았을 것이다. 이제부터 너희는 아버지를 알고, 아버지를 이미 보았다." 빌립이 예수에게 말했다. "주님, 우리에게 아버지를 보여 주십시오. 그러면 우리가 원이 없겠습니다." 예수가 대답했다. "빌립아, 내가 너와 이렇게 오랫동안 같이 있었는데, 너는 정말 나를 모르느냐? 나를 본 사람은 아버지를 본 것이다."

평안의 선물

"나는 너희에게 평안을 남겨 준다. 너희에게 내 평안을 준다. 내 선물은 이 세상의 평안과 전혀 다르다. 너희는 괴로워하지도 말고, 겁을 먹지도 마라. 너희는 '내가 갔다가 너희에게로 다시 온다'고 한 내 말을 들었다. 너희가 정말로 나를 사랑하면, 내가 내 아버지께로 가기 때문에 기쁠 것이다. 아버지는 나보다 높은 분이기 때문이다. 또 앞으로 일어날 일을 지금 내가 너희에게 말하는 것은, 그 일이 일어날 때 너희가 흔들리지 않고 나를 믿도록 하기 위해서다.

너희에게 더 길게 말할 수 없다. 이 세상을 다스리는 영이 아주 가까이 왔기 때문이다. 그는 나를 어떻게 할 권한이 없다. 그러나 나는 내가 아버지를 사랑한다는 것과 아버지께서 하라고 하신 일을 한다는 것을 세상에 보여 주기 위해 내 길을 계속 갈 것이다."

진짜 포도나무

"나는 진짜 포도나무이고, 내 아버지는 포도 재배자다. 그분은 열매를 맺지 못하는 가지는 다 잘라 버리고, 열매를 맺는 가지는 소출이 늘어나도록 모두 가지치기를 하신다. 너희는 내 말로 이미 가지치기가 끝났다. 너희는 내 안에서 계속 자라 가거라. 나도 너희 안에서 자라 갈 것이다. 가지가 포도나무와 생명을 나누지 않으면 열매를 맺을 수 없는 것같이, 너희도 내 안에서 계속 자라가지 않으면 아무 열매도 맺을 수 없다.

나는 포도나무이고 너희는 가지다. 나와 서로 생명을 나누는 사람은 열매를 많이 맺는다. 나를 떠나면 너희는 아무것도 할 수 없기 때문이다. 나와 생명을 나누지 않는 사람은 잘려서 시든 가지와 같다. 그는 사람들이 모아 장작으로

271

사용하는 마른 나뭇가지와 같다.

그러나 너희가 내 안에 살고 내 말이 너희 마음속에 거하면, 너희는 원하는 것은 무엇이든 구할 수 있고 원하는 대로 이루어질 것이다. 너희가 열매를 많이 맺고 내 제자가 되면, 내 아버지께서 영광을 받으실 것이다. 나는 아버지께서 나를 사랑하신 것같이 너희를 사랑했다. 너희는 계속 내 사랑 안에서 살아가거라. 내가 내 아버지의 계명을 지켜 그분의 사랑 안에서 사는 것같이 너희도 내 계명을 지키면, 내 사랑 안에서 살 것이다."

서로 사랑하라

"내가 너희에게 이 말을 하는 이유는 너희가 나와 기쁨을 나누고, 너희 기쁨이 최대가 되게 하기 위해서다. 내 계명은 이것이다. 곧 내가 너희를 사랑한 것같이 너희도 서로 사랑해라. 친구를 위해 목숨을 바치는 것보다 더 큰 사랑은 없다. 내가 너희에게 하라는 것을 하면 너희는 내 친구다. 나는 너희를 더 이상 종이라 부르지 않을 것이다. 종은 주인과 비밀을 공유하지 못하기 때문이다. 이제 나는 너희를 친구라 부른다. 내가 아버지께 들은 모든 것을 너희에게 말했기 때문이다. 너희가 나를 택한 것이 아니라 내가 너희를 택했다. 나는 너희가 가서 영원히 지속되는 열매를 맺도록 정했다. 그러면 너희가 내 이름으로 아버지께 무엇을 구하든

아버지께서 주실 것이다. 내가 너희에게 명령한다. 서로 사
랑해라!"

진리의 영

"나는 너희에게 할 말이 아주 많지만, 지금은 너희가
감당할 수가 없다. 그러나 내가 너희에게 말한 이, 곧 진리
의 성령이 오시면, 그가 너희를 모든 진리로 인도하실 것이
다. 그는 자의적으로 말씀하지 않고 정확히 들은 대로 말씀
하시고, 다가올 일을 너희에게 알려 주실 것이다. 그는 내게
영광을 돌릴 것이다. 그가 내 진리를 가지고 너희에게 알려
주실 것이기 때문이다. 아버지께서 소유하고 계신 것은 무
엇이든 나의 것이기도 하다. 그래서 너희에게 말한다. 그가
내 진리를 가지고 너희에게 보여 주실 것이다."

슬픔과 기쁨

"내가 진실로 너희에게 말한다. 너희는 슬퍼하고 애석
해하겠지만, 세상은 기뻐할 것이다. 너희는 아주 괴로워하
겠지만, 너희 슬픔은 기쁨으로 바뀔 것이다. 아기를 낳는 여
인은, 산통이 온다는 것을 안다. 그러나 아기를 낳는 순간,
세상에 한 생명이 태어났다는 기쁨 때문에 더 이상 그 끔찍
한 고통을 기억하지 않는다. 이제 너희는 고통스럽겠지만,
나는 너희를 다시 볼 것이고, 너희 마음은 전율을 느낄 정도

로 기쁠 것이다. 누구도 그 기쁨을 너희에게서 빼앗을 수 없다.

너희가 내 안에서 평안을 얻게 하려고 이 모든 말을 한다. 너희는 세상에서 괴로움을 당하겠지만, 절대 낙심하지 마라. 내가 세상을 이겼다!"

예수가 제자들을 위해 기도하시다

예수는 이 말을 하고 나서, 하늘을 쳐다보며 말했다. "아버지, 때가 왔습니다. 이제 아들을 영광스럽게 하셔서, 아들이 아버지께 영광을 돌리게 해 주십시오. 아버지께서는 아들에게 모든 사람에 대한 권세를 주셔서, 아버지께서 아들에게 주신 모든 이에게 영원한 삶을 주게 하셨습니다. 영원한 삶은 곧, 유일한 참 하나님인 아버지와 아버지께서 보내신 그리스도 예수를 아는 것입니다.

나는 땅에서 아버지께 영광을 돌렸습니다. 아버지께서 맡기신 임무를 완수했습니다. 이제 아버지, 창세전부터 내가 아버지와 함께 누리던 그 영광으로 아버지 앞에서 나를 영광스럽게 해 주십시오.

나는 아버지께서 세상에서 내게 주신 사람들에게, 아버지의 본모습을 보여 주었습니다. 아버지께서 내게 주신 아버지의 사람들은 아버지의 말씀을 받아들였습니다. 이제 그들은 아버지께서 내게 주신 모든 것을 아버지께서 주셨음을 압니다. 또 아버지께서 내게 주신 모든 말씀을 내가 그들에게 주었음을 압니다. 그들은 그것을 모두 받아들였고, 내가 아버지에게서 왔음을 마음 깊이 알게 되었습니다.

나는 이 사람들만을 위해 기도하지 않고, 그들의 메시지를 통해 나를 믿을 모든 이들을 위해서도 기도합니다. 그들 모두 하나가 되게 해 주십시오. 아버지께서 내 안에 계시고 내가 아버지 안에 있는 것같이, 그들도 우리 안에 있기를, 그래서 아버지께서 나를 보내셨다는 것을 세상이 믿기를 구합니다."

동산에서 괴로워하시다

예수는 제자들과 겟세마네라는 곳에 가서 이렇게 말했다. "내가 기도하는 동안 여기 앉아 있어라." 예수는 베드로와 야고보와 요한을 데리고 가면서, 공포에 사로잡혀 심히 우울했다. 예수는 그들에게 "죽을 것 같은 슬픔으로 내 마음이 찢어진다. 여기서 기다리면서 지켜보고 있어라"라고 말했다. 그러고는 앞으로 조금 더 가서 땅에 엎드려, 가능하다면 그 시간이 지나가게 해 달라고 기도했다. 예수가 말했다. "사랑하는 아버지, 아버지께서는 모든 것을 하실 수 있습니다. 이 잔을 마시고 싶지 않습니다! 그러나 아버지께서 원하시는 대로 하겠습니다."

그러고는 제자들에게 가니 깊이 잠들어 있었다. 예수

가 베드로에게 말했다. "시몬아, 자고 있니? 단 한 시간도 깨어 있을 수 없겠냐? 너희들 모두, 시험을 만나지 않도록 기도해라. 너희 마음은 그렇게 하고 싶지만 인간 본성이 약하구나." 그러고 나서 예수는 다시 가서 똑같은 기도를 하고, 한 번 더 제자들에게 왔는데 역시 잠들어 있었다. 그들은 눈을 뜨지 못했고, 무슨 말을 해야 할지도 몰랐다.

예수가 세 번째로 돌아왔을 때 이렇게 말했다. "너희가 아직도 편히 자고 있니? 괜찮다. 때가 되었다. 이제 너희는 인자가 악인들의 손에 넘어가는 것을 볼 것이다! 일어나라. 이제 가자! 봐라, 배신자가 왔다!"

예수가 아직 말하고 있을 때, 갑자기 열두 제자 중 하나인 유다가 한 무리를 데리고 나타났다. 그는 예수에게 입을 맞추려고 다가왔다. 예수가 그에게 말했다. "유다야, 네가 입맞춤으로 인자를 넘겨주려 하느냐?"

제자들이 일어나는 일을 보고 외쳤다. "주님, 우리가 칼을 쓸까요?" 제자들 중 하나가 칼을 휘둘러 대제사장의 종의 오른쪽 귀를 베었다. 그러나 예수가 제지했다. "됐다, 충분하다!" 그러고는 그의 귀를 만져서 고쳐 주었다.

그런 다음 예수는 그를 체포하려고 거기 있던 대제사장들과 성전 관리들과 장로들에게 말했다. "너희는 내가 마치 강도인 양, 칼과 몽둥이를 가지고 왔느냐? 내가 날마다 성전에서 너희와 함께 있었지만 내게 손가락 하나 대지 않았다. 그러나 지금은 너희 때이고 어둠의 권세가 너희에게 있다!"

베드로가 예수님을 부인하다

그때 그들이 예수를 체포해 대제사장의 집으로 끌고 갔다. 베드로는 좀 떨어져서 따라갔다. 그때 사람들이 뜰 한가운데 불을 지피고 그 주위에 앉아 있었는데, 베드로도 그 사람들 사이에 앉았다. 한 여종이 불가에 앉아 있는 베드로를 보더니, 그의 얼굴을 자세히 들여다보며 말했다. "이 사람도 그와 함께 있었어요." 그러나 베드로는 그 말을 부인하며 말했다. "이봐요, 나는 그 사람 몰라요!" 잠시 후 다른 누군가가 베드로를 알아보고 말했다. "당신도 이 사람들과 한패입니다." 그러나 베드로는 부인했다. "이 사람아, 나는 아니오!" 그러고 나서 한 시간쯤 후에 다른 누군가가 주장했다. "분명히 이 사람은 그와 함께 있었소. 이 사람은 갈릴리 사람이 맞아요!" 베드로가 대답했다. "이 사람아, 당신이 대체 무슨 말을 하는지 모르겠소." 그가 아직 말을 하고 있는데, 그 즉시 수탉이 울었다. 주가 고개를 돌려 베드로를 똑바로 바라보자, 그제야 주가 베드로에게 했던 말…, 곧 '네가 오늘 수탉이 울기 전에 나를 세 번 부인할 거야'라는 말씀이 갑자기 뇌리에 스쳤다. 그는 밖으로 나가 비통하게 울었다.

대제사장의 재판

한편 대제사장들과 공의회 전체는, 예수를 사형에 처할 만한 불리한 거짓 증거를 찾기 위해 백방으로 노력했다. 수많은 거짓 증인들이 나섰지만, 쓸 만한 증거가 전혀 없었다. 마침내 두 사람이 일어나 말했다. "이 사람이 '내가 하나님의 성전을 무너뜨리고 사흘 만에 다시 세울 수 있다'고 말했습니다." 그러자 대제사장이 일어나 예수에게 말했다. "대답하지 않을 거요? 이 사람들의 증언에 대해 할 말이 없소?" 그러나 예수는 아무 말도 하지 않았다. 대제사장이 예수에게 말했다. "살아 계신 하나님을 대신해서 내가 그대에게 명령하오. 그대가 하나님의 아들 그리스도인지, 똑바로 말하시오." 예수가 대제사장에게 말했다. "당신이 그렇다고 말했습니다. 당신에게 말합니다. 당신은 앞으로 인자가 권능의 우편에 앉아 있는 것과 하늘 구름을 타고 오는 것을 볼 것입니다." 이 말을 들은 대제사장은 옷을 찢으며 소리쳤다. "신성모독입니다! 무슨 증인이 더 필요합니까? 보시오. 여러분은 신성모독을 들었소. 이제 여러분은 어떻게 판결하겠소?" 그러자 그들이 대답했다. "그는 죽어 마땅합니다."

그들은 예수의 얼굴에 침을 뱉고, 때렸다. 어떤 이들은 뺨을 때리며 소리쳤다. "그리스도야, 맞춰 봐. 누가 너를 때렸지?"

예수를 배신한 유다는 예수께서 유죄 판결을 받으신

것을 보고 후회가 몰려왔다. 그는 은화 서른 개를 대제사장들과 장로들에게 돌려주며 말했다. "제가 잘못했습니다. 무죄한 사람을 죽음에 넘겨주었습니다." 그들은 "그게 우리와 무슨 상관이요? 그건 당신 문제지"라고 대답했다. 유다는 은화를 성전 바닥에 내던지고 나가서 스스로 목을 매달아 죽었다.

빌라도의 재판

그때 그들은 예수를 끌고 가야바가 있던 곳에서 관저로 갔다. 이른 아침, 유대인들은 관저에 들어가지 않았다. 정결하지 못하게 되어 유월절 식사를 할 수 없게 될까 봐 두려워서였다. 그래서 빌라도가 그들에게로 걸어 나와서 말했다. "무슨 죄로 이 사람을 고발하는 거요?" 그들이 대답했다. "그가 죄를 짓지 않았다면, 우리가 그를 총독님께 넘기지는 않았을 것입니다." 이에 빌라도가 대답했다. "그러면 그를 데리고 가서 그대들의 법에 따라 재판하시오." 유대인들이 대답했다. "우리는 사람을 처형할 권한이 없습니다." (이로써 자신이 어떻게 죽을지에 대한 그리스도의 예언이 이루어졌다.)

그래서 빌라도가 관저로 돌아가서 예수를 불러들여 물었다. "당신이 유대인의 왕이오?" 예수가 대답했다. "당신 생각으로 그렇게 묻는 것입니까, 아니면 다른 사람들이 나에 대해 이야기해 준 것입니까?" 빌라도가 대답했다. "당신은 내가 유대인으로 보이오? 당신을 넘겨준 이들은, 당신의 동족과 대제사장들이오. 어쨌든, 당신은 무슨 일을 했소?" "나는 이 세상에 나라를 세우지 않았습니다. 그랬다면 내 종들이 내가 유대인들에게 넘어가지 않도록 싸웠을 것입니다. 실제로 내 나라는 이 모든 것 위에 세운 나라가 아닙니다!" 빌라도가 다시 말했다. "그러면 당신은 왕이오?" 예수가 대답했다. "내가 왕이라고 당신이 말하는군요. 나는 진리를 증언하기 위해 태어났고 이 세상에 왔습니다. 진리를 사랑하는 사람은 모두 내 음성을 알아듣습니다." 이 말에 빌라도가 말했다. "'진리'가 무엇이오?"

예수를 헤롯에게 보내다

그러자 빌라도가 대제사장들과 무리에게 말했다. "나는 이 사람한테서 아무 죄도 찾지 못했소." 그러나 그들은 고소하며 말했다. "그는 백성들 사이에서 늘 문제를 일으킵니다. 갈릴리부터 이곳에 이르기까지 유대 전 지역에서 계속 백성들을 가르쳤습니다."

빌라도는 이 말을 듣고 그가 갈릴리 사람인지 물었고, 그가 헤롯의 관할권 아래 있음을 알아차리고는, 마침 예루살렘에 있던 헤롯에게 그를 넘겼다. 오랫동안 예수를 만나고 싶어 했던 헤롯은 예수를 보고 기뻐했다. 그는 예수에 관해 많이 듣고 나서, 예수의 기적을 보고 싶어 했다. 헤롯은 예수를 철저하게 심문했지만, 예수는 그에게 아무 대답도 하지 않았다. 그러나 대제사장들과 율법학자들은 그곳에 서서 아주 격렬하게 고소를 했다. 그러자 헤롯은 자기의 군 사들과 함께 예수를 비웃고 조롱하고 나서는, 결국 예수에 게 아주 멋진 겉옷을 입혀서 빌라도에게 돌려보냈다. 이전 까지 서로 으르렁거렸던 헤롯과 빌라도는 그날 절친한 친 구가 되었다.

빌라도가 예수가 죄 없다고 시인하다

그때 빌라도가 대제사장들과 관리들과 백성들을 불러, 이렇게 말했다. "그대들은 이 사람이 백성들을 이간질한다 고 내게 데리고 왔소. 그래서 그대들 앞에서 그를 조사했지 만, 그대들의 고소에도 불구하고 나는 아무 죄도 찾지 못했 소. 이 점을 그대들 모두가 알았으면 하오. 헤롯도 죄를 찾 지 못해 그를 우리에게 돌려보냈소. 그렇다면 분명 이 사람 은 사형을 받을 만한 짓은 하지 않았소. 그러므로 나는 엄하 게 꾸짖은 다음 풀어 주겠소."

당시 명절에는 총독의 권한으로, 사람들이 지명하는 죄수 하나를 석방하는 관례가 있었다. 마침 바라바라는 악 명 높은 죄수가 붙잡혀 있었다. 그래서 빌라도는 사람들이 모이자 말했다. "그대들은 누구를 풀어 주기를 원하오, 바라바요 아니면 그리스도라 부르는 예수요?" 그는 그들이 적의를 품고 예수를 데리고 왔다는 것을 잘 알았다.

그리고 사실 그가 실제로 재판석에 앉아 있을 때 아내에게 이런 전갈을 받았다. "그 사람은 선한 사람입니다. 개입하지 마세요! 지난밤 그 사람에게 끔찍한 일이 생기는 꿈을 꿨어요!"

그러나 대제사장들과 장로들은 바라바를 석방하고 예수의 사형을 요구하도록 군중을 선동했다. 총독은 그들에게 직접 물었다. "당신들은 이 둘 중 누구를 석방하길 원하오?" 그들은 "바라바요!" 하고 소리쳤다. 빌라도가 물었다. "그러면 그리스도라 부르는 예수는 어떻게 하라는 것이오?" 그들은 모두 소리쳤다. "십자가에 못 박으십시오!" 빌라도가 말했다. "뭐라고, 그가 무슨 죄를 지었소?" 그러나 그들은 더 큰 함성을 질렀다. "그를 십자가에 못 박으십시오!"

빌라도는 더 이상 자신이 할 수 있는 일이 없다는 것과, 곧 폭동이 일어나리라는 것을 알아차리고는, 대야에 물을 담아 무리 앞에서 손을 씻으며 말했다. "나는 이 사람의 죽음에 대해 책임이 없소. 당신들이 알아서 하시오."

예수가 매를 맞고 사형을 선고받다
그러고 나서 빌라도가 다시 밖으로 나와서 그들에게

말했다. "보시오. 나는 그를 여기 당신들 앞에 데리고 왔소. 그 사람에게서 아무 죄도 찾지 못했음을 보여 주려 하오." 이에 예수도 가시 면류관을 쓰고 자주색 옷을 입고 밖으로 나왔다. 빌라도가 말했다. "보시오. 그 사람이오!" 그를 본 대제사장들과 유대 관리들은 목소리를 높여 외쳤다. "십자가에 못 박으십시오! 십자가에 못 박으십시오!" 빌라도가 다시 대답했다. "당신들이 데리고 가서 십자가에 못 박으시오. 내가 보기에 그는 죄인이 아니오!" 유대인들이 그에게 대답했다. "우리는 율법이 있습니다. 그 율법에 따르면 그는 죽어 마땅합니다. 자기가 하나님의 아들이라고 주장했기 때문입니다!"

빌라도는 그들의 말을 듣고 훨씬 더 불안해져서, 관저로 돌아가서 다시 예수에게 말했다. "당신은 어디서 왔소?" 그러나 예수는 대답하지 않았다. 그래서 빌라도는 예수에게 말했다. "말하지 않을 거요? 내가 당신을 풀어 줄 권한도 있고, 십자가에 못 박을 권한도 있다는 걸 모르오?" 예수가 대답했다. "위에서 받은 권한이 아니라면, 당신은 나를 어떻게 할 어떤 권한도 없습니다. 그러므로 당신에게 나를 넘겨준 사람은 당신보다 훨씬 큰 죄를 지은 것입니다."

그때부터 빌라도는 그를 풀어 주려고 열심히 노력했다. 그러나 유대인들은 외쳐댔다. "이 사람을 풀어 주면 총독님은 황제의 친구가 아닙니다! 스스로 왕이라 하는 이는 누구든 황제에게 반역하는 자입니다!" 빌라도는 이 말을 듣고, 예수를 밖으로 끌고 나가서, '포장된 바닥'(히브리어로 '가바다')이라는 곳에 있는 재판석에 앉았다. 그날은 유월절 준비일이었고, 시간은 정오쯤 되었다. 빌라도가 유대인들에게 말했다. "보시오. 당신들의 왕이오!" 이 말을 듣고 그들이 소리쳤다. "그를 없애 버리세요. 그를 없애 버리세요. 그를 십자가에 못 박으세요!" 빌라도가 그들에게 물었다. "당신들의 왕을 십자가에 못 박으라는 말이오?" 대제사장들이 대답했다. "황제가 우리의 왕입니다. 다른 왕은 없습니다." 이 말을 듣고 빌라도는 예수를 십자가에 못 박도록 그들에게 넘겨주었다.

십자가 처형

그들은 예수를 끌고 가다가, 밭에서 집으로 가고 있는 아프리카 구레네 출신 시몬을 불러 그의 등에 십자가를 지우고, 예수의 뒤를 따라가게 했다.

엄청난 무리가 예수를 따라갔다. 무리 가운데는 비통해하며 예수를 위해 우는 여인들도 있었다. 그러나 예수는 그들을 돌아보며 말했다. "예루살렘의 여인들이여, 나를 위해 눈물을 흘리지 말고 그대들과 자녀를 위해 눈물을 흘리세요! 사람들이 '아이가 없는 여인들, 아이를 낳아 보지 못한 몸과 젖을 먹여 보지 못한 가슴은 운이 좋다'고 말할 때가 올 것입니다. 그때 사람들이 산에게 '우리 위로 쓰러져라'라고 말하고, 언덕들에게 '우리를 덮쳐라!'라고 말할 것입니다. 나무가 푸를 때 사람들이 이렇게 한다면, 나무가 마를 때에는 어떻게 하겠습니까?"

죄수 둘도 예수와 함께 처형당하러 끌려갔다. 그들이 해골이라는 곳에 이르자, 예수를 십자가에 못 박고 두 죄수들도 예수 양편에 하나씩 못 박았다. 그러나 예수는 말했다. "아버지, 저들을 용서해 주십시오. 저들은 자기가 무슨 일을 하고 있는지 모릅니다."

빌라도는 십자가 위에 '나사렛 예수, 유대인의 왕'이라 쓴 팻말을 붙였다. 예수가 십자가에 달린 곳이 예루살렘에서 아주 가까웠고, 그 팻말은 라틴어와 그리스어뿐 아니라 히브리어로도 적혀 있었으므로, 많은 유대인이 그 팻말을 읽었다. 그래서 대제사장들이 빌라도에게 말했다. "'유대인의 왕'이 아니라 '자칭 유대인의 왕'이라고 써야 합니다." 빌라도가 대답했다. "나는 쓸 것을 썼소."

병사들은 예수를 십자가에 못 박고 나서 예수의 옷을 각각 사분의 일씩 나누어 가졌다. 남은 속옷은 이음새 없이 위에서 아래로 통으로 짠 것이었다. 그래서 그들은 서로 말했다. "이것은 찢지 말자. 제비를 뽑아 누가 가져갈지 보자." 이로써 성경 말씀이 이루어졌다. "그들이 내 옷을 나누어 갖고, 내 옷을 놓고 제비를 뽑았다."

병사들이 옷을 차지하는 동안, 예수의 어머니가 예수의 이모와 함께 십자가 가까이에 서 있었다. 글로바의 아내 마리아와 막달라 마리아도 함께 있었다. 예수가 어머니와 그 옆에 서 있는 사랑하는 제자를 보고 어머니에게 말했다. "어머니, 어머니의 아들입니다!" 그런 다음 그 제자에게는 "그대의 어머니다!"라고 말했다. 그래서 그때부터 그 제자가 마리아를 자기 집으로 모셨다.

지나가던 사람들은 다 안다는 듯이 고개를 끄덕이며 예수를 조롱하며 큰 소리로 말했다. "이봐, 성전을 무너뜨리고 사흘 만에 다시 세울 수 있다며. 어째서 너 자신은 못 구하냐? 당신이 하나님의 아들이면 십자가에서 내려와 보시지!" 대제사장들 역시 율법학자와 장로들과 합세하여 예수를 조롱하며 말했다. "남은 구원하면서 자기는 구원하지 못하네! 이 사람이 이스라엘의 왕이면 왜 지금 십자가에서 못 내려오지? 그러면 우리가 믿을 텐데! 그는 하나님을 믿었으니…하나님이 원하시면 그를 구해 내시라고 해. 늘 '나는 하나님의 아들이다'라고 했잖아."

십자가에 달려 있던 죄수 중 하나도 욕을 퍼부으며 말했다. "네가 그리스도 맞아? 너도 구하고 우리도 구해 보시지." 그러나 다른 한 죄수는 다음과 같이 말하며 그를 제지했다. "똑같이 벌을 받고 있으면서 하나님이 두렵지도 않아? 우리는 죄를 지어서 벌을 받지만 이 사람은 아무 죄가 없어." 그러고 나서 그가 말했다. "예수님, 당신의 나라에 들어갈 때 나를 기억해 주십시오." 그러자 예수가 대답했다. "내가 진실로 그대에게 말하네. 바로 오늘 그대는 나와 함께 낙원에 있을 걸세."

그러고 나서 정오부터 세 시까지 그 지역 전체가 어둠에 덮였고, 그때쯤 예수가 큰 소리로 외쳤다. "나의 하나님, 나의 하나님, 어찌하여 나를 버리셨습니까?" 거기 서서 예수가 아람어로 하는 말('엘리, 엘리, 라마 사박다니')을 들은 몇몇은 "이 사람이 엘리야를 부르고 있소!"라고 말했다.

예수는 이제 모든 일이 마무리되었음을 알고 (성경 말씀을 이루며) "내가 목마르다"라고 말했다. 그곳에는 신 포도주 통이 하나 있었다. 그래서 그들은 포도주를 적신 해면을 창에 달아서 예수의 입 쪽으로 밀어 올렸다. 예수는 그것을 받고 나서 "다 이루었다!"고 외치고, 고개를 떨어뜨리고 숨을 거두었다.

그때 예수가 큰 소리로 외쳤다. "아버지, 내 영을 아버지 손에 맡깁니다." 예수가 이 말을 하고 숨을 거두었다.

그러자 성전 성소의 휘장이 위에서 아래로 둘로 찢어졌다. 땅이 흔들리고 바위가 갈라지고 무덤이 열렸다. (죽어서 잠자던 수많은 성도의 몸이 다시 살아났다. 예수가 부활한 후에 그들은 무덤을 떠나 거룩한 도성으로 들어가 수많은 이들에게 나타났다.) 예수를 감시하던 백부장과 부하들은 지진과 그 일어난 일들을 보고 심히 두려워했다. 그들은 "과연 이 사람이 하나님의 아들이었구나!" 하고 말했다.

유월절 준비일이므로, 유대인들은 안식일까지 십자가 위에 시신을 두고 싶지 않아서(특별히 중요한 안식일이므로), 그 사람들의 다리를 꺾고 시신을 치워 달라고 빌라도에게 청했다. 그래서 병사들이 가서 예수와 함께 십자가에 못 박힌 첫 번째 사람과 또 다른 사람의 다리를 꺾었다. 그러나 예수는 이미 숨진 것을 보고 다리를 꺾지 않았다. 그러나 한 병사가 창으로 예수의 옆구리를 찔렀다. 그 순간 피와 물이 터져 나왔다. 이것은 사실이다. 이것을 직접 본 사람이 우리에게 증언했다. 그는 자신이 진실을 말한다고 장담한다. 이는 여러분도 믿게 하려는 것이다. 이로써 성경 말씀이 이루어졌다. "그의 뼈가 꺾이지 않을 것이다." 또 다른 성경 말씀도 이렇게 말한다. "그들은 자신들이 찌른 사람을 볼 것이다."

처형이 다 끝난 후에, (아리마대 출신으로, 유대인들이 두려워 예수의 제자라는 사실을 숨기고 있던) 요셉이 예수의 시신을 가져가게 해 달라고 빌라도에게 요청하자, 빌라도가 허락해 주었다. 그래서 요셉은 가서 예수의 시신을 내렸다. 밤에 예수를 만나러 갔던 니고데모도 몰약과 침향 섞은 것을 45킬로그램쯤 가지고 왔다. 그들은 유대 장례 관습에 따라, 예수의 시신에 향료를 바르고 삼베로 시신을 감쌌다. 예수가 십자가에 못 박힌 곳에 동산이 하나 있었는데, 그 동산에 아직 아무도 쓰지 않은 새 무덤이 있었다. 그날은 준비일이었고, 마침 새 무덤이 가까이 있었으므로, 그들은 예수를 그 무덤에 안치했다.

부활

그러나 그 주의 첫날, 아주 이른 아침 아직 어두울 때에, 무덤에 도착한 막달라 마리아는 돌이 치워지고 무덤이 열린 것을 보았다. 막달라 마리아는 시몬 베드로와 예수가 사랑했던 제자에게 달려가 말했다. "사람들이 주님을 무덤에서 가져갔습니다. 우리는 그들이 주님을 어디로 옮겼는지 모릅니다." 베드로와 그 제자는 곧바로 무덤을 향해 함께 달려갔다. 그 제자가 베드로보다 더 빨리 뛰어서 먼저 무덤에 도착했다. 그는 몸을 굽혀 안을 살펴보고 거기 삼베옷이 놓여 있는 것을 보았지만, 직접 들어가지는 않았다. 뒤따라온 시몬 베드로는 곧장 무덤 안으로 들어갔다. 삼베옷이 거기에 놓여 있었고, 예수의 머리를 쌌던 수건은 삼베옷과 같이 놓여 있지 않고 조금 옆에 따로 둘둘 말려 있었다. 그때 무덤에 먼저 도착한 그 제자도 안으로 들어가서 무덤 안에서 벌어진 일을 보고 믿었다. (그들은 아직 예수가 죽음에서 살아나야 한다고 한 성경 말씀을 깨닫지 못했다.)

두 제자는 다시 집으로 돌아갔다. 그러나 마리아는 무

덤 밖에 서서 울고 있었다. 울면서 무덤 안을 들여다본 마리아는, 흰옷을 입은 두 천사가 예수의 시신이 있던 곳 머리맡과 발치에 하나씩 앉아 있는 것을 보았다. 천사들은 마리아에게 물었다. "너는 왜 울고 있느냐?" 마리아가 말했다. "그들이 내 주님을 어디로 가져갔는지 몰라서요." 마리아는 돌아서서 그곳에 서 있는 예수를 보았지만, 그가 예수인 줄은 알아채지 못했다. 예수가 마리아에게 물었다. "너는 왜 울고 있느냐? 누구를 찾고 있느냐?" 마리아는 그를 동산지기로 착각하고, "아, 네. 당신이 예수를 가져갔으면 제발 어디로 옮겼는지 알려 주세요. 그러면 제가 모시고 가겠습니다." 예수가 마리아에게 말했다. "마리아야!" 이 말을 듣고 마리아가 돌아보며 히브리어로 예수에게 말했다. "선생님!" 예수가 말했다. "안 된다! 지금은 나를 붙잡지 마라. 나는 아직 아버지께로 올라가지 않았다. 내 형제들에게 가서 내가 내 아버지와 너희의 아버지께, 내 하나님과 너희의 하나님께 올라간다고 알려 주어라." 그래서 막달라 마리아는 제자들에게 가서 "내가 주님을 만났습니다!"라고 전하고, 예수가한 말을 그들에게 전했다.

엠마오의 저녁 식사
같은 날 그들 가운데 두 사람이, 예루살렘에서 11킬로미터쯤 떨어진 마을인 엠마오로 내려가고 있었다. 그들은 걸어가면서, 일어난 일에 대해 이야기하느라 대화에 빠져 있었다. 그들이 진지한 대화와 토론에 빠져 있을 때, 예수가 그들에게 다가와 함께 걸었다. 그러나 무언가가 그들의 눈을 가려 예수를 알아보지 못했다. 그때 예수가 그들에게 말을 걸었다. "그대들은 걸으면서 무슨 토론을 그렇게 합니까?" 그들은 침통한 표정으로 멈춰 섰다. 글로바라는 사람이 대답했다. "예루살렘에 있으면서, 최근 거기서 일어난 일들을 듣지 못한 사람은 당신밖에 없을 거요!" 예수는 "무슨 일이요?" 하고 물었다. "나사렛 사람 예수 말이요. 그는 사람들뿐 아니라 하나님이 보시기에도 행동과 말이 뛰어난 예언자였습니다. 그런데 대제사장들과 지도자들이 그를 처형하도록 넘겨주어 십자가에 못 박았는데, 당신은 이 소식을 못 들었소? 우리는 그를, 이스라엘을 해방할 분으로 기대하고 있었는데….

그러자 예수가 그들에게 말했다. "그대들은 정말 어리석네요. 예언자들이 한 말을 믿는 데 왜 그렇게 미적거려요! 그리스도는 반드시 그런 고난을 겪고 영광을 얻어야 하는 것 아닙니까?" 그런 다음 예수는 모세와 모든 예언자로 시작하여 성경에서 자신을 가리키는 모든 내용을 그들에게 설명했다.

이때쯤 그들은 목적지 마을 가까이에 이르렀다. 예수가 계속 가려는 듯한 모습을 보이자, 그들은 다음과 같이 말하며 그를 막았다. "우리하고 같이 묵읍시다. 저녁도 다 됐고 날도 곧 저물 거예요." 그래서 예수는 그들과 함께 묵으려고 안으로 들어갔다. 그때 그 일이 일어났다! 예수는 그들과 함께 식탁에 앉아서, 빵 한 조각을 들고 감사 기도를 드린 다음 빵을 떼어 그들에게 주었다. 그들은 눈이 휘둥그레지며 그를 알아보았다! 그러나 예수는 그들의 시야에서 사라졌다. 그때 그들이 서로 말했다. "예수께서 길에서 우리에게 성경을 해설해 주실 때 우리 마음이 뜨겁게 타오르지 않던가?"

그들은 지체하지 않고 일어나 예루살렘으로 돌아갔다. 와 보니, 열한 제자와 그들의 친구들이 모두 함께 모여 있었다. 그들은 두 사람을 보자 "주께서 정말 살아나셨다. 그가 시몬에게 나타나셨다!"고 할 만큼 그 소식에 고무돼 있었다. 그래서 두 사람도 길에서 있었던 일과, 예수가 빵을 떼 줄 때 비로소 그를 알아본 이야기를 해 주었다.

의심하는 도마

그들이 여전히 이런 일들에 관해 이야기하고 있을 때, 예수가 그들 가운데 서서 말했다. "너희 모두에게 평안이 함께하기를!" 그러나 그들은 너무 무서워 뒷걸음질 쳤다. 유령을 보고 있다고 생각했기 때문이다. 예수가 말했다. "너희는 어째서 그렇게 당황하느냐? 어째서 너희 마음에 의심을 품고 있느냐? 내 손과 내 발을 봐라. 정말 나다! 나를 만져 봐라. 유령은 살과 뼈가 없다. 하지만 너희가 보다시피 나는 살과 뼈가 있다." 그러나 그들이 너무 기뻐 아직도 믿을 수 없어 심히 당황스러워하고 있을 때 예수가 그들에게 말했다. "여기 먹을 게 좀 있니?" 그들은 예수에게 구운 생선 한 토막을 드렸다. 예수가 생선을 받아 그들이 보는 앞에서 먹었다.

그러고는 말했다. "내가 너희와 함께 있을 때 너희에게 한 말이 지금 여기에서 이루어진다. 나는 모세의 율법과 예언자와 시편에서 나에 관해 기록된 모든 것이 이루어져야 한다고 말했다." 예수는 그들이 성경을 깨달을 수 있도록 그들의 마음을 열어 주고 덧붙였다. "그렇게 기록되어 있으므로, 반드시 그리스도는 고난을 받고 사흘째 되는 날에 죽은 자 가운데서 살아나야 한다. 그래서 마음을 돌이켜 죄 용서를 받으라는 소식이, 예루살렘에서 시작하여 모든 민족에게 그의 이름으로 선포되어야 한다. 너희는 이 일의 목격자다. 이제 아버지의 약속을 너희에게 넘겨준다. 아버지께서 나를 보내신 것처럼 나도 이제 너희를 보낸다." 그러고 나서 그들에게 숨을 불어넣으며 말했다. "성령을 받아라. 너희가 누구의 죄든 용서해 주면 그들은 용서를 받고, 너희가 그 죄를 용서해 주지 않으면 그들은 용서받지 못할 것이다."

그러나 열두 제자 가운데 (쌍둥이라 부르는) 도마는 예수가 왔을 때 그 자리에 없었다. 제자들이 그에게 "우리가 주님을 만났어"라고 계속 말했지만, 그는 이렇게 대답했다. "내가 그의 손에 난 못 자국을 보기 전에는, 그 못 자국을 내가 만져 보기 전에는, 그의 옆구리를 만져 보기 전에는, 절대 믿을 수 없다!"

일주일 후 제자들이 다시 집 안에 모였고, 도마도 함께 있었다. 문이 잠겨 있었지만 예수가 나타나 그들 가운데 서서 말했다. "너희에게 평안이 있기를!" 예수가 도마에게 말했다. "네 손으로 여기를 만져 보아라. 자, 내 손이 여기 있다. 내 옆구리도 만져 보아라. 의심하지 말고 믿어라." 도마가 소리쳤다. "나의 주님, 나의 하나님!" 예수가 도마에게 말했다. "너는 나를 보았기 때문에 믿느냐? 나를 보지 않고도 믿는 이들은 행복하다!"

지상 대명령

열한 제자는 예수가 정한 약속 장소인 갈릴리의 산으로 갔다. 그들은 예수를 보고 경배를 드렸다. 의심하는 제자들도 있었다. 예수가 그들에게 말했다. "나는 하늘과 땅의 모든 권세를 받았다. 그러므로 너희는 모든 민족에게 가서 제자를 기르고, 아버지와 아들과 성령의 이름으로 세례를 주어라. 내가 너희에게 명령한 모든 것을 가르쳐 지키게 해라. 내가 세상 끝까지 너희와 항상 함께 있다는 것을 명심해라."

나를 따르라

그 후에 예수가 디베랴 호수에서 제자들에게 다음과 같이 다시 나타났다. 시몬 베드로는 (쌍둥이라 부르는) 도마와 갈릴리 가나 출신 나다나엘과 세베대의 아들들과 다른 두 제자와 같이 있는 자리에서 이렇게 말했다. "나는 물고기나 잡으러 가려네." 그들이 대답했다. "좋아, 우리도 같이 가자고." 그들이 나가서 배에 올랐지만 밤새도록 아무것도 잡지 못했다.

그러나 동이 틀 무렵, 예수가 호숫가에 서 있었다. 그러나 제자들은 그가 예수인 줄 알지 못했다. 예수가 그들에게 큰 소리로 말했다. "친구들, 물고기 좀 잡았어?" 그들은 "아니"라고 대답했다. 예수가 말했다. "배 오른쪽으로 그물을 던져 봐. 그러면 잡힐 거야." 그래서 제자들이 그물을 던지자, 물고기가 너무 많아서 그물을 끌어올릴 수 없을 정도였다! 예수가 사랑했던 제자가 베드로에게 말했다. "주님이다!" 이 말을 들은 베드로는, 일을 하려고 벗었던 겉옷을 걸치고 바다로 뛰어들었다. 다른 제자들도 배를 타고 따라갔다. 그들은 호숫가에서 100미터 정도밖에 떨어져 있지 않은 곳에서 물고기가 가득한 그물을 끌고 따라갔다.

그들이 뭍에 도착해 보니, 숯불 위에 구운 생선 하나가 있고 빵도 약간 있었다. 예수가 그들에게 말했다. "너희가 잡은 물고기를 몇 마리 가져와 봐." 그래서 시몬 베드로가 배에 올라, 큰 물고기가 가득한 그물을 물가로 겨우 끌고 왔다. 물고기는 모두 백쉰세 마리였다. 그러나 그렇게 많았는데도 그물은 찢어지지 않았다. 그때 예수가 제자들에게 말했다. "어서 와서 아침 먹자." 제자들 중 누구도 감히 그가 누구인지 묻지 않았다. 그들은 그가 주인 줄 알았다.

아침 식사를 마치자 예수가 시몬 베드로에게 말했다. "요한의 아들 시몬아, 네가 이 사람들보다 더 나를 사랑하니?" 베드로가 대답했다. "네, 주님. 제가 주님의 친구인 줄 주님도 잘 아시잖아요." 예수가 대답했다. "그러면 내 양을 먹여라." 그러고 나서 예수가 두 번째로 물었다. "요한의 아들 시몬아, 네가 나를 사랑하니?" 베드로가 대답했다. "네, 주님. 제가 주님의 친구인 줄 주님도 잘 아시잖아요." 예수가 대답했다. "그러면 내 양을 돌보아라." 그러고 나서 세 번째로 예수가 그에게 물었다. "요한의 아들 시몬아, 그래, 네가 내 친구지?" 예수가 세 번째에 '네가 내 친구지?'라고 물었기 때문에 베드로는 깊은 상처를 받았다. 베드로가 말했다. "주님, 주님께서는 모든 것을 아십니다. 제가 주님의 친구인 줄 주님이 아십니다!" 예수가 베드로에게 말했다. "그러면 내 양을 먹여라.

베드로야, 내가 진심으로 네게 말한다. 네가 젊었을 때는 직접 옷을 입고 가고 싶은 곳을 다 다녔지만, 노인이 되면 누군가가 네 팔을 벌려서 너에게 옷을 입히고 네가 가고 싶지 않은 곳으로 너를 데려갈 것이다." (예수는 베드로가 어떤 죽음으로 하나님께 영광을 돌릴지 알려 주려고 이렇게 말했다.)

그러고 나서 예수가 그에게 말했다. "너는 나를 따라와야 한다."

주

1. *Jewish War* 2. 164-165.《유대전쟁사》.
2. *Inferno* xxii. 82.《신곡 지옥》.
3. 일부 학자들은, 예를 들어 *Judaism in the Beginning of Christianity* (Philadelphia: Fortress, 1984), pp. 45-61에 나오는 제이콥 뉴스너Jacob Neusner의 이 핵심적인 주장을 두고 논쟁하고 있다. 다른 견해로는 E. P. Sanders, *Judaism: Practice and Belief 63 BCE-66 CE* (Philadelphia: Trinity Press International, 1992), pp. 380-451를 보라.
4. 최소한 후대에는, 이 신경이 신명기 6장 4-8절만이 아니라 여러 본문의 모음이 되었다. 여기에는 출애굽기 20장이나 신명기 6장에 나온 십계명과 신명기 11장 13-21절, 민수기 15장 37-41절도 포함되었다.
5. *Freedom, Fame, Lying, and Betrayal* (Boulder: Westview, 1999), p. 7.
6. 여기서도 좀 더 문자적인 번역이 이 말씀을 좀 더 급진적으로 만든다. "여러분의 의가 율법학자와 바리새인의 의보다 월등해야…."
7. William Hazlitt, *Selected Essays* (ed. J. R. Nabholz; Chicago: Loyala, 1970), p. 1.
8. *I Saw Satan Fall Like Lighting* (Maryknoll, NY: Orbis, 2004).《나는 사탄이 번개처럼 떨어지는 것을 본다》(문학과지성사).
9. R. E. Brown, *The Birth of the Messiah* (ABRL; Garden City, NY: Doubleday, 1993), pp. 350-365에서 훌륭한 설문 조사를 볼 수 있다.《메시아의 탄생》(CLC). 내 책 *The Jesus Creed*, 8장에서 마리아에 대한 연구를 살펴보라.《예수 신경》(새물결플러스).
10. 다음 책에서 이 기도에 대해 알아볼 수 있다. Rabbi L. A. Hoffman, *The Amidah* (My People's Prayer Book: Traditional Prayers, Modern Commentaries, Volume 2; Woodstock, Vermont: Jewish Lights, 1998).
11. *Orthodoxy: The Romance of Faith* (New York: Doubleday, 1990), p. 95.《정통》.
12. *The Autobiography of G. K. Chesterton* (San Francisco: Ignatius, 1988), p. 116.
13. *The Autobiography of Benjamin Franklin* (New York: Barnes and Noble, 1994), p. 23.《프랭클린 자서전》.

14. *The Years with Ross* (Boston: Little, Brown, 1959), p. 57.

15. *The Complete Works* (New York: A. A. Knopf, 2003), p. 58.

16. Jane Austen, *Sense and Sensibility* (New York: Dover, 1996), p. 79.《이성과 감성》.

17. *Collected Works* (New York: Library of America, 1988), p. 1035.

18. C. S. Lewis, *Collected Letters: Volume 1: Family Letters 1905-1931* (ed. W. Hooper; London: HarperCollins, 2000), p. 772.

19. Samuel Johnson, *Selected Essays* from the *Rambler, Adventurer*, and *Idler* (ed. W. J. Bate; New Haven: Yale, 1968), p. 101 (from #47, 28 August 1750, Tuesday).

20. Rowan Williams, *The Wound of Knowledge: Christian Spirituality from the New Testament to Saint John of the Cross* (Cambridge, Massachusetts: Cowley, 1990), pp. 23-24.《기독교 영성 입문》(은성).

21. *Walden, or Life in the Woods* (New York: A. A. Knopf, 1992), p. 7.《월든》.

22. G. B. Caird, *New Testament Theology* (completed by L. D. Hurst; Oxford: OUP, 1994), p. 380를 보라.

23. *The Everlasting Man* (San Francisco: Ignatius, 1993), pp. 192-193.《영원한 사람》(아바서원).

복음서 출처 찾아보기

3장 산상수훈

6장 십자가로 가는 길

7장 수난과 부활

옮긴이 소개

이지혜 | 연세대학교 영어영문학과를 졸업하고 한국기독학생회출판부(IVP)에서 근무했다. 영국 옥스퍼드브룩스대학교에서 출판을 공부하고, 현재는 번역가와 출판기획자로 활동하고 있다. 옮긴 책으로《망가진 이정표》,《하나님과 팬데믹》,《혁명이 시작된 날》,《확신의 죄》외 다수가 있다.

그리스도 이야기: 외부의 시선으로 본 예수

스캇 맥나이트 · 필립 로 지음 | 이지혜 옮김

2023년 1월 9일 초판 1쇄 발행

펴낸이 김도완
등록 제2021-000048호
    (2017년 2월 1일)
전화 02-929-1732
전자우편 viator@homoviator.co.kr

펴낸곳 비아토르
주소 서울시 종로구 삼일대로 428, 500-26호
    (우편번호 03140)
팩스 02-928-4229

편집 이지혜
제작 제이오

디자인 김진성
인쇄 (주)민언프린팅

제본 다온바인텍

ISBN 979-11-91851-61-8 03230

저작권자 ⓒ 비아토르, 2023